The
Collected
Poems of
Octavio
Paz

1957-1987

The Collected Poems of Octavio Paz

1957-1987

Edited and translated by Eliot Weinberger

With additional translations by
Elizabeth Bishop, Paul Blackburn, Lysander Kemp,
Denise Levertov, John Frederick Nims,
and Charles Tomlinson

A NEW DIRECTIONS BOOK

Seven of the poems previously unpublished in book form first appeared in *The Boston Review*, *The Massachusetts Review*, *The Nation*, *The Paris Review*, *Sulfur*, and *The Yale Review*. "Four Poplars" was published in a limited edition by Red Ozier Press, in conjunction with the Center for Edition Works, the State University of New York—Purchase, 1985. "Altar" appeared as a broadside by Sandra Reese and Turkey Press, 1986. "Central Park" was published in *Pierre Alechinsky: Margin and Center*, Guggenheim Museum, 1987.

Elizabeth Bishop's translation of "Objects & Apparitions," Copyright © 1974 by The New Yorker Magazine, Inc. Translation of "The Key of Water" and "Along Galeana Street," Copyright © 1972, 1975 by Elizabeth Bishop. Used by permission of Farrar, Straus & Giroux, Inc.

Manufactured in the United States of America
First published clothbound by New Directions in 1987 and as
New Directions Paperback 719 in 1991
Published simultaneously in Canada by Penguin Books Limited Canada
New Directions books are printed on acid-free paper
Library of Congress Cataloging-in-Publication Data

Paz, Octavio, 1914–
    The collected poems of Octavio Paz, 1957–1987.
    Bibliography: p. 657
    Includes index.
    1. Paz, Octavio, 1914–   —Translations, English.
1. Weinberger, Eliot.   II. Title.
PQ7297.P285A29 1987   861   87-23989
ISBN 978-0-8112-1173-4

New Directions Books are published for James Laughlin
by New Directions Publishing Corporation,
80 Eighth Avenue, New York 10011

ELEVENTH PRINTING

Contents

v

Preface

Included here is virtually all the poetry Octavio Paz has published in book form from 1957 to 1987*—poems written in Mexico, France, England, the United States, India, Afghanistan, Sri Lanka, and points between. More than half of them have never appeared before in English translation; many of the others are presented in new or revised versions.

Paz was born in Mexico City on March 31, 1914. On his father's side, the family was mestizo, from the state of Jalisco. His grandfather was a well-known journalist and writer who fought against the French; his father, a lawyer who took part in the Mexican Revolution, represented Zapata in the United States and was one of the architects of the agrarian reforms. His mother's family was purely Spanish, emigrants from Andalusia.

As a boy he lived in Mixcoac, a village that has now been absorbed into the expanding metropolis. In an interview, Paz recalls: "We lived in a large house with a garden. Our family had been impoverished by the revolution and the civil war. Our house, full of antique furniture, books and other objects, was gradually crumbling to bits. As rooms collapsed we moved the furniture into another. I remember that for a long time I lived in a spacious room with part of one of the walls missing. Some magnificent screens protected me inadequately from the wind and rain. A creeper invaded my room . . ."†

He began publishing poetry in 1931, at the age of seventeen, in a magazine he founded with a group of young poets, *Barandal* (Balustrade). Two years later he published his first book, *Luna silvestre* (Savage moon) and founded another short-lived magazine, *Cuadernos del Valle de Mexico* (Notebooks of the Valley of Mexico). In 1937 he went to Spain to attend the Second International Congress of Anti-Fascist Writ-

---

* Omitted are the quadrilingual collaborative poem *Renga* and the prose poem/ meditation *The Monkey Grammarian*, both of which are available elsewhere in English translation (see p. 657), four occasional short poems, and one longer one (see p. 656).

† Interview with Rita Guibert, *Seven Voices*. N.Y.: Knopf, 1973.

ers, where he met a galaxy of poets: among them, Cernuda, Machado, Alberti, and Altolaguirre from Spain; Neruda, Huidobro, and Vallejo from Latin America; Auden and Spender; Tristan Tzara. He stayed in Spain for some months, working for the Republic as a non-combatant. In 1938 he returned to Mexico to write a daily column on politics for the workers' newspaper *El Popular*, to edit an anthology of poetry from Spain, and to found a third magazine, *Taller* (Workshop), an important gathering of the new Mexican poets. His period of intense political activity ended with the Hitler-Stalin pact. In 1941 he co-edited *Laurel*, a massive and influential anthology of Spanish-language poetry.

As the war progressed, Mexico was flooded with refugees, transforming the capital into a cosmopolitan city. Through friendships with such exiles as Victor Serge and Benjamin Péret, Paz became immersed in French poetry. In 1943 he helped to found a fourth magazine, *El Hijo Pródigo* (The Prodigal Son) a major international literary review which introduced writers as diverse as Eliot, Lautréamont, and John Donne into Spanish. During those years, Paz supported himself at odd jobs; among the oddest was counting old banknotes before they were thrown into a furnace at the Central Bank.

In 1944 he went to the United States on a Guggenheim fellowship, living in New York and San Francisco, discovering North American poetry, and reflecting on Mexico and underdevelopment from the vantage point of overdevelopment. That work would later be incorporated into *El laberinto de la soledad* (The labyrinth of solitude), his first prose book, published in 1950.

In 1945, an equally decisive year, he went to Paris, where he formed a close friendship with André Breton, and began participating in the various Surrealist activities, exhibitions, and publications. The following year he joined the Mexican Foreign Service. Over the next twenty-two years, he was to work in Paris, New York, San Francisco, Geneva, and New Delhi.

In the late 1940's Paz began working at an intensity that has yet to abate. In 1949, his collected poetry to date, *Libertad bajo palabra* (Freedom on parole). In 1950, *The Labyrinth of Solitude*. In 1951, one of the most important books of Spanish prose poetry, *¿Aguila o sol?* (Eagle or sun?). In the early 1950's, the poems that would make up *Semillas para un himno* (Seeds for a hymn) and *La estación violenta* (The violent season); an anthology of Mexican poetry for UNESCO (the English version was translated by Samuel Beckett); theater work and endless

articles, lectures and polemics, both literary and political. In 1956, his major book on poetics, *El arco y la lira* (The bow and the lyre).

By 1957, where this book begins, Paz had been publishing poetry for twenty-six years. (Translations of some of the poetry of that period are available in *Early Poems 1935–1955* and *Eagle or Sun?*, also published by New Directions.) In 1957, however, for the convenience of editors and critics, the "earlier" poetry effectively ends, and the "later" begins with the publication of the great circular poem *Sunstone*. That poem— along with *The Labyrinth of Solitude*—launched Paz's international reputation. Within a few years it was translated into many of the Western languages, by poets as varied as Muriel Rukeyser, Benjamin Péret, György Somlyó, and Artur Lundkvist. (Reciprocally, in 1957 Paz began his serious work as a translator with a version of Basho's *Narrow Roads*. Booklength translations of William Carlos Williams, Apollinaire, Pessoa, and four Swedish poets followed, as well as many individual poems from the French, English, Chinese, and Japanese.)

In 1962 he was appointed the Mexican Ambassador to India. There he met and married Marie-José Tramini ("After being born, the most important thing that has happened to me") and began his serious studies of Indian art and philosophy. In that decade Paz published, along with the eight books of poetry included here, booklength studies of Lévi-Strauss and Duchamp and six collections of essays on art, literature, philosophy, and politics; among them, *Corriente alterna* (Alternating current) and *Conjunciones y disyunciones* (Conjunctions and disjunctions). He was also the co-editor of an anthology of contemporary Mexican poetry, *Poesía en movimiento* (Poetry in motion). In 1968 he resigned his post to protest the government massacre of student demonstrators in Mexico City shortly before the Olympic Games.

Over the next years, Paz taught at Cambridge University, the University of Texas, and Harvard. In 1971 he returned to Mexico to found a monthly cultural and political magazine, *Plural*, a supplement to the newspaper *Excélsior*. In 1976, after a government takeover of the paper, most of the staff of *Plural* formed another monthly, *Vuelta* (Return), again with Paz as editor. It has continued since, unquestionably the leading intellectual magazine in Latin America today.

During the 1970's, besides the two magazines, two books of poetry, and teaching positions in the United States, Paz also published seven books of essays on nearly everything; booklength studies of Mexican

politics and the Mexican poet Xavier Villaurrutia; an anthology of the writings of Charles Fourier; a collection of his poetry translations from six languages; *Los hijos del limo* (The children of the mire), his Harvard lectures on Romanticism and the avant-garde; and the previously mentioned *Renga* and *The Monkey Grammarian*.

Throughout his career, Paz has also been actively involved in the visual arts. In 1970 he organized the first exhibition of Tantric art in the West, and he has collaborated on projects with many artists, including Rufino Tamayo, Robert Motherwell, Pierre Alechinsky, Adja Yunkers, Brian Nissen, Henri Michaux, Robert Rauschenberg, and the photographer Manuel Álvarez Bravo, among many others.

In the 1980's Paz has been lecturing and reading around the world (India, Japan, South America, Spain, Germany, the U.S. . . .), editing *Vuelta*, appearing regularly on Mexican television. He has published an enormous book on the 17th-century Mexican poet Sor Juana Inés de la Cruz, three books of essays, a three-volume edition of his writings on Mexican history, art, and literature, and a commentary on contemporary international politics, *Tiempo nublado* (published in English as *One Earth, Four or Five Worlds*).

1987 brings the publication of *Árbol Adentro* (A tree within), Paz's first collection of poetry in eleven years. It appears in translation here simultaneous to its Spanish edition, perhaps a "first" for a book of foreign poetry.

It is equally rare to have a foreign poet's complete poetry, even from a given period, translated: English-language readers are normally dependent on the wisdom of a translator's selection. For this edition I have decided to omit almost nothing—against some reluctance on Paz's part—for the obvious reason: to study the topography of a major poet we need to see both the peaks and the valleys. One does not exist without the other; the "minor" poems not only lead to, but often illuminate, the more important work. (And, of course, what one editor or critic considers "minor" may turn out to be a revelation for another reader.)

For a book of modern poetry in translation, the size of this volume is extraordinary, and perhaps unique. More extraordinary is the fact that volumes of similar size do not exist for Mallarmé, Apollinaire, Artaud, Rilke, Celan, Huidobro, Lorca, Pessoa, Montale, and so many others. The individual books of many poets, Paz among them, are discrete units that in turn form (and inform) the entire work: to select is to abridge, a practice that would not be tolerated in fiction. I hope that this edition

will lead to others: the untranslated is another library, only parts of which are accessible to any one reader. Without the evidence of its endless examples—both successes and failures—the literature of one's own language tends to age, repeating the same things to itself.

For the Spanish texts of the poems through 1975, I have used the Seix Barral edition *Poemas (1935–1975)*, which was extensively corrected and revised by Paz; for the Spanish and English text of *Hijos del aire / Airborn*, the editions published by Taller Martín Pescador in Mexico and Anvil Press in England; and for the Spanish text of *Árbol adentro*, Paz's manuscript.

I was fortunate to be able to include some existing translations by seven poets which had originally appeared in the New Directions collections *Configurations* and *A Draft of Shadows*. Their authorship is noted in the table of contents and in the text. Otherwise the translations are my own.

This book marks the small anniversaries of some old connections. Forty years ago, the first English translation of Paz's poetry appeared in *New Directions 9* (1947): "A Little Anthology of Mexican Poetry," edited by Lloyd Mallan. Twenty years ago, my own collaboration with Paz began, while—it seems incredible now—I was still a teenager. That poet, publisher, and translator have continued to work together all these years is the result of a strange calmness—however full of debate—that has marked what are often rancorous relationships. For this book in particular, Paz and I have been especially fortunate to have that rarity, a patient perfectionist, as our editor: Peter Glassgold.

Eliot Weinberger
1 April 1987

PIEDRA DE SOL

SUNSTONE
1957

La trezième revient . . . c'est encore la première;
et c'est toujours la seule—ou c'est le seul moment;
car es-tu reine, ô toi, la première ou dernière?
es-tu roi, toi le seul ou le dernier amant?
Gérard de Nerval (Arthémis)

PIEDRA DE SOL

un sauce de cristal, un chopo de agua,
un alto surtidor que el viento arquea,
un árbol bien plantado mas danzante,
un caminar de río que se curva,
avanza, retrocede, da un rodeo
y llega siempre:
                    un caminar tranquilo
de estrella o primavera sin premura,
agua que con los párpados cerrados
mana toda la noche profecías,
unánime presencia en oleaje,
ola tras ola hasta cubrirlo todo,
verde soberanía sin ocaso
como el deslumbramiento de las alas
cuando se abren en mitad del cielo,

un caminar entre las espesuras
de los días futuros y el aciago
fulgor de la desdicha como un ave
petrificando el bosque con su canto
y las felicidades inminentes
entre las ramas que se desvanecen,
horas de luz que pican ya los pájaros,
presagios que se escapan de la mano,

una presencia como un canto súbito,
como el viento cantando en el incendio,
una mirada que sostiene en vilo
al mundo con sus mares y sus montes,
cuerpo de luz filtrada por un ágata,
piernas de luz, vientre de luz, bahías,
roca solar, cuerpo color de nube,
color de día rápido que salta,
la hora centellea y tiene cuerpo,
el mundo ya es visible por tu cuerpo,
es transparente por tu transparencia,

SUNSTONE

a crystal willow, a poplar of water,
a tall fountain the wind arches over,
a tree deep-rooted yet dancing still,
a course of a river that turns, moves on,
doubles back, and comes full circle,
forever arriving:
                 the calm course
of the stars or an unhurried spring,
water with eyes closed welling over
with oracles all night long,
a single presence in a surge of waves,
wave after wave till it covers all,
a reign of green that knows no decline,
like the flash of wings unfolding in the sky,

a path through the wilderness of days to come,
and the gloomy splendor of misery like a bird
whose song can turn a forest to stone,
and the imminent joys on branches that vanish,
the hours of light pecked away by the birds,
and the omens that slip past the hand,

a sudden presence like a burst of song,
like the wind singing in a burning building,
a glance that holds the world and all
its seas and mountains dangling in the air,
body of light filtered through an agate,
thighs of light, belly of light, the bays,
the solar rock, cloud-colored body,
color of a brisk and leaping day,
the hour sparkles and has a body,
the world is visible through your body,
transparent through your transparency,

voy entre galerías de sonidos,
fluyo entre las presencias resonantes,
voy por la transparencias como un ciego,
un reflejo me borra, nazco en otro,
oh bosque de pilares encantados,
bajo los arcos de la luz penetro
los corredores de un otoño diáfano,

. voy por tu cuerpo como por el mundo,
tu vientre es una plaza soleada,
tus pechos dos iglesias donde oficia
la sangre sus misterios paralelos,
mis miradas te cubren como yedra,
eres una ciudad que el mar asedia,
una muralla que la luz divide
en dos mitades de color durazno,
un paraje de sal, rocas y pájaros
bajo la ley del mediodía absorto,

vestida del color de mis deseos
como mi pensamiento vas desnuda,
voy por tus ojos como por el agua,
los tigres beben sueño en esos ojos,
el colibrí se quema en esas llamas,
voy por tu frente como por la luna,
como la nube por tu pensamiento,
voy por tu vientre como por tus sueños,

tu falda de maíz ondula y canta,
tu falda de cristal, tu falda de agua,
tus labios, tus cabellos, tus miradas,
toda la noche llueves, todo el día
abres mi pecho con tus dedos de agua,
cierras mis ojos con tu boca de agua,
sobre mis huesos llueves, en mi pecho
hunde raíces de agua un árbol líquido,

voy por tu talle como por un río,
voy por tu cuerpo como por un bosque,
como por un sendero en la montaña

I travel my way through galleries of sound,
I flow among echoing presences,
I cross transparencies as though I were blind,
a reflection erases me, I'm born in another,
oh forest of pillars that are enchanted,
through arches of light I travel into
the corridors of a diaphanous fall,

I travel your body, like the world,
your belly is a plaza full of sun,
your breasts two churches where blood
performs its own, parallel rites,
my glances cover you like ivy,
you are a city the sea assaults,
a stretch of ramparts split by the light
in two halves the color of peaches,
a domain of salt, rocks and birds,
under the rule of oblivious noon,

dressed in the color of my desires,
you go your way naked as my thoughts,
I travel your eyes, like the sea,
tigers drink their dreams in those eyes,
the hummingbird burns in those flames,
I travel your forehead, like the moon,
like the cloud that passes through your thoughts,
I travel your belly, like your dreams,

your skirt of corn ripples and sings,
your skirt of crystal, your skirt of water,
your lips, your hair, your glances rain
all through the night, and all day long
you open my chest with your fingers of water,
you close my eyes with your mouth of water,
you rain on my bones, a tree of liquid
sending roots of water into my chest,

I travel your length, like a river,
I travel your body, like a forest,
like a mountain path that ends at a cliff

que en un abismo brusco se termina,
voy por tus pensamientos afilados
y a la salida de tu blanca frente
mi sombra despeñada se destroza,
recojo mis fragmentos uno a uno
y prosigo sin cuerpo, busco a tientas,

corredores sin fin de la memoria,
puertas abiertas a un salón vacío
donde se pudren todos los veranos,
las joyas de la sed arden al fondo,
rostro desvanecido al recordarlo,
mano que se deshace si la toco,
cabelleras de arañas en tumulto
sobre sonrisas de hace muchos años,

a la salida de mi frente busco,
busco sin encontrar, busco un instante,
un rostro de relámpago y tormenta
corriendo entre los árboles nocturnos,
rostro de lluvia en un jardín a obscuras,
agua tenaz que fluye a mi costado,

busco sin encontrar, escribo a solas,
no hay nadie, cae el día, cae el año,
caigo con el instante, caigo a fondo,
invisible camino sobre espejos
que repiten mi imagen destrozada,
piso días, instantes caminados,
piso los pensamientos de mi sombra,
piso mi sombra en busca de un instante,

busco una fecha viva como un pájaro,
busco el sol de las cinco de la tarde
templado por los muros de tezontle:
la hora maduraba sus racimos
y al abrirse salían las muchachas
de su entraña rosada y se esparcían
por los patios de piedra del colegio,
alta como el otoño caminaba

I travel along the edge of your thoughts,
and my shadow falls from your white forehead,
my shadow shatters, and I gather the pieces
and go with no body, groping my way,

the endless corridors of memory, the doors
that open into an empty room
where all the summers have come to rot,
jewels of thirst burn at its depths,
the face that vanishes upon recall,
the hand that crumbles at my touch,
the hair spun by a mob of spiders
over the smiles of years ago,

setting out from my forehead, I search,
I search without finding, search through a moment,
a face of storm and lightning-flashes
racing through the trees of night,
a face of rain in a darkened garden,
relentless water that flows by my side,

I search without finding, I write alone,
there's no one here, and the day falls,
the year falls, I fall with the moment,
I fall to the depths, invisible path
over mirrors repeating my shattered image,
I walk through the days, the trampled moments,
I walk through all the thoughts of my shadow,
I walk through my shadow in search of a moment,

I search for an instant alive as a bird,
for the sun of five in the afternoon
tempered by walls of porous stone:
the hour ripened its cluster of grapes,
and bursting, girls spilled out from the fruit,
scattering in the cobblestone patios of the school,
one was tall as autumn and walked

envuelta por la luz bajo la arcada
y el espacio al ceñirla la vestía
de una piel más dorada y transparente,

tigre color de luz, pardo venado
por los alrededores de la noche,
entrevista muchacha reclinada
en los balcones verdes de la lluvia,
adolescente rostro innumerable,
he olvidado tu nombre, Melusina,
Laura, Isabel, Perséfona, María,
tienes todos los rostros y ninguno,
eres todas las horas y ninguna,
te pareces al árbol y a la nube,
eres todos los pájaros y un astro,
te pareces al filo de la espada
y a la copa de sangre del verdugo,
yedra que avanza, envuelve y desarraiga
al alma y la divide de sí misma,

escritura de fuego sobre el jade,
grieta en la roca, reina de serpientes,
columna de vapor, fuente en la peña,
circo lunar, peñasco de las águilas,
grano de anís, espina diminuta
y mortal que da penas inmortales,
pastora de los valles submarinos
y guardiana del valle de los muertos,
liana que cuelga del cantil del vértigo,
enredadera, planta venenosa,
flor de resurrección, uva de vida,
señora de la flauta y del relámpago,
terraza del jazmín, sal en la herida,
ramo de rosas para el fusilado,
nieve en agosto, luna del patíbulo,
escritura del mar sobre el basalto,
escritura del viento en el desierto,
testamento del sol, granada, espiga,

rostro de llamas, rostro devorado,
adolescente rostro perseguido

through the arcades enveloped in light,
and space encircled, dressed her in a skin
even more golden and more transparent,

tiger the color of light, brown deer
on the outskirts of night, girl glimpsed
leaning over green balconies of rain,
adolescent incalculable face,
I've forgotten your name, Melusina,
Laura, Isabel, Persephone, Mary,
your face is all the faces and none,
you are all the hours and none,
you're a tree and a cloud, all the birds
and a single star, the edge of the sword
and the executioner's bowl of blood,
the ivy that creeps, envelops, uproots
the soul, and severs it from itself,

writing of fire on a piece of jade,
crack in the stone, queen of snakes,
column of mist, spring in the rock,
lunar circus, aerie of eagles,
anise-seed, thorn tiny and mortal,
thorn that brings immortal pain,
shepherdess of valleys under the sea,
gatekeeper of the valley of the dead,
liana that drops from the cliffs of vertigo,
tangling vine, poisonous plant,
resurrection flower, grape of life,
lady of the flute and the lightning-flash,
terrace of jasmine, salt in the wound,
branch of roses for the man shot down,
snow in August, gallows' moon,
writing of the sea on basalt rock,
writing of the wind on desert sand,
the sun's last will, pomegranate, wheat,

face of flames, face devoured,
adolescent face plagued by phantom years

años fantasmas, días circulares
que dan al mismo patio, al mismo muro,
arde el instante y son un solo rostro
los sucesivos rostros de la llama,
todos los nombres son un solo nombre,
todos los rostros son un solo rostro,
todos los siglos son un solo instante
y por todos los siglos de los siglos
cierra el paso al futuro un par de ojos,

no hay nada frente a mí, sólo un instante
rescatado esta noche, contra un sueño
de ayuntadas imágenes soñado,
duramente esculpido contra el sueño,
arrancado a la nada de esta noche,
a pulso levantado letra a letra,
mientras afuera el tiempo se desboca
y golpea las puertas de mi alma
el mundo con su horario carnicero,

sólo un instante mientras las ciudades,
los nombres, los sabores, lo vivido,
se desmoronan en mi frente ciega,
mientras la pesadumbre de la noche
mi pensamiento humilla y mi esqueleto,
y mi sangre camina más despacio
y mis dientes se aflojan y mis ojos
se nublan y los días y los años
sus horrores vacíos acumulan,

mientras el tiempo cierra su abanico
y no hay nada detrás de sus imágenes
el instante se abisma y sobrenada
rodeado de muerte, amenazado
por la noche y su lúgubre bostezo,
amenazado por la algarabía
de la muerte vivaz y enmascarada
el instante se abisma y se penetra,
como un puño se cierra, como un fruto
que madura hacia dentro de sí mismo

and circular days that open out
on the same patio, the same wall,
the moment is aflame, and all the faces
that appear in the flames are a single face,
all of the names are a single name,
all of the faces a single face,
all of the centuries a single moment,
and through all the centuries of the centuries
a pair of eyes blocks the way to the future,

there's nothing in front of me, only a moment
salvaged from a dream tonight of coupled
images dreamed, a moment chiseled
from the dream, torn from the nothing
of this night, lifted by hand, letter
by letter, while time, outside, gallops
away, and pounding at the doors of my soul
is the world with its bloodthirsty schedules,

only a moment while the cities, names,
flavors and everything that is alive
all crumble inside my blind skull,
while the sorrows of night press on my thoughts,
weigh down my spine, and my blood runs
a little slower, my teeth wobble,
my eyes cloud over, and the days
and years heap their empty horrors,

while time folds its fan shut
and behind its images there's nothing,
the moment plunges into itself
and floats surrounded by death,
theatened by night's lugubrious yawn,
threatened by death that is masked and alive,
the moment plunges into itself,
into itself like a closing fist,
like a fruit that ripens toward its center

y a sí mismo se bebe y se derrama
el instante translúcido se cierra
y madura hacia dentro, echa raíces,
crece dentro de mí, me ocupa todo,
me expulsa su follaje delirante,
mis pensamientos sólo son sus pájaros,
su mercurio circula por mis venas,
árbol mental, frutos sabor de tiempo,

oh vida por vivir y ya vivida,
tiempo que vuelve en una marejada
y se retira sin volver el rostro,
lo que pasó no fue pero está siendo
y silenciosamente desemboca
en otro instante que se desvanece:

frente a la tarde de salitre y piedra
armada de navajas invisibles
una roja escritura indescifrable
escribes en mi piel y esas heridas
como un traje de llamas me recubren,
ardo sin consumirme, busco el agua
y en tus ojos no hay agua, son de piedra,
y tus pechos, tu vientre, tus caderas
son de piedra, tu boca sabe a polvo,
tu boca sabe a tiempo emponzoñado,
tu cuerpo sabe a pozo sin salida,
pasadizo de espejos que repiten
los ojos del sediento, pasadizo
que vuelve siempre al punto de partida,
y tú me llevas ciego de la mano
por esas galerías obstinadas
hacia el centro del círculo y te yergues
como un fulgor que se congela en hacha,
como luz que desuella, fascinante
como el cadalso para el condenado,
flexible como el látigo y esbelta
como un arma gemela de la luna,
y tus palabras afiladas cavan
mi pecho y me despueblan y vacían,

and drinks from itself, spilling over,
the moment, translucent, seals itself off
and ripens inward, sends out roots,
grows within me, taking me over,
its feverish leafing drives me out,
my thoughts are nothing more than its birds,
its mercury runs through my veins, tree
of the mind, fruit that tastes of time,

oh life to live, life already lived,
time that comes back in a swell of sea,
time that recedes without turning its head,
the past is not past, it is still passing by,
flowing silently into the next vanishing moment:

in an afternoon of stone and saltpeter,
armed with invisible razors you write
in red illegible script on my skin,
and the wounds dress me like a suit of flames,
I burn without end, I search for water,
in your eyes there's no water, they're made of stone,
and your breasts, your belly, your hips are stone,
your mouth tastes of dust, your mouth tastes
like poisoned time, your body tastes
like a well that's been sealed, passage of mirrors
where anxious eyes repeat, passage
that always leads back to where it began,
you take me, a blind man, led by the hand,
through relentless galleries toward the center
of the circle, and you rise like splendor
hardened into an axe, like light that flays,
engrossing as a gallows is to the doomed,
flexible as whips and thin as a weapon
that's twin to the moon, your sharpened words
dig out my chest, depopulate me

uno a uno me arrancas los recuerdos,
he olvidado mi nombre, mis amigos
gruñen entre los cerdos o se pudren
comidos por el sol en un barranco,

no hay nada en mí sino una larga herida,
una oquedad que ya nadie recorre,
presente sin ventanas, pensamiento
que vuelve, se repite, se refleja
y se pierde en su misma transparencia,
conciencia traspasada por un ojo
que se mira mirarse hasta anegarse
de claridad:
                    yo vi tu atroz escama,
Melusina, brillar verdosa al alba,
dormías enroscada entre las sábanas
y al despertar gritaste como un pájaro
y caíste sin fin, quebrada y blanca,
nada quedó de ti sino tu grito,
y al cabo de los siglos me descubro
con tos y mala vista, barajando
viejas fotos:
                    no hay nadie, no eres nadie,
un montón de ceniza y una escoba,
un cuchillo mellado y un plumero,
un pellejo colgado de unos huesos,
un racimo ya seco, un hoyo negro
y en el fondo del hoyo los dos ojos
de una niña ahogada hace mil años,

miradas enterradas en un pozo,
miradas que nos ven desde el principio,
mirada niña de la madre vieja
que ve en el hijo grande un padre joven,
mirada madre de la niña sola
que ve en el padre grande un hijo niño,
miradas que nos miran desde el fondo
de la vida y son trampas de la muerte
—¿o es al revés: caer en esos ojos
es volver a la vida verdadera?,

and leave me empty, one by one
you extract my memories, I've forgotten my name,
my friends grunt in a wallow with the pigs
or rot in ravines eaten by the sun,

there is nothing inside me but a large wound,
a hollow place where no one goes,
a windowless present, a thought that returns
and repeats itself, reflects itself,
and loses itself in its own transparency,
a mind transfixed by an eye that watches
it watching itself till it drowns itself
in clarity:
                I saw your horrid scales,
Melusina, shining green in the dawn,
you slept twisting between the sheets,
you woke shrieking like a bird,
and you fell and fell, till white and broken,
nothing remained of you but your scream,
and I find myself at the end of time
with bad eyes and a cough, rummaging through
the old photos:
                    there's no one, you're no one,
a heap of ashes and a worn-out broom,
a rusted knife and a feather duster,
a pelt that hangs from a pack of bones,
a withered branch, a black hole,
and there at the bottom the eyes of a girl
drowned a thousand years ago,

glances buried deep in a well,
glances that have watched us since the beginning,
the girl's glance of the aged mother
who sees her grown son a young father,
the mother's glance of the lonely girl
who sees her father a young son,
glances that watch us from the depths
of life, and are the traps of death
—or what if that fall into those eyes
were the way back to true life?

¡caer, volver, soñarme y que me sueñen
otros ojos futuros, otra vida,
otras nubes, morirme de otra muerte!
—esta noche me basta, y este instante
que no acaba de abrirse y revelarme
dónde estuve, quién fui, cómo te llamas,
cómo me llamo yo:
                    ¿hacía planes
para el verano—y todos los veranos—
en Christopher Street, hace diez años,
con Filis que tenía dos hoyuelos
donde bebían luz los gorriones?,
¿por la Reforma Carmen me decía
"no pesa el aire, aquí siempre es octubre",
o se lo dijo a otro que he perdido
o yo lo invento y nadie me lo ha dicho?,
¿caminé por la noche de Oaxaca,
inmensa y verdinegra como un árbol,
hablando solo como el viento loco
y al llegar a mi cuarto—siempre un cuarto—
no me reconocieron los espejos?,
¿desde el hotel Vernet vimos al alba
bailar con los castaños—"ya es muy tarde"
decías al peinarte y yo veía
manchas en la pared, sin decir nada?,
¿subimos juntos a la torre, vimos
caer la tarde desde el arrecife?,
¿comimos uvas en Bidart?, ¿compramos
gardenias en Perote?,
                        nombres, sitios,
calles y calles, rostros, plazas, calles,
estaciones, un parque, cuartos solos,
manchas en la pared, alguien se peina,
alguien canta a mi lado, alguien se viste,
cuartos, lugares, calles, nombres, cuartos,

Madrid, 1937,
en la Plaza del Ángel las mujeres
cosían y cantaban con sus hijos,

to fall, to go back, to dream myself,
to be dreamed by other eyes that will come,
another life, other clouds,
to die yet another death!
—this night is enough, this moment that never
stops opening out, revealing to me
where I was, who I was, what your name is,
what my name is:
                        was it I making plans
for the summer—and for all the summers—
on Christopher Street, ten years ago,
with Phyllis, who had two dimples in her cheeks
where sparrows came to drink the light?
on the Reforma did Carmen say to me,
"the air's so crisp here, it's always October,"
or was she speaking to another I've forgotten,
or did I invent it and no one said it?
in Oaxaca was I walking through a night
black-green and enormous as a tree,
talking to myself like the crazy wind,
and reaching my room—always a room—
was it true the mirrors didn't know me?
did we watch the dawn from the Hotel Vernet
dancing with the chestnut trees—
did you say "it's late," combing your hair,
did I watch the stains on the wall and say nothing?
did the two of us climb the tower together,
did we watch evening fall on the reef?
did we eat grapes in Bidart? in Perote
did we buy gardenias?
                        names, places,
streets and streets, faces, plazas,
streets, a park, stations, single
rooms, stains on the wall, someone
combing her hair, someone dressing,
someone singing at my side, rooms,
places, streets, names, rooms,

Madrid, 1937,
in the Plaza del Ángel the women were sewing
and singing along with their children,

después sonó la alarma y hubo gritos,
casas arrodilladas en el polvo,
torres hendidas, frentes escupidas
y el huracán de los motores, fijo:
los dos se desnudaron y se amaron
por defender nuestra porción eterna,
nuestra ración de tiempo y paraíso,
tocar nuestra raíz y recobrarnos,
recobrar nuestra herencia arrebatada
por ladrones de vida hace mil siglos,
los dos se desnudaron y besaron
porque las desnudeces enlazadas
saltan el tiempo y son invulnerables,
nada las toca, vuelven al principio,
no hay tú ni yo, mañana, ayer ni nombres,
verdad de dos en sólo un cuerpo y alma,
oh ser total . . .
                    cuartos a la deriva
entre ciudades que se van a pique,
cuartos y calles, nombres como heridas,
el cuarto con ventanas a otros cuartos
con el mismo papel descolorido
donde un hombre en camisa lee el periódico
o plancha una mujer; el cuarto claro
que visitan las ramas del durazno;
el otro cuarto: afuera siempre llueve
y hay un patio y tres niños oxidados;
cuartos que son navíos que se mecen
en un golfo de luz; o submarinos:
el silencio se esparce en olas verdes,
todo lo que tocamos fosforece;
mausoleos del lujo, ya roídos
los retratos, raídos los tapetes;
trampas, celdas, cavernas encantadas,
pajareras y cuartos numerados,
todos se transfiguran, todos vuelan,
cada moldura es nube, cada puerta
da al mar, al campo, al aire, cada mesa
es un festín; cerrados como conchas
el tiempo inútilmente los asedia,

then: the sirens' wail, and the screaming,
houses brought to their knees in the dust,
towers cracked, facades spat out
and the hurricane drone of the engines:
the two took off their clothes and made love
to protect our share of all that's eternal,
to defend our ration of paradise and time,
to touch our roots, to rescue ourselves,
to rescue the inheritance stolen from us
by the thieves of life centuries ago,
the two took off their clothes and kissed
because two bodies, naked and entwined,
leap over time, they are invulnerable,
nothing can touch them, they return to the source,
there is no you, no I, no tomorrow,
no yesterday, no names, the truth of two
in a single body, a single soul,
oh total being . . .
                    rooms adrift
in the foundering cities, rooms and streets,
names like wounds, the room with windows
looking out on other rooms
with the same discolored wallpaper,
where a man in shirtsleeves reads the news
or a woman irons; the sunlit room
whose only guest is the branches of a peach;
and the other room, where it's always raining
outside on the patio and the three boys
who have rusted green; rooms that are ships
that rock in a gulf of light; rooms
that are submarines: where silence dissolves
into green waves, and all that we touch
phosphoresces; and the tombs of luxury,
with their portraits nibbled, their rugs unraveling;
and the traps, the cells, the enchanted grottoes,
the birdcages and the numbered rooms,
all are transformed, all take flight,
every molding is a cloud, every door
leads to the sea, the country, the open
air, every table is set for a banquet;
impenetrable as conches, time lays siege

no hay tiempo ya, ni muro; ¡espacio, espacio,
abre la mano, coge esta riqueza,
corta los frutos, come de la vida,
tiéndete al pie del árbol, bebe el agua!,

todo se transfigura y es sagrado,
es el centro del mundo cada cuarto,
es la primera noche, el primer día,
el mundo nace cuando dos se besan,
gota de luz de entrañas transparentes
el cuarto como un fruto se entreabre
o estalla como un astro taciturno
y las leyes comidas de ratones,
las rejas de los bancos y las cárceles,
las rejas de papel, las alambradas,
los timbres y las púas y los pinchos,
el sermón monocorde de las armas,
el escorpión meloso y con bonete,
el tigre con chistera, presidente
del Club Vegetariano y la Cruz Roja,
el burro pedagogo, el cocodrilo
metido a redentor, padre de pueblos,
el Jefe, el tiburón, el arquitecto
del porvenir, el cerdo uniformado,
el hijo predilecto de la Iglesia
que se lava la negra dentadura
con el agua bendita y toma clases
de inglés y democracia, las paredes
invisibles, las máscaras podridas
que dividen al hombre de los hombres,
al hombre de sí mismo,
                              se derrumban
por un instante inmenso y vislumbramos
nuestra unidad perdida, el desamparo
que es ser hombres, la gloria que es ser hombres
y compartir el pan, el sol, la muerte,
el olvidado asombro de estar vivos;

amar es combatir, si dos se besan
el mundo cambia, encarnan los deseos,

to them in vain, there is no more time,
there are no walls: space, space,
open your hand, gather these riches,
pluck the fruit, eat of life,
stretch out under the tree and drink!

all is transformed, all is sacred,
every room is the center of the world,
it's still the first night, and the first day,
the world is born when two people kiss,
a drop of light from transparent juices,
the room cracks half-open like a fruit
or explodes in silence like a star,
and the laws chewed away by the rats,
the iron bars of the banks and jails,
the paper bars, the barbed wire,
the rubber stamps, the pricks and goads,
the droaning one-note sermon on war,
the mellifluous scorpion in a cap and gown,
the top-hatted tiger, chairman of the board
of the Red Cross and the Vegetarian Society,
the schoolmaster donkey, the crocodile cast
in the role of savior, father of the people,
the Boss, the shark, the architect of the future,
the uniformed pig, the favorite son
of the Church who washes his blackened dentures
in holy water and takes classes in civics
and conversational English, the invisible walls,
the rotten masks that divide one man
from another, one man from himself,
                              they crumble
for one enormous moment and we glimpse
the unity that we lost, the desolation
of being man, and all its glories,
sharing bread and sun and death,
the forgotten astonishment of being alive;

to love is to battle, if two kiss
the world changes, desires take flesh,

el pensamiento encarna, brotan alas
en las espaldas del esclavo, el mundo
es real y tangible, el vino es vino,
el pan vuelve a saber, el agua es agua,
amar es combatir, es abrir puertas,
dejar de ser fantasma con un número
a perpetua cadena condenado
por un amo sin rostro;
                              el mundo cambia
si dos se miran y se reconocen,
amar es desnudarse de los nombres:
"déjame ser tu puta", son palabras
de Eloísa, mas él cedió a las leyes,
la tomó por esposa y como premio
lo castraron después;
                              mejor el crimen,
los amantes suicidas, el incesto
de los hermanos como dos espejos
enamorados de su semejanza,
mejor comer el pan envenenado,
el adulterio en lechos de ceniza,
los amores feroces, el delirio,
su yedra ponzoñosa, el sodomita
que lleva por clavel en la solapa
un gargajo, mejor ser lapidado
en las plazas que dar vuelta a la noria
que exprime la substancia de la vida,
cambia la eternidad en horas huecas,
los minutos en cárceles, el tiempo
en monedas de cobre y mierda abstracta;

mejor la castidad, flor invisible
que se mece en los tallos del silencio,
el difícil diamante de los santos
que filtra los deseos, sacia al tiempo,
nupcias de la quietud y el movimiento,
canta la soledad en su corola,
pétalo de cristal es cada hora,
el mundo se despoja de sus máscaras
y en su centro, vibrante transparencia,

thoughts take flesh, wings sprout
on the backs of the slave, the world is real
and tangible, wine is wine, bread
regains its savor, water is water,
to love is to battle, to open doors,
to cease to be a ghost with a number
forever in chains, forever condemned
by a faceless master;
                          the world changes
if two look at each other and see,
to love is to undress our names:
"let me be your whore" said Héloise,
but he chose to submit to the law
and made her his wife, and they rewarded him
with castration;
                    better the crime,
the suicides of lovers, the incest committed
by brother and sister like two mirrors
in love with their likeness, better to eat
the poisoned bread, adultery on a bed
of ashes, ferocious love, the poisonous
vines of delirium, the sodomite who wears
a gob of spit for a rose in his lapel,
better to be stoned in the plaza than to turn
the mill that squeezes out the juice of life,
that turns eternity into empty hours,
minutes into prisons, and time into
copper coins and abstract shit;

better chastity, the invisible flower
that rocks atop the stalks of silence,
the difficult diamond of the holy saints
that filters desires, satiates time,
the marriage of quietude and motion,
solitude sings within its corolla,
every hour is a petal of crystal,
the world strips off its masks,
and at its heart, a transparent shimmer

lo que llamamos Dios, el ser sin nombre,
se contempla en la nada, el ser sin rostro
emerge de sí mismo, sol de soles,
plenitud de presencias y de nombres;

sigo mi desvarío, cuartos, calles,
camino a tientas por los corredores
del tiempo y subo y bajo sus peldaños
y sus paredes palpo y no me muevo,
vuelvo adonde empecé, busco tu rostro,
camino por las calles de mí mismo
bajo un sol sin edad, y tú a mi lado
caminas como un árbol, como un río
caminas y me hablas como un río,
creces como una espiga entre mis manos,
lates como una ardilla entre mis manos,
vuelas como mil pájaros, tu risa
me ha cubierto de espumas, tu cabeza
es un astro pequeño entre mis manos,
el mundo reverdece si sonríes
comiendo una naranja,
                            el mundo cambia
si dos, vertiginosos y enlazados,
caen sobre la yerba: el cielo baja,
los árboles ascienden, el espacio
sólo es luz y silencio, sólo espacio
abierto para el águila del ojo,
pasa la blanca tribu de las nubes,
rompe amarras el cuerpo, zarpa el alma,
perdemos nuestros nombres y flotamos
a la deriva entre el azul y el verde,
tiempo total donde no pasa nada
sino su propio transcurrir dichoso,

no pasa nada, callas, parpadeas
(silencio: cruzó un ángel este instante
grande como la vida de cien soles),
¿no pasa nada, sólo un parpadeo?
—y el festín, el destierro, el primer crimen,
la quijada del asno, el ruido opaco

that we call God, nameless being
who studies himself in the void, faceless
being emerged from himself, sun
of suns, plenitude of presences and names;

I follow my raving, rooms, streets,
I grope my way through corridors of time,
I climb and descend its stairs, I touch
its walls and do not move, I go back
to where I began, I search for your face,
I walk through the streets of myself
under an ageless sun, and by my side
you walk like a tree, you walk like a river,
and talk to me like the course of a river,
you grow like wheat between my hands,
you throb like a squirrel between my hands,
you fly like a thousand birds, and your laugh
is like the spray of the sea, your head
is a star between my hands, the world
grows green again when you smile,
eating an orange,
                the world changes
if two, dizzy and entwined, fall
on the grass: the sky comes down, trees
rise, space becomes nothing but light
and silence, open space for the eagle
of the eye, the white tribe of clouds
goes by, and the body weighs anchor,
the soul sets sail, and we lose
our names and float adrift in the blue
and green, total time where nothing
happens but its own, easy crossing,

nothing happens, you're quiet, you blink,
(silence: just now an angel crossed,
huge as the life of a hundred suns),
is nothing happening, only a blink?
—and the banquet, the exile, the first crime,
the jawbone of the ass, the opaque thud

y la mirada incrédula del muerto
al caer en el llano ceniciento,
Agamenón y su mugido inmenso
y el repetido grito de Casandra
más fuerte que los gritos de las olas,
Sócrates en cadenas (el sol nace,
morir es despertar: "Critón, un gallo
a Esculapio, ya sano de la vida");
el chacal que diserta entre las ruinas
de Nínive, la sombra que vio Bruto
antes de la batalla, Moctezuma
en el lecho de espinas de su insomnio,
el viaje en la carreta hacia la muerte
—el viaje interminable mas contado
por Robespierre minuto tras minuto,
la mandíbula rota entre las manos—,
Churruca en su barrica como un trono
escarlata, los pasos ya contados
de Lincoln al salir hacia el teatro,
el estertor de Trotsky y sus quejidos
de jabalí, Madero y su mirada
que nadie contestó: ¿por qué me matan?,
los carajos, los ayes, los silencios
del criminal, el santo, el pobre diablo,
cementerios de frases y de anécdotas
que los perros retóricos escarban,
el delirio, el relincho, el ruido obscuro
que hacemos al morir y ese jadeo
de la vida que nace y el sonido
de huesos machacados en la riña
y la boca de espuma del profeta
y su grito y el grito del verdugo
y el grito de la víctima . . .

                        son llamas
los ojos y son llamas lo que miran,
llama la oreja y el sonido llama,
brasa los labios y tizón la lengua,
el tacto y lo que toca, el pensamiento
y lo pensado, llama el que lo piensa,
todo se quema, el universo es llama,

and the startled glance of the dead falling
on an ash-strewn plain, Agamemnon's
great bellow, the screams of Cassandra,
over and over, louder than the sea,
Socrates in chains (the sun rises,
to die is to wake: "Crito, a cock
for Aesculapius, I am cured of life"),
the jackal discoursing in the ruins of Nineveh,
the shade that appeared to Brutus on the eve
of the battle, Moctezuma insomniac
on his bed of thorns, the ride in the carriage
toward death—the interminable ride,
counted minute by minute by Robespierre,
his broken jaw between his hands,
Churruca on his cask like a scarlet throne,
the numbered steps of Lincoln as he left
for the theater, Trotsky's death-rattle
and his howl like a boar, Madero's gaze
that no one returned: why are they killing me?,
and the curses, the sighs, the silence
of the criminal, the saint, the poor devil,
graveyards of anecdotes and phrases scratched up
by rhetorical dogs, and the shouts of victory,
the raving, the dark sound we make
when dying and that pulsebeat of life
as it's born, and the sound of bones being crushed
in the fray and the foaming mouth of the prophet
and his scream and the scream of the hangman
and the scream of the victim . . .

                      eyes are flames,
what they see is flames, the ear a flame
and sounds a flame, lips are coals,
the tongue is a poker, touch and the touched,
thought and the thought-of, he who thinks
is flame, all is burning, the universe

arde la misma nada que no es nada
sino un pensar en llamas, al fin humo:
no hay verdugo ni víctima . . .
                                        ¿y el grito
en la tarde del viernes?, y el silencio
que se cubre de signos, el silencio
que dice sin decir, ¿no dice nada?,
¿no son nada los gritos de los hombres?,
¿no pasa nada cuando pasa el tiempo?

—no pasa nada, sólo un parpadeo
del sol, un movimiento apenas, nada,
no hay redención, no vuelve atrás el tiempo,
los muertos están fijos en su muerte
y no pueden morirse de otra muerte,
intocables, clavados en su gesto,
desde su soledad, desde su muerte
sin remedio nos miran sin mirarnos,
su muerte ya es la estatua de su vida,
un siempre estar ya nada para siempre,
cada minuto es nada para siempre,
un rey fantasma rige tus latidos
y tu gesto final, tu dura máscara
labra sobre tu rostro cambiante:
el monumento somos de una vida
ajena y no vivida, apenas nuestra,

—¿ la vida, cuándo fue de veras nuestra?,
¿cuándo somos de veras lo que somos?,
bien mirado no somos, nunca somos
a solas sino vértigo y vacío,
muecas en el espejo, horror y vómito,
nunca la vida es nuestra, es de los otros,
la vida no es de nadie, todos somos
la vida—pan de sol para los otros,
los otros todos que nosotros somos—,
soy otro cuando soy, los actos míos
son más míos si son también de todos,
para que pueda ser he de ser otro,

is flame, the nothing is burning, the nothing
that is only a thought in flames, and nothing
in the end but smoke: there is no victim,
there is no hangman . . .
                              and the cry on Friday
afternoon?, and the silence covered in signs,
the silence that speaks without ever speaking,
does it say nothing? are cries nothing?
does nothing happen as time passes by?

—nothing happens, only a blink
of the sun, nothing, barely a motion,
there is no redemption, time can never
turn back, the dead are forever
fixed in death and cannot die
another death, they are untouchable,
frozen in a gesture, and from their solitude,
from their death, they watch us,
helpless, without ever watching,
their death is now a statue of their life,
an eternal being eternally nothing,
every minute is eternally nothing,
a ghostly king rules over your heartbeat
and your final expression, a hard mask
is formed over your changing face:
the monument that we are to a life,
unlived and alien, barely ours,

—when was life ever truly ours?
when are we ever what we are?
we are ill-reputed, nothing more
than vertigo and emptiness, a frown in the mirror,
horror and vomit, life is never
truly ours, it always belongs to the others,
life is no one's, we all are life—
bread of the sun for the others,
the others that we all are—
when I am I am another, my acts
are more mine when they are the acts
of others, in order to be I must be another,

salir de mí, buscarme entre los otros,
los otros que no son si yo no existo,
los otros que me dan plena existencia,
no soy, no hay yo, siempre somos nosotros,
la vida es otra, siempre allá, más lejos,
fuera de ti, de mí, siempre horizonte,
vida que nos desvive y enajena,
que nos inventa un rostro y lo desgasta,
hambre de ser, oh muerte, pan de todos,

Eloísa, Perséfona, María,
muestra tu rostro al fin para que vea
mi cara verdadera, la del otro,
mi cara de nosotros siempre todos,
cara de árbol y de panadero,
de chofer y de nube y de marino,
cara de sol y arroyo y Pedro y Pablo,
cara de solitario colectivo,
despiértame, ya nazco:
                                        vida y muerte
pactan en ti, señora de la noche,
torre de claridad, reina del alba,
virgen lunar, madre del agua madre,
cuerpo del mundo, casa de la muerte,
caigo sin fin desde mi nacimiento,
caigo en mí mismo sin tocar mi fondo,
recógeme en tus ojos, junta el polvo
disperso y reconcilia mis cenizas,
ata mis huesos divididos, sopla
sobre mi ser, entiérrame en tu tierra,
tu silencio dé paz al pensamiento
contra sí mismo airado;
                                        abre la mano,
señora de semillas que son días,
el día es inmortal, asciende, crece,
acaba de nacer y nunca acaba,
cada día es nacer, un nacimiento

leave myself, search for myself
in the others, the others that don't exist
if I don't exist, the others that give me
total existence, I am not,
there is no I, we are always us,
life is other, always there,
further off, beyond you and
beyond me, always on the horizon,
life which unlives us and makes us strangers,
that invents our face and wears it away,
hunger for being, oh death, our bread,

Mary, Persephone, Héloise, show me
your face that I may see at last
my true face, that of another,
my face forever the face of us all,
face of the tree and the baker of bread,
face of the driver and the cloud and the sailor,
face of the sun and face of the stream,
face of Peter and Paul, face
of this crowd of hermits, wake me up,
I've already been born:
                              life and death
make a pact within you, lady of night,
tower of clarity, queen of dawn,
lunar virgin, mother of mother sea,
body of the world, house of death,
I've been falling endlessly since my birth,
I fall in myself without touching bottom,
gather me in your eyes, collect
my scattered dust and reconcile my ashes,
bind these unjointed bones, blow over
my being, bury me deep in your earth,
and let your silence bring peace to thought
that rages against itself:
                              open
your hand, lady of seeds that are days,
the day is immortal, it rises and grows,
it has just been born, its birth never ends,
each day is a birth, each dawn is a birth

es cada amanecer y yo amanezco,
amanecemos todos, amanece
el sol cara de sol, Juan amanece
con su cara de Juan cara de todos,

puerta del ser, despiértame, amanece,
déjame ver el rostro de este día,
déjame ver el rostro de esta noche,
todo se communica y transfigura,
arco de sangre, puente de latidos,
llévame al otro lado de esta noche,
adonde yo soy tú somos nosotros,
al reino de pronombres enlazados,

puerta del ser: abre tu ser, despierta,
aprende a ser también, labra tu cara,
trabaja tus facciones, ten un rostro
para mirar mi rostro y que te mire,
para mirar la vida hasta la muerte,
rostro de mar, de pan, de roca y fuente,
manantial que disuelve nuestros rostros
en el rostro sin nombre, el ser sin rostro,
indecible presencia de presencias . . .

quiero seguir, ir más allá, y no puedo:
se despeñó el instante en otro y otro,
dormí sueños de piedra que no sueña
y al cabo de los años como piedras
oí cantar mi sangre encarcelada,
con un rumor de luz el mar cantaba,
una a una cedían las murallas,
todas las puertas se desmoronaban
y el sol entraba a saco por mi frente,
despegaba mis párpados cerrados,
desprendía mi ser de su envoltura,
me arrancaba de mí, me separaba
de mi bruto dormir siglos de piedra
y su magia de espejos revivía
un sauce de cristal, un chopo de agua,
un alto surtidor que el viento arquea,

and I am dawning, we all are dawning,
the sun dawns with the face of the sun,
John dawns with John's face,
the face of John that is everyone's face,

door of being, dawn and wake me,
allow me to see the face of this day,
allow me to see the face of this night,
all communicates, all is transformed,
arch of blood, bridge of the pulse,
take me to the other side of this night,
where I am you, we are us,
the kingdom where pronouns are intertwined,

door of being: open your being
and wake, learn to be, form
your face, develop your features, have
a face I can see to see my face,
to see life until its death, a face
of the sea, bread, rocks and a fountain,
source where all our faces dissolve
in the nameless face, the faceless being,
the unspeakable presence of presences . . .

I want to go on, to go further, and cannot:
as each moment was dropping into another
I dreamt the dreams of dreamless stones,
and there at the end of the years like stones
I heard my blood, singing in its prison,
and the sea sang with a murmur of light,
one by one the walls gave way,
all of the doors were broken down,
and the sun came bursting through my forehead,
it tore apart my closed lids,
cut loose my being from its wrappers,
and pulled me out of myself to wake me
from this animal sleep and its centuries of stone,
and the sun's magic of mirrors revived
a crystal willow, a poplar of water,
a tall fountain the wind arches over,

un árbol bien plantado mas danzante,
un caminar de río que se curva,
avanza, retrocede, da un rodeo
y llega siempre:

a tree deep-rooted yet dancing still,
a course of a river that turns, moves on,
doubles back, and comes full circle,
forever arriving:

DIAS HABILES

DAYS AND OCCASIONS
1958-1961

ENTRADA EN MATERIA

Bramar de motores
                    río en crecida
silbidos latigazos
                    chirriar de frenos
algarabías
            El neón se desgrana
la luz eléctrica y sus navajazos
Noche multicolor
                    ataviada de signos
letras parpadeantes
obsceno guiño de los números
Noche de innumerables tetas
y una sola boca carnicera
gatos en celo y pánico de monos
Noche en los huesos
                    noche calavera
los reflectores palpan tus plazas secretas
el sagrario del cuerpo
                    el arca del espíritu
los labios de la herida
la boscosa hendidura de la profecía

Ciudad
            montón de piedras
en el saco del invierno
Crece la noche
            crece su marea
torres ceñudas con el miedo al cuello
casas templos rotondas
                    tiempo petrificado
graves moles de sueño y de orgullo
el invierno las marca con sus armas crueles
piedras recomidas hasta el hueso
por el siglo y sus ácidos
                    el mal sin nombre

INTO THE MATTER

Roar of engines
                    swollen river
whiplashing whistles
                         squeal of brakes
babble
          Flailing neon
knife wounds of electric light
Multicolored night
                         decked with signs
blinking letters
the leering wink of numbers
Night of countless tits
and a single bloody mouth
cats in heat monkeys panicked
Night in the bones
                    skeleton night
the headlights touch your secret plazas
the sanctuary of the body
                              the ark of the spirit
the lips of the wound
the wooded cleft of the oracles

City
      heap of stones
in the sack of winter
Night grows
               the tide grows
grim towers with fear at their throats
houses temples domes
                         petrified time
great masses of dream and pride
winter brands them with its cruel irons
stones chewed to the bone
by the century and its acids
                              the nameless evil

el mal que tiene todos los nombres
                              clavado
enquistado
                  hasta el meollo del hierro
y las ciegas junturas de la piedra

Ciudad
               entre tus muslos
un reloj da la hora
                   demasiado tarde
demasiado pronto
                    En tu cráneo
pelean las edades de humo
                         en tu cama
fornican los siglos en pena
Ciudad de frente indescifrable
memoria que se desmorona
tu discurso demente
                      tejido de razones
corre por mis arterias
y repica en mis tímpanos tu sílaba
tu frase inacabada

Como un enfermo desangrado se levanta
la luna
sobre las altas azoteas
La luna
como un borracho cae de bruces
Los perros callejeros
mondan el hueso de la luna
Pasa un convoy de camiones
sobre los cuerpos de la luna
Un gato cruza el puente de la luna
Los carniceros se lavan las manos
en el agua de la luna
La ciudad se extravía por sus callejas
se echa a dormir en los lotes baldíos
la ciudad se ha perdido en sus afueras

Un reloj da la hora
                  ya es hora

the evil with all the names
                    cyst
fixed
        in the marrow of iron
in the blind joints of stone

City
        a clock strikes
between your thighs
                    too late
too soon
            Ages of smoke
battle in your skull
                    in your bed
the doomed centuries make love in sorrow
City of indescribable facade
crumbling memory
your demented speech
                        woven with reason
runs through my veins
your syllable ringing in my ears
your interminable phrase

As though suffering from loss of blood
the moon
rises over the rooftops
The moon
like a drunkard falls on its face
Stray dogs
pick the moon's bone clean
A convoy of trucks
runs over the bodies of the moon
A cat crosses the bridge of the moon
The butchers wash their hands
in the water of the moon
The city stretches out in its alleys
goes to sleep in the empty lots
the city has become lost in its outskirts

A clock strikes the time
                    now it's time

no es hora
       ahora es ahora
ya es hora de acabar con las horas
ahora no es hora
         es hora y no ahora
la hora se come al ahora

Ya es hora
       las ventanas se cierran
los muros se cierran las bocas se cierran
regresan a su sitio las palabras
ahora estamos más solos
La conciencia y sus pulpos escribanos
se sientan a mi mesa
el tribunal condena lo que escribo
el tribunal condena lo que callo
Pasos del tiempo que aparece y dice
¿qué dice?
¿qué dices? dice mi pensamiento
no sabes lo que dices
trampas de la razón
crímenes del lenguaje
borra lo que escribes
escribe lo que borras
el haz y el envés del español artrítico

Hoy podría decir todas las palabras
un rascacielos de erizadas palabras
una ciudad inmensa y sin sentido
un monumento grandioso incoherente
Babel babel minúscula
otros te hicieron
los maestros
los venerables inmortales
sentados en sus tronos de cascajo
otros te hicieron lengua de los hombres
galimatías
palabras que se desmoronan

Vuelve a los nombres
      ejes

it's not time now
now it's now
now it's time to get rid of time
now it's not time
it's time and not now
time eats the now

Now it's time
windows close
walls close doors close
the words go home
now we are more alone
The mind and its octopus scribes
sit down at my table
the court condemns what I write
the court condemns what I keep silent
Footsteps of time that appears and says
what does it say?
what are you saying? my thoughts say
you don't know what you're saying
traps of reason
crimes of language
you must erase what you write
write what you erase
the front and back of arthritic Spanish

Today one could say all the words
a skyscraper of bristling words
an enormous meaningless city
a grandiose incoherent monument
a miniature babbling Babel
others built you
the masters
the venerable immortals
seated on their rickety thrones
others made you the language of man
gibberish
crumbling words

Go back to the names
the axis

anchas espaldas de este mundo
lomos que cargan sin esfuerzo al tiempo
Nombres
       vidrio mirada congelada
pared máscara de nadie
libros de frente despejada
hinchada de razones enemigas
mesa servil a cuatro patas
puerta puerta condenada
Nombres
       verdades desfondadas

No pesa el tiempo
            es pesadumbre
No están las cosas en su sitio
no tienen sitio
         No se mueven
y se mueven
        echan alas
echan raíces
       garras dientes
tienen ojos y uñas uñas uñas
Son reales son fantasmas son corpóreas
están aquí
       son intocables

Los nombres no son nombres
no dicen lo que dicen
Yo he de decir lo que no dicen
Yo he de decir lo que dicen
piedra sangre esperma
ira ciudad relojes
pánico risa pánico
Yo he de decir lo que no dicen
promiscuidad del nombre
el mal sin nombre
el nombre de los males
Yo he de decir lo que dicen
el sagrario del cuepo
       el arca del espíritu

the broad backs of this world
the shoulders effortlessly bearing time
Names
      the glass frozen glance
the wall no one's mask
the books with blank expressions
swollen with warring reasons
the servile table set on all fours
the door the condemned door
Names
      scuttled truths

Time is weightless
        and heavy-hearted
Things are not in their places
they have no places
        They are motionless
and moving
      they spread wings
spread roots
      claws and teeth
they have eyes and nails and nails and nails
They are real they are ghosts they are bodies
they're here
      and can't be touched

The names are not names
they don't say what they say
I must say what they don't say
I must say what they say
stone blood sperm
rage city clock
panic laughter panic
I must say what they don't say
the promiscuity of the name
the nameless evil
the name of the evils
I must say what they say
the sanctuary of the body
      the ark of the spirit

MADRUGADA

Rápidas manos frías
retiran una a una
las vendas de la sombra
Abro los ojos
            todavía
estoy vivo
         en el centro
de una herida todavía fresca

REPETICIONES

El corazón y su redoble iracundo
el obscuro caballo de la sangre
caballo ciego caballo desbocado
el carrousel nocturno la noria del terror
el grito contra el muro y la centella rota
Camino andado
          camino desandado
El cuerpo a cuerpo con un pensamiento afilado
la pena que interroga cada día y no responde
la pena que no se aparta y cada noche me despierta
la pena sin tamaño y sin nombre
el alfiler y el párpado traspasado
el párpado del día mal vivido
la hora manchada la ternura escupida
la risa loca y la puta mentira
la soledad y el mundo
Camino andado
          camino desandado
El coso de la sangre y la pica y la rechifla
el sol sobre la herida
sobre las aguas muertas el astro hirsuto
la rabia y su acidez recomida
el pensamiento que se oxida
y la escritura gangrenada
el alba desvivida y el día amordazado
la noche cavilada y su hueso roído

DAWN

Cold rapid hands
draw back one by one
the bandages of dark
I open my eyes
         still
I am living
         at the center
of a wound still fresh   [C.T.]

REPETITIONS

The heart and its passionate drumroll
the black horse of the blood
the blind horse the runaway horse
the carousel of night and the waterwheel of terror
the scream at the wall and the cracked lightning
Road traversed
         road reversed
The unsheathed body with a sharpened thought
the sorrow I question every day and that never answers
the sorrow that never leaves and that wakes me each night
the measureless nameless sorrow
the pin and the pierced eyelid
the eyelid of a day badly lived
the hour stained the tenderness drooled
the crazy laughter the lying whore
the solitude and the world
Road traversed
         road reversed
The arena of blood and the lance and the jeering
the sun on the wound
the hairy star on the stagnant water
rage and its gobbled bile
the thought that rusts
and the gangrenous writing
the longed-for dawn and the muzzled day
the ridiculed night and its gnawed bone

el horror siempre nuevo y siempre repetido
Camino andado
        camino desandado
El vaso de agua la pastilla la lengua de estaño
el hormiguero en pleno sueño
cascada negra de la sangre
cascada pétrea de la noche
el peso bruto de la nada
zumbido de motores en la ciudad inmensa
lejos cerca lejos en el suburbio de mi oreja
aparición del ojo y el muro que gesticula
aparición del metro cojo
el puente roto y el ahogado
Camino andado
        camino desandado
El pensamiento circular y el círculo de familia
¿qué hice qué hiciste qué hemos hecho?
el laberinto de la culpa sin culpa
el espejo que acusa y el silencio que se gangrena
el día estéril la noche estéril el dolor estéril
la soledad promiscua el mundo despoblado
la sala de espera en donde ya no hay nadie
Camino andado y desandado
la vida se ha ido sin volver el rostro

AQUÍ

Mis pasos en esta calle
Resuenan
        en otra calle
donde
        oigo mis pasos
pasar en esta calle
donde

Sólo es real la niebla

the horror always repeated and always new
Road traversed
            road reversed
The glass of water the tablet the tin-plated tongue
the ant-heap in the middle of the dream
black cascade of blood
stone cascade of night
the brutal weight of the nothing
the hum of engines in the enormous city
far and near and far in the suburb of my ear
the apparition of the eye and the grimacing wall
the apparition of the crippled meter
the broken bridge and the drowned man
Road traversed
            road reversed
Circular thought and the family circle
what did I do what did you do what have we done?
the labyrinth of guiltless guilt
the accusatory mirror and the silence that turns gangrene
sterile day sterile night sterile pain
promiscuous solitude uninhabited world
the waiting room with no one in it
Road traversed and reversed
life has gone off without looking back

HERE

My steps along this street
resound
        in another street
in which
        I hear my steps
passing along this street
in which

Only the mist is real   [c.t.]

AUGURIOS

> Hoy pasó un águila
> Sobre mi cabeza . . .
> Rubén Darío

Al natural, en cápsulas, abiertas
o cerradas, ya desalmadas,
Elvira y doña Sol;
                en cada cuna
Eros y leche: digestión pacífica
sin pesadillas griegas;
                     bálsamos
bíblicos o dialécticos, sedantes
contra las erosiones, decadencias
históricas, siniestros coloniales,
temblores, indios, negros, cracks, sequías,
crisis, poetas solitarios, auto-
críticas, purgas, cismas, putschs, eclipses;
deportes y cultura para todos
los hijos de vecino: camporrasos
todos los camposantos;
                  pulgas
vestidas a la moda en las metrópolis,
en las playas mariscos erotómanos
bajo el signo de Cáncer;
                    vacaciones
al cuerno de la luna;
                gas, amnesia,
descarnaciones, evaporaciones,
golpes de gracia y otras matemáticas
del cero puritano;
                 calistenia
moral, lobotomías,
cura de sueño, orgasmos por teléfono,
arcoiris portátiles . . .

El vacío pregona
una filantropía que despena.

AUGURIES

> Today an eagle
> Passed over my head . . .
> Rubén Darío

Au naturel, in capsules, open
or closed, already diluted,
Elvira and Doña Sol;
                    in every cradle
Eros and milk: peaceful digestion
without nightmares in Greek;
                    balms,
biblical or dialectical, opiates
for wear and tear, historical
decadence, colonial disasters,
earthquakes, Indians, blacks, cracks, droughts,
crisis, lonely poets, self-
criticism, purges, schism, putsches, eclipses;
sports and culture for all
the kids next door: open fields
for every grave;
                    fleas
smartly dressed in metropolises,
on the beaches erotomanic shellfish
under the sign of Cancer;
                    vacations
on the horn of the moon;
                    gas, amnesia,
disincarnations, evaporations,
final blows and other calculations
of the puritanical zero;
                    moral
calisthenics, lobotomies,
cures for dreams, orgasms over the phone,
portable rainbows . . .

The void hawks philanthropy
that kills to kill all pain.

REVERSIBLE

En el espacio
           estoy
dentro de mí
           el espacio
fuera de mí
           el espacio
en ningún lado
           estoy
fuera de mí
           en el espacio
dentro
           está el espacio
fuera de sí
           en ningún lado
estoy
           en el espacio
etcétera

DISPARO

Salta la palabra
adelante del pensamiento
adelante del sonido
la palabra salta como un caballo
adelante del viento
como un novillo de azufre
adelante de la noche
se pierde por las calles de mi cráneo
en todas partes las huellas de la fiera
en la cara del árbol el tatuaje escarlata
en la frente del torreón el tatuaje de hielo
en el sexo de la iglesia el tatuaje eléctrico
sus uñas en tu cuello
sus patas en tu vientre
la señal violeta
el tornasol que gira hasta el blanco
hasta el grito hasta el basta

REVERSIBLE

In space
    I am
inside of me
      the space
outside of me
      the space
nowhere
    I am
outside of me
      in space
inside
    is space
outside of it
      nowhere
I am
    in space
etcetera

BANG

The word leaps
ahead of thought
ahead of sound
the word leaps like a horse
ahead of the wind
like a sulfur bull
ahead of the night
it's lost in the streets of my skull
the tracks of the beast are everywhere
the scarlet tattoo on the face of the tree
the ice tattoo on the tower's forehead
the electric tattoo on the sex of the church
its claws in your neck
its paws on your belly
the violet sign
the sunflower that turns toward white
toward the scream toward enough!

el girasol que gira como un ay desollado
la firma del sin nombre a lo largo de tu piel
en todas partes el grito que ciega
la oleada negra que cubre el pensamiento
la campana furiosa que tañe en mi frente
la campana de sangre en mi pecho
la imagen que ríe en lo alto de la torre
la palabra que revienta las palabras
la imagen que incendia todos los puentes
la desaparecida en mitad del abrazo
la vagabunda que asesina a los niños
la idiota la mentirosa la incestuosa
la corza perseguida
la mendiga profética
la muchacha que en mitad de la vida
me despierta y me dice *acuérdate*

PEATÓN

Iba entre el gentío
por el bulevar Sebastó,
pensando en sus cosas.
El rojo lo detuvo.
Miró hacia arriba:
               sobre
las grises azoteas, plateado
entre los pardos pájaros,
un pescado volaba.
Cambió el semáforo hacia el verde.
Se preguntó al cruzar la calle
en qué estaba pensando.

PAUSA
A la memoria de Pierre Reverdy

Llegan
unos cuantos pájaros
y una idea negra.

the sunflower that turns like a flayed sigh
the signature of the nameless across your skin
everywhere the blinding scream
the black swell that covers thought
the angry bell that clangs in my head
the bell of blood in my chest
the image that laughs at the top of the tower
the word that explodes the words
the image that burns all the bridges
the woman who vanished in the middle of a kiss
the derelict who killed her children
the idiot the liar the incestuous daughter
the persecuted doe
the prophetic beggarwoman
the girl who in the middle of my life
wakes me and says *remember*

PEDESTRIAN

He walked among the crowds
on the Boulevard Sebastó,
thinking about things.
A red light stopped him.
He looked up:
           over
the gray roofs, silver
among the brown birds,
a fish flew.
The light turned green.
As he crossed the street he wondered
what he'd been thinking.

PAUSE
in memory of Pierre Reverdy

They've come:
a few birds
and a black thought.

Rumor de árboles,
rumor de trenes y motores,
¿va o viene este instante?

El silencio del sol
traspasa risas y gemidos,
hunde su pica
hasta el grito de piedra de las piedras.

Sol-corazón, piedra que late,
piedra de sangre que se vuelve fruto:
las heridas se abren y no duelen,
mi vida fluye parecida a la vida.

LUIS CERNUDA
(1902–1963)

Ni *cisne andaluz*
        ni *pájaro de lujo*
Pájaro por las alas
           hombre por la tristeza
Una mitad de luz Otra de sombra
No separadas: confundidas
una sola substancia
vibración que se despliega en transparencia
Piedra de luna
        más agua que piedra
Río taciturno
        más palabra que río
Árbol por solitario
           hombre por la palabra
Verdad y error
        una sola verdad
una sola palabra mortal

Ciudades
     humo petrificado
patrias ajenas siempre
sombras de hombres

Murmur of trees,
murmur of trains and engines,
is this moment coming or going?

The silence of the sun
pierces lamentation and laughter,
it sinks its lance
deep in the rocks' rock scream.

Heart-sun, beating rock,
blood rock that becomes a fruit:
wounds open without pain,
my life flows on, resembling life.

LUIS CERNUDA
(1902–1963)

Neither *Andalusian swan*
nor *luxurious bird*
A bird by its wings
a man by his sorrow
One half light The other shadow
Not separate: mixed
a single substance
a vibration that unfolds in transparency
Stone of the moon
more water than stone
Silent river
more word than river
A tree for its hermit
a man for his word
Truth and error
a single truth
a single mortal word

Cities
petrified smoke
countries always foreign
shadows of men

En un cuarto perdido
immaculada la camisa única
correcto y desesperado
escribe el poeta las palabras prohibidas
signos entrelazados en una página
vasta de pronto como lecho de mar
abrazo de los cuatro elementos
constelación del deseo y de la muerte
fija en el cielo cambiante del lenguaje
como el dibujo obscenamente puro
ardiendo en la pared decrépita

Días como nubes perdidas
islas sepultas en un pecho
placer
   ola jaguar y calavera
Dos ojos fijos en dos ojos
      idolos
siempre los mismos ojos
     Soledad
única madre de los hombres
¿sólo es real el deseo?
Uñas que desgarran una sombra
labios que beben muerte en un cuerpo
ese cadáver descubierto al alba
en nuestro lecho ¿es real?

Deseada
   la realidad se desea
se inventa un cuerpo de centella
se desdobla y se mira
     sus mil ojos
la pulen como mil manos fanáticas
Quiere salir de sí
    arder
en un cuarto en el fondo de un cráter
y ser bajo dos ojos fijos
ceniza piedra congelada

Con letra clara el poeta escribe
sus verdades obscuras

In some room somewhere
the one shirt immaculate
proper and desperate
the poet writes the forbidden words
signs entwining on a page
soon vast as the seabed
the four elements embracing
constellation of desire and of death
motionless in the changing sky of language
like the obscenely pure drawing
burning on the decrepit wall

Days like lost clouds
islands buried in a chest
pleasure
         jaguar wave and skull
Two eyes fixed on two eyes
             idols
always the same eyes
          Solitude
the only mother of man
is only desire real?
Claws that rip at a shadow
lips that drink death from a body
that corpse discovered at dawn
in our bed—is it real?

Desired
      reality desires itself
invents a body of lightning
bends over and looks at itself
                its thousand eyes
polish it like a thousand fanatical hands
It wants to abandon itself
           to burn
in a room at the bottom of a crater
to be beneath two fixed eyes
frozen stone and ash

With clear letters the poet writes
his dark truths

                              Sus palabras
no son un monumento público
ni la Guía del camino recto
Nacieron del silencio
se abren sobre tallos de silencio
las contemplamos en silencio
Verdad y error
                    una sola verdad
Realidad y deseo
                    una sola substancia
resuelta en manantial de transparencias

LA PALABRA ESCRITA

Ya escrita la primera
palabra (nunca la pensada
sino la otra—ésta
que no la dice, que la contradice,
que sin decirla está diciéndola)
Ya escrita la primera
palabra (uno, dos, tres—
arriba el sol, tu cara
en el centro del pozo,
fija como un sol atónito)
Ya escrita la primera
palabra (cuatro, cinco—
no acaba de caer la piedrecilla,
mira tu cara mientras cae, cuenta
la cuenta vertical de la caída)
Ya escrita la primera
palabra (hay otra, abajo,
no la que está cayendo,
la que sostiene al rostro, al sol, al tiempo
sobre el abismo: la palabra
antes de la caída y de la cuenta)
Ya escrita la primera
palabra (dos, tres, cuatro—
verás tu rostro roto,
verás un sol que se dispersa,

His words
are not a public monument
nor a Guide to the true path
They were born from silence
they unfold on stalks of silence
we study them in silence
Truth and error
                    a single truth
Reality and desire
                    a single substance
that becomes a fountain of transparencies

THE WRITTEN WORD

Written now the first
word (never the one thought of,
but the other—this
that doesn't say it, contradicts it,
says it without saying it)
Written now the first
word (one, two, three—
sun above, your face
in the well water fixed
like an astonished sun)
Written now the first
word (four, five—
the pebble keeps falling,
look at your face as it falls, reckon
the vertical measure of its falling)
Written now the first
word (there's another, below,
not the one that's falling,
the one that holds face, sun, and time
above the abyss: the word
before the fall, before the measure)
Written now the first
word (two, three, four—
you will see your face crack,
you will see a sun that scatters,

verás la piedra entre las aguas rotas,
verás el mismo rostro, el mismo sol,
fijo sobre las mismas aguas)
Ya escrita la primera
palabra (sigue,
no hay más palabras que las de la cuenta)

LA PALABRA DICHA

La palabra se levanta
de la página escrita.
La palabra,
labrada estalactita,
grabada columna,
una a una letra a letra.
El eco se congela
en la página pétrea.

Ánima,
blanca como la página,
se levanta la palabra.
Anda
sobre un hilo tendido
del silencio al grito,
sobre el filo
del decir estricto.
El oído: nido
o laberinto del sonido.

Lo que dice no dice
lo que dice: ¿cómo se dice
lo que no dice?
           Di
tal vez es bestial la vestal.

Un grito
en un cráter extinto:
en otra galaxia
¿cómo se dice ataraxia?

you will see the stone in the broken water,
you will see the same face, the same sun,
fixed above the same water)
Written now the first
word (go on,
there are no more words
than the words of the measure)

THE SPOKEN WORD

The word lifts
from the written page.
The word,
stalactite shaped,
column carved
letter by letter.
Echo hardening
on the rock page.

A soul,
white as the page,
the word lifts.
It walks
the wire stretched
from silence to scream,
across the ridge
of strict speech.
The ear: sound's nest
or labyrinth.

What it says it doesn't say
what it says: how to say
what it doesn't say?
                    Say
maybe the vestal is bestial.

A shout
in a dead crater:
in another galaxy
how does one say pathetic fallacy?

Lo que se dice se dice
al derecho y al revés.
Lamenta la mente
de menta demente:
cementerio es sementero,
simiente no miente.

Laberinto del oído,
lo que dices se desdice
del silencio al grito
desoído.

Inocencia y no ciencia:
para hablar aprende a callar.

ORÁCULO

Los labios fríos de la noche
dicen una palabra
columna de pena
piedra y no palabra
sombra y no piedra
pensamiento de humo
agua real para mis labios de humo
palabra de verdad
razón de mis errores
Si es muerte sólo por ella vivo
si es soledad hablo por ella
Es la memoria y no recuerdo nada
No sé lo que dice y a ella me fío
como saberse vivo
como olvidar que lo sabemos
Tiempo que entreabre los párpados
y se deja mirar y nos mira

AMISTAD

Es la hora esperada
sobre la mesa cae

They say what they say
directly and upside down.
Some drone, some groan,
some lonesome, phone:
cemetery's a seminary,
to inter is to infer.

Labyrinth of the ear,
what you say's unsaid
from silence to the scream
unheard.

With innocence and no science:
to speak learn to keep still.

ORACLE

The cold lips of the night
utter a word
column of grief
no word but stone
no stone but shadow
vaporous thought
through my vaporous lips real water
word of truth
reason behind my errors
If it is death only through that do I live
if it is solitude I speak in serving it
It is memory and I remember nothing
I do not know what it says and I trust myself to it
how to know oneself living
how to forget one's knowing
Time that half-opens the eyelids
and sees us, letting itself be seen   [C.T.]

FRIENDSHIP

It is the awaited hour
over the table falls

interminablemente
la cabellera de la lámpara
La noche vuelve inmensa la ventana
No hay nadie
la presencia sin nombre me rodea

CERTEZA

Si es real la luz blanca
de esta lámpara, real
la mano que escribe, ¿son reales
los ojos que miran lo escrito?

De una palabra a la otra
lo que digo se desvanece.
Yo sé que estoy vivo
entre dos paréntesis.

PAISAJE

Peña y precipicio,
más tiempo que piedra,
materia sin tiempo.

Por sus cicatrices
sin moverse cae
perpetua agua virgen.

Reposa lo inmenso
piedra sobre piedra,
piedras sobre aire.

Se despliega el mundo
tal cual es, inmóvil
sol en el abismo.

Balanza del vértigo:
las rocas no pesan
más que nuestras sombras.

interminably
the lamp's spread hair
Night turns the window to immensity
There is no one here
presence without name surrounds me   [C.T.]

CERTAINTY

If it is real the white
light from this lamp, real
the writing hand, are they
real, the eyes looking at what I write?

From one word to the other
what I say vanishes.
I know that I am alive
between two parentheses.   [C.T.]

LANDSCAPE

Rock and precipice,
more time than stone, this
timeless matter.

Through its cicatrices
falls without moving
perpetual virgin water.

Immensity reposes here
rock on rock,
rocks over air.

The world's manifest
as it is: a sun
immobile, in the abyss.

Scale of vertigo:
the crags weigh
no more than our shadows.   [C.T.]

IDENTIDAD

En el patio un pájaro pía.
como el centavo en su alcancía.

Un poco de aire su plumaje
se desvanece en un viraje.

Tal vez no hay pájaro ni soy
ése del patio en donde estoy.

NIÑA

Entre la tarde que se obstina
y la noche que se acumula
hay la mirada de una niña.

Deja el cuaderno y la escritura,
todo su ser dos ojos fijos.
En la pared la luz se anula.

¿Mira su fin o su principio?
Ella dirá que no ve nada.
Es transparente el infinito.

Nunca sabrá que lo miraba.

EL MISMO TIEMPO

No es el viento
no son los pasos sonámbulos del agua
entre las casas petrificadas y los árboles
a lo largo de la noche rojiza
no es el mar subiendo las escaleras
Todo está quieto
                    reposa el mundo natural
Es la ciudad en torno de su sombra
buscando siempre buscándose

IDENTITY

In the patio a bird squawks,
a penny in a money box.

Its feathers are a little air,
and vanish in a sudden flare.

Perhaps there's no bird, and no man
that one in the patio where I am.

GIRL

Between the afternoon, resisting,
and the night, gathering,
the gaze of a young girl.

She abandons her notebook and writing,
all of her being in two fixed eyes.
On the wall the light cancels itself.

Does she see her end or her beginning?
She'll say she sees nothing.
The infinite is transparent.

She'll never know what she saw.

IDENTICAL TIME

It is not the wind
not the steps of the water sleepwalking
past the petrified houses and the trees
far from the reddish night
it is not the sea climbing the stairs
Everything is still
                the natural world is at rest
It is the city turning on its shadow
searching always searching itself

perdida en su propia inmensidad
sin alcanzarse nunca
> ni poder salir de sí misma

Cierro los ojos y veo pasar los autos
se encienden y apagan y encienden
se apagan
> no sé adónde van

Todos vamos a morir
> ¿sabemos algo más?

En una banca un viejo habla solo
¿Con quién hablamos al hablar a solas?
Olvidó su pasado
> no tocará el futuro

No sabe quién es
está vivo en mitad de la noche
> habla para oírse

Junto a la verja se abraza una pareja
ella ríe y pregunta algo
su pregunta sube y se abre en lo alto
A esta hora el cielo no tiene una sola arruga
caen tres hojas de un árbol
alguien silba en la esquina
en la casa de enfrente se enciende una ventana
¡Qué extraño es saberse vivo!
Caminar entre la gente
con el secreto a voces de estar vivo

Madrugadas sin nadie en el Zócalo
sólo nuestro delirio
> y los tranvías

Tacuba Tacubaya Xochimilco San Ángel Coyoacán
en la plaza más grande que la noche
encendidos
> listos para llevarnos

en la vastedad de la hora
> al fin del mundo

Rayas negras
las pértigas enhiestas de los troles
> contra el cielo de piedra

lost in its immensity
never catching up
                never able to leave itself
I close my eyes and watch the cars go by
they flare up and burn out and flare up
burn out
           I don't know where they're going
All of us going to die
               What else do we know?

On a bench an old man talks to himself
To whom do we talk talking to ourselves?
He's forgotten his past
                 he will not reach the future
He doesn't know who he is
alive in the middle of the night
                  talking to hear himself
A couple embraces by an iron railing
she laughs and asks something
her question floats up and opens high above
At this hour there's not a wrinkle in the sky
three leaves fall from a tree
someone whistles on the corner
a window lights in the house across the way
How strange to know yourself as alive!
To walk among people
with the open secret of being alive.

Dawns with no one in the Zócalo
only our delirium
           and the streetcars
Tacuba Tacubaya Xochimilco San Ángel Coyoacán
in the plaza bigger than the night
lit
  ready to take us
through the vastness of the hour
                to the end of the world
Black rays
trolley-poles erect
         against a sky of stone

y su moña de chispas su lengüeta de fuego
brasa que perfora la noche
                                    pájaro
volando silbando volando
entre la sombra enmarañada de los fresnos
desde San Pedro hasta Mixcoac en doble fila
Bóveda verdinegra
                              masa de húmedo silencio
sobre nuestras cabezas en llamas
mientras hablábamos a gritos
en los tranvías rezagados
atravesando los suburbios
con un fragor de torres desgajadas

Si estoy vivo camino todavía
por esas mismas calles empedradas
charcos lodos de junio a septiembre
zaguanes tapias altas huertas dormidas
en vela sólo
                        blanco morado blanco
el olor de las flores
                              impalpables racimos
En la tiniebla
                        un farol casi vivo
contra la pared yerta
                              Un perro ladra
preguntas a la noche
                              No es nadie
el viento ha entrado en la arboleda
Nubes nubes gestación y ruina y más nubes
templos caídos nuevas dinastías
escollos y desastres en el cielo
                                    Mar de arriba
nubes del altiplano ¿dónde está el otro mar?

Maestras de los ojos
                              nubes
arquitectos de silencio
Y de pronto sin más porque sí
llegaba la palabra

their tuft of sparks small tongues of fire
ember that punctures the night
                                        bird
flying whistling flying
among the tangled shadows of ash trees
in double file from San Pedro to Mixcoac
Green-black vault
                        mass of humid silence
in flames above our heads
while we talk in shouts
on the straggling streetcars
that cross the suburbs
with the crash of towers crumbling

If I am alive I still walk
those same pitted streets
muddy puddles from June to September
entranceways high mud walls sleeping gardens
watched only by
                        white purple white
the smell of the flowers
                            ghost clusters
In the darkness
                    a streetlight almost alive
against the unyielding wall
                            A dog barks
questions to the night
There's no one
the wind has come into the grove
Clouds clouds gestation and ruin and more clouds
fallen temples new dynasties
reefs and disasters in the sky
                                Sea above
high plains clouds
                    Where is the other sea?

Mistresses of eyes
                    clouds
architects of silence
And suddenly for no reason
the word would appear

alabastro
esbelta transparencia no llamada
Dijiste
  haré música con ella
castillos de sílabas
    No hiciste nada
Alabastro
  sin flor ni aroma
tallo sin sangre ni savia
blancura cortada
    garganta sólo garganta
canto sin pies ni cabeza

Hoy estoy vivo y sin nostalgia
la noche fluye
  la ciudad fluye
yo escribo sobre la página que fluye
transcurro con las palabras que transcurren
Conmigo no empezó el mundo
no ha de acabar conmigo
    Soy
un latido en el río de latidos
Hace veinte años me dijo Vasconcelos
"Dedíquese a la filosofía
Vida no da
  defienda de la muerte"
Y Ortega y Gasset
    en un bar sobre el Ródano
"Aprenda el alemán
y póngase a pensar
   olvide lo demás"

Yo no escribo para matar al tiempo
ni para revivirlo
escribo para que me viva y reviva
Hoy en la tarde desde un puente
vi al sol entrar en las aguas del río
Todo estaba en llamas
ardían las estatuas las casas los pórticos
En los jardines racimos femeninos

                        alabaster
thin unsummoned transparency
You said
            I will make music with it
castles of syllables
                        You made nothing
Alabaster
            without flower or scent
stalk without blood or sap
lopped whiteness
                        throat just a throat
song with no feet no head

Today I am alive and without nostalgia
the night flows
                        the city flows
I write on this page that flows
I shuttle with these shuttling words
The world did not begin with me
it will not end with me
                        I am
one pulsebeat in the throbbing river
Twenty years ago Vasconcelos told me
"Devote yourself to philosophy
It won't give you life
                        but it is a defense against death"
And Ortega y Gasset
                        in a bar on the Rodano
"Learn German
and apply yourself to thinking
                        Forget the rest"

I do not write to kill time
nor to revive it
I write that I may live and be revived
This afternoon from a bridge I saw
the sun enter the waters of the river
All was in flames
the statues the house the porticoes burned
In the gardens feminine clusters of grapes

lingotes de luz líquida
frescura de vasijas solares
Un follaje de chispas la alameda
el agua horizontal inmóvil
bajo los cielos y los mundos incendiados
Cada gota de agua
                 un ojo fijo
el peso de la enorme hermosura
sobre cada pupila abierta
Realidad suspendida
                      en el tallo del tiempo
la belleza no pesa
                 Reflejo sosegado
tiempo y belleza son lo mismo
                        luz y agua

Mirada que sostiene a la hermosura
tiempo que se embelesa en la mirada
mundo sin peso
               si el hombre pesa
¿no basta la hermosura?
                 No sé nada
Sé lo que sobra
              no lo que basta
La ignorancia es ardua como la belleza
un día sabré menos y abriré los ojos
Tal vez no pasa el tiempo
pasan imágenes de tiempo
si no vuelven las horas vuelven las presencias
En esta vida hay otra vida
la higuera aquella volverá esta noche
esta noche regresan otras noches

Mientras escribo oigo pasar el río
no éste
         aquel que es éste
Vaivén de momentos y visiones
el mirlo está sobre la piedra gris
en un claro de marzo

ingots of liquid light
the coolness of solar vessels
The poplars a foliage of sparks
the water horizontal unmoving
beneath the flaming earths and skies
Each drop of water
                    a fixed eye
the weight of enormous beauty
on each open eye
Reality suspended
                    on the stalk of time
beauty weighs nothing
                         Peaceful reflection
time and beauty are the same
                         light and water

Gaze that sustains the loveliness
time enchanted in a gaze
world weightless
                    as man is weighted
Is not beauty enough?
                         I know nothing
I know what is too much
                         not what is enough
Ignorance is as difficult as beauty
someday I will know less and open my eyes
Perhaps time doesn't pass
images of time pass
and if the hours do not come back
                              presences come back
There is another life within this life
that fig tree will come back tonight
other nights return tonight

As I write I hear the river go by
not this
          that which is this
The back and forth of moments and visions
blackbird on a grey stone
in the clarity of March

negro
centro de claridades
No lo maravilloso presentido
                              lo presente sentido
la presencia sin más
                    nada más pleno colmado
No es la memoria
                    nada pensado ni querido
No son las mismas horas
                    otras
son otras siempre y son la misma
entran y nos expulsan de nosotros
con nuestros ojos ven lo que no ven los ojos
Dentro del tiempo hay otro tiempo
quieto
          sin horas ni peso ni sombra
sin pasado o futuro
                    sólo vivo
como el viejo del banco
unimismado idéntico perpetuo
Nunca lo vemos
                    Es la transparencia

                    black
center of clarities
Not the marvelous presented
                    but the present sensed
the presence with nothing more
                         nothing more full and abundant
It is not memory
                    nothing thought nor desired
Not the same hours
                    others
are always others and are the same
they enter and expel us from ourselves
they see with our eyes what eyes do not see
There is another time within time
still
       with no hours no weight no shadow
without past or future
                    only alive
like the old man on the bench
indivisible identical perpetual
We never see it
              It is transparency

HOMENAJE Y PROFANACIONES

HOMAGE AND DESECRATIONS
1960

AMOR CONSTANTE MAS ALLÁ DE LA MUERTE

Cerrar podrá mis ojos la postrera
sombra que me llevare el blanco día,
y podrá desatar esta alma mía
hora a su afán ansioso lisonjera;

   mas no de esotra parte en la ribera
dejará la memoria, en donde ardía;
nadar sabe mi llama la agua fría,
y perder el respeto a ley severa.

   Alma a quien todo un Dios prisión ha sido,
venas que humor a tanto fuego han dado,
médulas que han gloriosamente ardido:

   su cuerpo dejarán, no su cuidado;
serán ceniza, mas tendrá sentido;
polvo serán, mas polvo enamorado.

Francisco de Quevedo

LOVE CONSTANT BEYOND DEATH

The final shadow may close my eyes,
carry me off from white of day,
unchaining my soul at the hour
of its anxious obsequious desire:

but it will not leave the memory
of that other shore where once it burned,
for my fire can swim me through the frigid water,
regardless of the strictures of law.

A soul which once imprisoned an entire God,
veins that brought fuel to such flames,
marrow that so gloriously burned:

they'll leave this body, but not its cares;
ash they'll be, yet still aware;
they will be dust, but dust in love.

Francisco de Quevedo

ASPIRACIÓN

1

Sombras del día blanco
contra mis ojos. Yo no veo
nada sino lo blanco:
la hora en blanco, el alma
desatada del ansia y de la hora.

Blancura de aguas muertas,
hora blanca, ceguera de los ojos abiertos.
Frota tu pedernal, arde, memoria,
contra la hora y su resaca.
Memoria, llama nadadora.

2

Desatado del cuerpo, desatado
del ansia, vuelvo al ansia, vuelvo
a la memoria de tu cuerpo. Vuelvo.
Y arde tu cuerpo en mi memoria,
arde en tu cuerpo mi memoria.

Cuerpo de un Dios que fue cuerpo abrasado,
Dios que fue cuerpo y fue cuerpo endiosado
y es hoy tan sólo la memoria
de un cuerpo desatado de otro cuerpo:
tu cuerpo es la memoria de mis huesos.

3

Sombra del sol Solombra segadora
ciega mis manantiales trasojados
el nudo desanuda siega el ansia
apaga el ánima desanimada

Mas la memoria desmembrada nada
desde los nacederos de su nada
los manantiales de su nacimiento
nada contra corriente y mandamiento

nada contra la nada

ASPIRATION

1

Shadows of white day
against my eyes. I see
nothing but white:
white hour, soul unchained
from desire, from the hour.

Whiteness of still waters,
white hour, blindness of open eyes.
Strike your flint, burn, memory,
against the hour and its undertow.
Memory, swimming flame.

2

Unchained from the body, unchained
from desire, I return to desire, I return
to the memory of your body. I return.
And your body burns in my memory,
my memory burns in your body.

Body of a God that was a burning body,
God that was a body, a body made God,
and now, alone, is only the memory
of a body unchained from another body:
your body is the memory of my bones.

3

Shadow of the sun sickle Sunshadow
casts over my downcast well
unknots the knot mows down desire
unflames this heartsick heart

Yet dismembered memory swims
from the birthsprings of nothing
from the wellsprings of birth
swims against the current and commands

swims against nothing

Ardor del agua
lengua de fuego fosforece el agua
Pentecostés palabra sin palabras

Sentido sin sentido no pensado
pensar que transfigura la memoria
El resto es un manojo de centellas

ESPIRACIÓN

1

Cielos de fin de mundo. Son las cinco.
Sombras blancas: ¿son voces o son pájaros?
Contra mi sien, latidos de motores.
Tiempo de luz: memoria, torre hendida,
pausa vacía entre dos claridades.

Todas sus piedras vueltas pensamiento
la ciudad se desprende de sí misma.
Descarnación. El mundo no es visible.
Se lo comió la luz. ¿En tu memoria
serán mis huesos tiempo incandescente?

2

Vana conversación del esqueleto
con el fuego insensato y con el agua
que no tiene memoria y con el viento
que todo lo confunde y con la tierra
que se calla y se come sus palabras.

Mi suma es lo que resta, tu escritura:
la huella de los dientes de la vida,
el sello de los ayes y los años,
el trazo negro de la quemadura
del amor en lo blanco de los huesos.

3

Sol de sombra Solombra cegadora
mis ojos han de ver lo nunca visto

                    The flaming of water
the tongue of fire phosphorescing the water
the worldless words of Whitsuntide

Aware without unthought awareness
thought recasting memory itself
The rest is a handful of flares

RESPIRATION

1

Skies of the end of the world. Five o'clock.
White shadows: voices or birds?
Engines throbbing in my temples.
Time of light: memory, tower cracked,
an empty pause between two clarities.

All of its stones turned to thought,
the city shakes loose from itself.
Disincarnation. The world is invisible.
The light has eaten it. In your memory
will my bones be white-hot time?

2

The skeleton's futile conversation
with senseless fire and water
that has no memory and wind
that everything confuses and earth
that keeps still and eats its words.

My sum is the remainder, your writing:
the teethmarks of life,
the stamp of sighs and years,
the black tracks of love's burning
in the white of bones.

3

Sun of shadow dazzle Sunshadow
my eyes will see the never seen

lo que miraron sin mirarlo nunca
el revés de lo visto y de la vista

Los laúdes del laúdano de loas
dilapidadas lápidas y laudos
la piedad de la piedra despiadada
las velas del velorio y del jolgorio

El entierro es barroco todavía
en México
                    Morir es todavía
morir a cualquier hora en cualquier parte

Cerrar los ojos en el día blanco
el día nunca visto cualquier día
que tus ojos verán y no los míos

LAUDA

1

Ojos médulas sombras blanco día
ansias afán lisonjas horas cuerpos
memoria todo Dios ardieron todos
polvo de los sentidos sin sentido
ceniza lo sentido y el sentido

Este cuarto, esta cama, el sol del broche,
su caída de fruto, los dos ojos,
la llamada al vacío, la fijeza,
los dos ojos feroces, los dos ojos
atónitos, los dos ojos vacíos,
la no vista presencia presentida,
la visión sin visiones entrevista,
los dos ojos cubriéndose de hormigas,
¿pasan aquí, suceden hoy? Son hoy,
pasan allá, su aquí es allá, sin fecha.

Itálica famosa madriguera de ratas
y lugares comunes, muladar de motores,

what they saw without looking
the far side of sight and the seen

The Lauds of the laudanum of praise
gravestones decayed stones the graves
engraved in ungrateful rock
the sorry soirees of unshackled wakes

Burial is still baroque
in Mexico
        To die is still
to die some hour somewhere

To close one's eyes in the white day
the day never seen the day someday
your eyes—not mine—will see

TOMB

1

Eyes marrow shadows white day
Hours bodies anxieties obsequities desire
memory entire God they all burned
dust of unaware awareness
ash the cared and cares

This room, this bed, the locket sun,
its fall like fruit, two eyes,
the call to emptiness, the stare,
two eyes fierce, two eyes
astonished, two empty eyes,
the unseen foreseen presence,
the half-seen visionless vision,
two eyes covered with ants,
will they happen today, do they go by here?
They are today, they go by there,
their here is there and has no date.

Italica celebrated den of rats,
common places, dungheap of engines,

víboras en Uxmal anacoretas,
emporio de centollas o imperio de los pólipos
sobre los lomos del acorazado,
dédalos, catedrales, bicicletas,
dioses descalabrados, invenciones
de ayer o del decrépito mañana,
basureros: no tiene edad la vida,
volvió a ser árbol la columna Dafne.

2

Entre la vida inmortal de la vida
y la muerte inmortal de la historia
hoy es cualquier día
en un cuarto cualquiera
Festín de dos cuerpos a solas
fiesta de ignorancia saber de presencia
Hoy (conjunción señalada
y abrazo precario)
esculpimos un Dios instantáneo
tallamos el vértigo

Fuera de mi cuerpo
en tu cuerpo fuera de tu cuerpo
en otro cuerpo
cuerpo a cuerpo creado
por tu cuerpo y mi cuerpo
Nos buscamos perdidos
dentro de ese cuerpo instantáneo
nos perdemos buscando
todo un Dios todo cuerpo y sentido
Otro cuerpo perdido

Olfato gusto vista oído tacto
el sentido anegado en lo sentido
los cuerpos abolidos en el cuerpo
memorias desmemorias de haber sido
antes después ahora nunca siempre

the anchorite vipers of Uxmal,
the crab emporium, the octopus empire
of ironclad ships,
the mazes, cathedrals, bicycles,
gods knocked in the head, inventions
from yesterday or decrepit tomorrow,
trash-heaps: life has no age,
Daphne's column has become a tree.

2

Between the immortal life of life
and the immortal death of history
today is someday
in some room
The feast of two bodies alone
festival of ignorance knowledge of presence
Today (conjunction marked
precarious embrace)
we sculpt an instant God
we engrave vertigo

Beyond my body
in your body beyond your body
in another body
body to body created
by your body and my body
We search lost
within this instant body
we're lost searching
an entire God entirely body and aware
Another body lost

Smell taste sight hearing touch
awareness drowned in the aware
bodies abolished in the body
memories that can't remember having been
before after now never forever

SALAMANDRA

SALAMANDER
1958-1961

NOCHE EN CLARO

A los poetas André Breton y Benjamin Péret

A las diez de la noche en el Café de Inglaterra
salvo nosotros tres
        no había nadie
Se oía afuera el paso húmedo del otoño
pasos de ciego gigante
pasos de bosque llegando a la ciudad
Con mil brazos con mil pies de niebla
cara de humo hombre sin cara
el otoño marchaba hacia el centro de París
con seguros pasos de ciego
Las gentes caminaban por la gran avenida
algunos con gesto furtivo se arrancaban el rostro
Una prostituta bella como una papisa
cruzó la calle y desapareció en un muro verduzco
la pared volvió a cerrarse
Todo es puerta
basta la leve presión de un pensamiento
Algo se prepara
        dijo uno entre nosotros

Se abrió el minuto en dos
leí signos en la frente de ese instante
Los vivos están vivos
andan vuelan maduran estallan
los muertos están vivos
oh huesos todavía con fiebre
el viento los agita los dispersa
racimos que caen entre las piernas de la noche
La ciudad se abre como un corazón
como un higo la flor que es fruto
más deseo que encarnación
encarnación del deseo
Algo se prepara
        dijo el poeta

94

SLEEPLESS NIGHT

for André Breton and Benjamin Péret

At ten at night in the Café d'Angleterre
only the three of us
                were left
Outside the damp footsteps of fall could be heard
the footsteps of a blind giant
the footsteps of a forest reaching the city
With a thousand arms and a thousand feet of mist
a face of smoke a faceless man
autumn walked toward the center of Paris
with the steady steps of the blind
The people strolled along the great avenue
some with furtive gestures tugging at their faces
A prostitute as pretty as a Popessa
crossed the street and disappeared
in a greenish wall that closed behind her
Everything is a door
all one needs is the light push of a thought
Something's about to happen
                        said one of us

The minute split into two
I read the signs on the face of that moment
The living are alive
walking flying ripening bursting
the dead are alive
oh bones still hot
wind shakes and scatters them
grapes that fall between the legs of night
The city opens like a heart
like a fig the flower that is a fruit
more desire than incarnation
the incarnation of desire
Something's about to happen
                        the poet said

Este mismo otoño vacilante
este mismo año enfermo
fruto fantasma que resbala entre las manos del siglo
año de miedo tiempo de susurro y mutilación
Nadie tenía cara aquella tarde
en el underground de Londres
En lugar de ojos
                    abominación de espejos cegados
En lugar de labios
                    raya de borrosas costuras
Nadie tenía sangre nadie tenía nombre
no teníamos cuerpo ni espíritu
no teníamos cara
El tiempo daba vueltas y vueltas y no pasaba
no pasaba nada sino el tiempo que pasa y regresa y no pasa
Apareció entonces la pareja adolescente
él era rubio "venablo de Cupido"
gorra gris gorrión callejero y valiente
ella era pequeña pecosa pelirroja
manzana sobre una mesa de pobres
pálida rama en un patio de invierno
Niños feroces gatos salvajes
dos plantas ariscas enlazadas
dos plantas con espinas y flores súbitas
Sobre el abrigo de ella color fresa
resplandeció la mano del muchacho
las cuatro letras de la palabra Amor
en cada dedo ardiendo como astros

Tatuaje escolar tinta china y pasión
anillos palpitantes
oh mano collar al cuello ávido de la vida
pájaro de presa y caballo sediento
mano llena de ojos en la noche del cuerpo

This same wavering autumn
this same sick year
phantom fruit that slips between the hands of the century
year of fear time of whispers and mutilation
No one had a face that afternoon
in the underground in London
In place of eyes
                    an abomination of blinded mirrors
In place of lips
                    rays of erased stitches
No one had blood no one had a name
we had neither body nor spirit
we had no faces
Time turned and turned and did not move
nothing moved but time that moves and comes back and doesn't move
Then a teenage couple appeared
he was a blond "Cupid's dart"
a vagabond grey sparrow streetsmart a bully
she was small and freckled a redhead
an apple on a poor man's table
pale branch in a patio in winter
Ferocious children wild cats
two entwined and rampant plants
two plants with thorns and sudden blossoms
On her jacket the color of strawberries
was emblazoned the hand of a boy
the four letters of the word Love
burned on each finger like stars

Student tattoo Chinese ink and passion
throbbing rings
oh hand collar around the eager neck of life
thirsty horse and falcon's quarry
hand full of eyes in the night of the body

pequeño sol y río de frescura
mano que das el sueño y das la resurrección

Todo es puerta
             todo es puente
ahora marchamos en la otra orilla
mira abajo correr el río de los siglos
el río de los signos
Mira correr el río de los astros
se abrazan y separan vuelven a juntarse
hablan entre ellos un lenguaje de incendios
sus luchas sus amores
son la creación y la destrucción de los mundos
La noche se abre
             mano inmensa
constelación de signos
escritura silencio que canta
siglos generaciones eras
sílabas que alguien dice
palabras que alguien oye
pórticos de pilares transparentes
ecos llamadas señas laberintos
Parpadea el instante y dice algo
escucha abre los ojos ciérralos
la marea se levanta
             Algo se prepara

Nos dispersamos en la noche
mis amigos se alejan
llevo sus palabras como un tesoro ardiendo
Pelean el río y el viento del otoño
pelea el otoño contra las casas negras
Año de hueso
pila de años muertos y escupidos
estaciones violadas
siglo tallado en un aullido
pirámide de sangre
horas royendo el día el año el siglo el hueso
Hemos perdido todas las batallas

tiny sun and cool river
hand that brings resurrection and dreams

Everything is a door
                    everything a bridge
now we are walking to the other bank
down there look runs the river of the centuries
the river of signs
There look runs the river of stars
embracing splitting joining again
they speak to each other in a language of fire
their struggles and loves
are creations and destructions of entire worlds
The night opens
                    an enormous hand
constellation of signs
written silence that sings
centuries generations epochs
syllables that someone says
words that someone hears
porticoes of transparent pillars
echoes calls signs labyrinths
The moment blinks and says something
listen open your eyes close them
the tide rises
                    Something's about to happen

We scattered in the night
my friends went off
I carried their words like a burning treasure
The river and the fall wind fought
the fall fought the black houses
A year of bones
heap of dead years spat out
desecrated seasons
century carved into a scream
pyramid of blood
hours gnawing the day year century bone
We have lost all the battles

todos los días ganamos una
Poesía

La ciudad se despliega
su rostro es el rostro de mi amor
sus piernas son piernas de mujer
Torres plazas columnas puentes calles
río cinturón de paisajes ahogados
Ciudad o Mujer Presencia
abanico que muestras y ocultas la vida
bella como el motín de los pobres
tu frente delira pero en tus ojos bebo cordura
tus axilas son noche pero tus pechos día
tus palabras son de piedra pero tu lengua es lluvia
tu espalda es el mediodía en el mar
tu risa el sol entrando en los suburbios
tu pelo al desatarse la tempestad en las terrazas del alba
tu vientre la respiración del mar la pulsación del dia
tú te llamas torrente y te llamas pradera
tú te llamas pleamar
tienes todos los nombres del agua
Pero tu sexo es innombrable
la otra cara del ser
la otra cara del tiempo
el revés de la vida
Aquí cesa todo discurso
aquí la belleza no es legible
aquí la presencia se vuelve terrible
replegada en sí misma la Presencia es vacío
lo visible es invisible
Aquí se hace visible lo invisible
aquí la estrella es negra
la luz es sombra luz la sombra
Aquí el tiempo se para
los cuatro puntos cardinales se tocan
es el lugar solitario el lugar de la cita

Ciudad Mujer Presencia
aquí se acaba el tiempo
aquí comienza

each day we win one
                   Poetry

The city unfolds
its face is the face of my love
its legs are the legs of a woman
Towers plazas columns bridges streets
river belt of drowned landscapes
City or Woman Presence
fan that reveals or conceals life
beautiful as the uprising of the poor
your face is delirious but I drink sanity in your eyes
your armpits are night but your breasts are day
your words are stone but your tongue is rain
your back is noon on the sea
your laughter is the sun buried in the suburbs
your hair unpinned is a storm on the terraces of dawn
your belly is the breath of the sea and the pulse of day
your name is downpour and your name is meadow
your name is high tide
you have all the names of water
But your sex is unnameable
the other face of being
the other face of time
the reverse of life
Here every speech ends
here beauty is illegible
here presence becomes awesome
folded into itself Presence is empty
the visible is invisible
Here the invisible becomes visible
here the star is black
light is shadow and shadow light
Here time stops
the four points of the compass meet
it is the lonely place and the meeting place

City Woman Presence
time ends here
here it begins

ANDANDO POR LA LUZ

Adelantas la pierna
izquierda el día
se detiene sonríe
y se echa a andar ligero
bajo el sol detenido

Adelantas la pierna
derecha el sol
camina más ligero
a lo largo del día
varado entre los árboles

Caminas altos senos
andan los árboles
te sigue el sol el día
sale a tu encuentro el cielo
inventa nubes súbitas

PAISAJE PASIONAL

El pico del ave solar abre el corazón del espacio
fruto de piedra
                  fruto de tiempo
granada de años negros carmesíes morados

Espacio   espacio   hendido

Cicatrices de sal en la frente del fuego
desfiladeros bajo un astro iracundo
diálogos de la nieve y la luna a la intemperie

Huellas rojas pisadas de astros
vestidura del incendio
enredadera del vino sobre la peña

Países como un león dormido
países como un festín de llamas

WALKING THROUGH THE LIGHT

You lift your left
foot forward the day
stops and laughs
and starts to step lightly
while the sun stands still

You lift your right
foot forward the sun
strolls lightly
off from the day that's
at a standstill in the trees

Breasts high you stroll
the trees walk the sun
follows the day goes
to meet you the sky
invents sudden clouds

PASSIONAL LANDSCAPE

The beak of the solar bird pecks apart the heart of space
fruit of stone
                fruit of time
pomegranate of black crimson violet years

Space   crannied   space

Scars of salt across the forehead of fire
narrow paths beneath an angry star
dialogue of snow and moon in the open air

Red tracks footprints of stars
the fire's costume
grapevine on the rocks

Countries like a sleeping lion
countries like a festival of flames

materias extasiadas ríos parados
extensiones   reinos del ala desplegada

Entre quietud y movimiento
gran pulsación del ser
Un rumor de viento y lluvia se alza en los confines
como la selva y la fiebre el huracán avanza
con los ojos cerrados
con los ojos hinchados de visiones
El huracán se ha plantado en el centro de tu alma
lo que aplasta su pie derecho reverdece bajo el izquierdo

APREMIO

Corre y se demora en mi frente
lenta y se despeña en mi sangre
la hora pasa sin pasar
y en mí se esculpe y desvanece

Yo soy el pan para su hambre
yo el corazón que deshabita
la hora pasa sin pasar
y esto que escribo lo deshace

Amor que pasa y pena fija
en mí combate en mí reposa
la hora pasa sin pasar
cuerpo de azogue y de ceniza

Cava mi pecho y no me toca
piedra perpetua que no pesa
la hora pasa sin pasar
y es una herida que se encona

El día es breve la hora inmensa
hora sin mí yo con su pena
la hora pasa sin pasar
y en mí se fuga y se encadena

ecstatic matter sluggish rivers
expanses   kingdoms of spread wings

Between stillness and motion
the great beat of being
A murmur of wind and rain rises at the border
like the jungle like fever the hurricane advances
with eyes closed
with eyes swollen with visions
The hurricane has planted itself in the center of your soul
what its right foot crushes sprouts beneath its left

CONSTRAINT

Racing and lingering in my head
slowing down and hurling down in my blood
the hour goes by without going by
carves itself and vanishes within me

I am the bread for your hunger
I am the heart you abandon
the hour goes by without going by
dismantling this that I write

Love that goes by and permanent sorrow
battle within me while I rest
the hour goes by without going by
body of quicksilver and ash

Hollowing my chest without ever touching me
perpetual weightless stone
the hour goes by without going by
it is a rankling wound

The day is short the hour immense
hour without my I and its sorrow
the hour goes by without going by
and escapes within me and is enchained

UN DÍA DE TANTOS

Diluvio de soles
no vemos nada pero vemos todo
Cuerpos sin peso suelo sin espesor
¿subimos o bajamos?

Tu cuerpo es un diamante
¿dónde estás?
Te has perdido en tu cuerpo

Esta hora es un relámpago quieto y sin garras
al fin todos somos hermanos
hoy podríamos decirnos buenas tardes
hasta los mexicanos somos felices
y también los extraños

Los automóviles tienen nostalgia de hierba
Andan las torres
　　　　　　　　el tiempo se ha parado
Un par de ojos no me deja
son una playa ágata en el sur calcinado
son el mar entre las rocas color de ira
son la furia de junio y su manto de abejas

Sol león del cielo
tú que la miras
　　　　　　　mírame
Idolo que a nadie miras
　　　　　　　　míranos
El cielo gira y cambia y es idéntico
¿dónde estás?
Yo estoy solo frente al sol y la gente
tú eras cuerpo fuiste luz no eres nada
Un día te encontraré en otro sol

Baja la tarde
　　　　　　crecen las montañas
Hoy nadie lee los periódicos
en las oficinas con las piernas entreabiertas

ONE DAY AMONG MANY

Flood of suns
we see nothing seeing everything
Weightless bodies unsolid ground
do we rise or fall?

Your body is a diamond
where are you?
You are lost in your body

This hour is a calm and clawless lightning bolt
in the end we all are brothers
today we can say good afternoon to each other
even the Mexicans are happy
and all the foreigners too

The cars are nostalgic for grass
Towers walk
                    time has stopped
A pair of eyes won't leave me alone
they are an agate beach in the calcined south
they are the sea between rocks the color of rage
they are the fury of June and its shawl of bees

Sun lion of the sky
you who watches
                    look at me
Idol who watches no one
                    look at us
The sky turns and changes and is the same
where are you?
I am alone facing people and the sun
you were a body you were light you are nothing
Someday I'll meet you in another sun

Evening descends
                    the mountains are growing
Today nobody is reading the paper
In the offices with legs half-spread

las muchachas toman café y platican
Abro mi escritorio
                                 está lleno de alas verdes
está lleno de élitros amarillos
Las máquinas de escribir marchan solas
escriben sin descanso la misma ardiente sílaba
La noche acecha tras los rascacielos
es la hora de los abrazos caníbales
Noche de largas uñas
¡cuánta rabia en unos ojos recordados!
Antes de irse
el sol incendia las presencias

COSANTE

Con la lengua cortada
y los ojos abiertos
el ruiseñor en la muralla

Ojos de pena acumulada
y plumaje de sangre
el ruiseñor en la muralla

Plumas de sangre y breve llamarada
agua recién nacida en la garganta
el ruiseñor en la muralla

Agua que corre enamorada
agua con alas
el ruiseñor en la muralla

Entre las piedras negras la voz blanca
del agua enamorada
el ruiseñor en la muralla

Con la lengua cortada canta
sangre sobre la piedra
el ruiseñor en la muralla

the girls drink coffee and chat
I open my desk
                    it is full of green wings
it is full of yellow elytra
The typewriters run by themselves
tirelessly typing the same burning syllable
The night lurks behind the skyscrapers
it is the hour of the cannibal embraces
The night of the long nails
such anger in some remembered eyes!
And before going off
the sun incinerates it all

COSANTE

With a slit tongue
and open eyes
the nightingale on the ramparts

Eyes of stored-up pain
and feathers of blood
the nightingale on the ramparts

Feathers of blood and brief dazzle
fresh water given birth in the throat
the nightingale on the ramparts

Water that runs stricken with love
water with wings
the nightingale on the ramparts

Among black stones the white voice
of love-struck water
the nightingale on the ramparts

Singing with slit tongue
blood on the stone
the nightingale on the ramparts   [D.L.]

LÁMPARA

Contra la noche sin cuerpo
se desgarra y se abraza
la pena sola

Negro pensar y encendida semilla
pena de fuego amargo y agua dulce
la pena en guerra

Claridad de latidos secretos
planta de talle transparente
vela la pena

Calla en el día canta en la noche
habla conmigo y habla sola
alegre pena

Ojos de sed pechos de sal
entra en mi cama y entra en mi sueño
amarga pena

Bebe mi sangre la pena pájaro
puebla la espera mata la noche
la pena viva

Sortija de la ausencia
girasol de la espera y amor en vela
torre de pena

Contra la noche la sed y la ausencia
gran puñado de vida
fuente de pena

GARABATO

Con un trozo de carbón
con mi gis roto y mi lápiz rojo
dibujar tu nombre

LAMP

Embracing and clawing
the bodiless night
lonely sorrow

Black thought and burning seed
sorrow of sweet water and bitter fire
warring sorrow

Clarity of secret heartbeats
plant whose stem is transparent
watchful sorrow

Silent by day singing at night
talking to me and to itself
happy sorrow

Eyes of thirst and breasts of salt
come into my bed come into my dreams
bitter sorrow

Bird sorrow that drinks my blood
filling hope and killing night
living sorrow

Ring of absence
sunflower waiting and watchful love
tower of sorrow

Fistful of life
against night and thirst and absence
fountain of sorrow

SCRAWL

With a piece of charcoal
with my broken crayon and my red pencil
scrawling your name

el nombre de tu boca
el signo de tus piernas
en la pared de nadie
En la puerta prohibida
grabar el nombre de tu cuerpo
hasta que la hoja de mi navaja
sangre
        y la piedra grite
y el muro respire como un pecho

MOVIMIENTO

Si tú eres la yegua de ámbar
        yo soy el camino de sangre
Si tú eres la primer nevada
        yo soy el que enciende el brasero del alba
Si tú eres la torre de la noche
        yo soy el clavo ardiendo en tu frente
Si tú eres la marea matutina
        yo soy el grito del primer pájaro
Si tú eres la cesta de naranjas
        yo soy el cuchillo de sol
Si tú eres el altar de piedra
        yo soy la mano sacrílega
Si tú eres la tierra acostada
        yo soy la caña verde
Si tú eres el salto del viento
        yo soy el fuego enterrado
Si tú eres la boca del agua
        yo soy la boca del musgo
Si tú eres el bosque de las nubes
        yo soy el hacha que las parte
Si tú eres la ciudad profanada
        yo soy la lluvia de consagración
Si tú eres la montaña amarilla
        yo soy los brazos rojos del liquen
Si tú eres el sol que se levanta
        yo soy el camino de sangre

the name of your mouth
the sign of your legs
on nobody's wall
On the forbidden door
engraving the name of your body
till the blade of my knife
bleeds
   and the stone screams
and the wall breathes like a chest

MOTION

If you are the amber mare
  I am the road of blood
If you are the first snow
  I am he who lights the hearth of dawn
If you are the tower of night
  I am the spike burning in your mind
If you are the morning tide
  I am the first bird's cry
If you are the basket of oranges
  I am the knife of the sun
If you are the stone altar
  I am the sacrilegious hand
If you are the sleeping land
  I am the green cane
If you are the wind's leap
  I am the buried fire
If you are the water's mouth
  I am the mouth of moss
If you are the forest of the clouds
  I am the axe that parts it
If you are the profaned city
  I am the rain of consecration
If you are the yellow mountain
  I am the red arms of lichen
If you are the rising sun
  I am the road of blood

PALPAR

Mis manos
abren las cortinas de tu ser
te visten con otra desnudez
descubren los cuerpos de tu cuerpo
Mis manos
inventan otro cuerpo a tu cuerpo

DURACIÓN

Trueno y viento: duración
I Ching

I

Negro el cielo
        Amarilla la tierra
El gallo desgarra la noche
El agua se levanta y pregunta la hora
El viento se levanta y pregunta por ti
Pasa un caballo blanco

I I

Como el bosque en su lecho de hojas
tú duermes en tu lecho de lluvia
tú cantas en tu lecho de viento
tú besas en tu lecho de chispas

I I I

Olor vehemencia numerosa
cuerpo de muchas manos
Sobre un tallo invisible
una sola blancura

I V

Habla escucha respóndeme
lo que dice el trueno
lo comprende el bosque

TOUCH

My hands
open the curtains of your being
clothe you in a further nudity
uncover the bodies of your body
My hands
invent another body for your body   [c.t.]

DURATION

"Thunder and wind: duration."
I Ching

I

Sky black
        Yellow earth
The rooster tears the night apart
The water wakes and asks what time it is
The wind wakes and asks for you
A white horse goes by

II

As the forest in its bed of leaves
you sleep in your bed of rain
you sing in your bed of wind
you kiss in your bed of sparks

III

Multiple vehement odor
many-handed body
On an invisible stem a single
whiteness

IV

Speak listen answer me
what the thunderclap
says, the woods
understand

V

Entro por tus ojos
sales por mi boca
Duermes en mi sangre
despierto en tu frente

V I

Te hablaré un lenguaje de piedra
(respondes con un monosílabo verde)
Te hablaré un lenguaje de nieve
(respondes con un abanico de abejas)
Te hablaré un lenguaje de agua
(respondes con una canoa de relámpagos)
Te hablaré un lenguaje de sangre
(respondes con una torre de pájaros)

ROTACIÓN

Alta columna de latidos
sobre el eje inmóvil del tiempo
el sol te viste y te desnuda
El día se desprende de tu cuerpo
y se pierde en tu noche

La noche se desprende de tu día
y se pierde en tu cuerpo
Nunca eres la misma
acabas siempre de llegar
estás aquí desde el principio

TEMPORAL

En la montaña negra
el torrente delira en voz alta
A esta misma hora
tú avanzas entre precipicios
por tu cuerpo dormido
El viento lucha a obscuras con tu sueño

V

I enter by your eyes
you come forth by my mouth
You sleep in my blood
I waken in your head

VI

I will speak to you in stone-language
(answer with a green syllable)
I will speak to you in snow-language
(answer with a fan of bees)
I will speak to you in water-language
(answer with a canoe of lightning)
I will speak to you in blood-language
(answer with a tower of birds)   [D.L.]

ROTATION

Tall column of pulsebeats
on the unmoving axis of time
the sun dresses and undresses you
The day shakes loose from your body
and is lost in your night

The night shakes loose from your day
and is lost in your body
You are never the same
you have always just arrived
you have been here since the beginning

STORM

On the black mountain
the downpour raves out loud
At this same moment
you are walking through the cliffs
of your sleeping body
The wind battles in the dark with your dreams

maraña verde y blanca
encina niña encina milenaria
el viento te descuaja y te arrastra y te arrasa
abre tu pensamiento y lo dispersa
Torbellino tus ojos
torbellino tu ombligo
torbellino y vacío
El viento te exprime como un racimo
temporal en tu frente
temporal en tu nuca y en tu vientre
Como una rama seca
el viento te avienta
El torrente entra en tu sueño
manos verdes y pies negros
rueda por la garganta
de piedra de la noche
anudada a tu cuerpo
de montaña dormida
El torrente delira
entre tus muslos
soliloquio de piedras y de agua
Por los acantilados
de tu frente
pasa como un río de pájaros
El bosque dobla la cabeza
como un toro herido
el bosque se arrodilla
bajo el ala del viento
cada vez más alto
el torrente delira
cada vez más hondo
por tu cuerpo dormido
cada vez más noche

EL PUENTE

Entre ahora y ahora,
entre yo soy y tú eres,
la palabra *puente*.

a green and white tangle
girl oak and millennium oak
the wind uproots and razes and drags you along
it opens your thoughts and scatters them
Your eyes a whirlwind
your navel a whirlwind
whirlwind and void
The wind squeezes you like grapes
storm on your forehead
storm on your belly and on your nape
Like a dry branch
the wind winnows you
The downpour comes into your dreams
green hands and black feet
wheeling around the stone
throat of the night
tying your body
a sleeping mountain
The downpour raves
between your thighs
soliloquy of stones and water
Through the cliffs
of your forehead
it runs like a river of birds
The forest turns its head
like a wounded bull
the forest kneels
beneath the wing of the wind
louder each time
the downpour raves
deeper each time
in your sleeping body
each time more intensely night

THE BRIDGE

Between now and now,
between I am and you are,
the word *bridge*.

Entras en ti misma
al entrar en ella:
como un anillo
el mundo se cierra.

De una orilla a la otra
siempre se tiende un cuerpo,
un arcoiris.

Yo dormiré bajo sus arcos.

VAIVÉN

1

Vuelve a la noche,
racimo de horas sombrías;
córtalo, come el fruto de tiniebla,
saborea la ignorancia.

2

Con orgullo de árbol
plantado en pleno torbellino
te desvistes
                con el gesto del agua
saltando de la peña
abandonas tus cuerpos
con los pasos sonámbulos del viento
te arrojas en el lecho
con los ojos cerrados
buscas tu más antigua desnudez

3

Caigo en ti con la ciega caída de la ola
tu cuerpo me sostiene como la ola que renace
el viento sopla afuera y reúne las aguas
todos los bosques son un solo árbol

Navega la ciudad en plena noche
tierra y cielo y marea que no cesa
los elementos enlazados tejen
la vestidura de un día desconocido

Entering it
you enter yourself:
the world connects
and closes like a ring.

From one bank to another,
there is always
a body stretched:
a rainbow.

I'll sleep beneath its arches.

SWAY

1

You came back to the night,
a cluster of shadowy hours;
break it off, eat the fruit of darkness,
taste ignorance.

2

With the pride of a tree
standing in a whirlwind
you undress
                moving like water
leaping from the rocks
you abandon your bodies
with the sleepwalking steps of the wind
and throwing yourself on the bed
with eyes closed
you search for your ancient nakedness

3

I fall in you with the blind fall of a wave
your body sustains me like a wave reborn
wind blows outside and gathers the waters
all of the forests are a single tree

The city sails in the middle of the night
through endless earth and sky and seas
the elements entwine and weave
the clothes for an unknown day

4

Desierto inmenso y fuente secreta
balanza de silencio y árbol de gemidos
cuerpo que se despliega como la vela
cuerpo que se repliega como la brasa
corazón que desgajo de la noche
escorpión que se clava en mi pecho
sello de sangre sobre mis años de hombre

5

(*Hago lo que dices*)

Con un Sí
la lámpara que te guía a la entrada del sueño
Con un No
la balanza que pesa la falacia y la verdad del deseo
Con un Ay
el hueso florecido para atravesar la muerte

6

(*Hoy, siempre hoy*)

Hablas (se oyen muchas lluvias)
no sé lo que dices (una mano amarilla nos sostiene)
Callas (nacen muchos pájaros)
no sé adónde estamos (un alveolo escarlata nos encierra)
Ríes (las piernas del río se cubren de hojas)
no sé adónde vamos (mañana es hoy en mitad de la noche)

Hoy que se abre y se cierra
nunca se mueve y no se detiene
corazón que nunca se apaga
Hoy (un pájaro se posa
en una torre de granizo)
Siempre es mediodía

4

Enormous desert and secret fountain
scale of silence and tree of screams
body that unfolds like a sail
body that enfolds like an ember
heart I tear out from the night
scorpion fixed to my chest
seal of blood on my years as a man

5

(*What you say I make*)

With a Yes
the lamp guides you to the door of the dream
With a No
the scale that weighs the lies and truth of desire
With an Oh
the flowering bone to cross through death

6

(*Today, always today*)

You speak (many rains are heard)
I don't know what you are saying (a yellow hand holds us)
You keep still (many birds are born)
I don't know where we are (a scarlet cavity encloses us)
You laugh (the legs of the river are covered with leaves)
I don't know where we're going (tomorrow is today in the
                                        middle of the night)

Today opens and closes
never moves and never stops
a heart that never flickers out
Today (a bird rests
on a tower of hail)
It is always noon

COMPLEMENTARIOS

En mi cuerpo tú buscas al monte,
a su sol enterrado en el bosque.
En tu cuerpo yo busco la barca
en mitad de la noche perdida.

AGUA Y VIENTO

Agua extendida centelleas
bajo un relámpago lascivo
mi pensamiento azul y negro

Caminas por el bosque de mi sangre
árboles con olor a semen
árboles blancos árboles negros

Habitas un rubí
instante incandescente
gota de fuego
engastada en la noche

Cuerpo sin límites
en una alcoba diminuta

El mar te levanta hasta el grito más blanco
la yedra del gemido clava sus uñas en mi nuca
el mar te desgarra y te arranca los ojos
torre de arena que se desmorona
tus quejas estallan y se desvanecen
gallos negros
cantan tu muerte y tu resurrección

Sobre el bosque carbonizado
pasa el sol con un hacha

COUNTERPARTS

In my body you search the mountain
for the sun buried in its forest.
In your body I search for the boat
adrift in the middle of the night.

WATER AND WIND

Spreading water you sparkle
under a lascivious flash of lightning
my thoughts are black and blue

You walk through the forest of my blood
trees that smell of semen
white trees black trees

You live in a ruby
an incandescent instant
a drop of fire
set in the night

Limitless body
in a tiny bedroom

The sea lifts you to the whitest scream
the shrieking ivy buries its nails in my nape
the sea claws and rips out your eyes
tower of sand that crumbles
your moans explode and vanish
black roosters
sing your death and rebirth

Over the charred forest
the sun passes with an axe

INTERIOR

Pensamientos en guerra
quieren romper mi frente

Por caminos de pájaros
avanza la escritura

La mano piensa en voz alta
una palabra llama a otra

En la hoja en que escribo
van y vienen los seres que veo

El libro y el cuaderno
repliegan las alas y reposan

Ya encendieron las lámparas
la hora se abre y cierra como un lecho

Con medias rojas y cara pálida
entran tú y la noche

A TRAVÉS

Doblo la página del día,
escribo lo que me dicta
el movimiento de tus pestañas.

*

Entro en ti,
veracidad de la tiniebla.
Quiero las evidencias de lo obscuro,
beber el vino negro:
toma mis ojos y reviéntalos.

*

Una gota de noche
sobre la punta de tus senos:
enigmas del clavel.

INTERIOR

Warring thoughts try
to split my skull

This writing moves
through streets of birds

My hand thinks out loud
a word calls to another

On this page where I write
I see beings that come and go

The book and the notebook
unfold their wings and rest

The lamps are lit the hour
opens and closes like a bed

With red stockings and a pale face
you and the night come in

ACROSS

I turn the page of the day,
writing what I'm told
by the motion of your eyelashes.

*

I enter you,
the truthfulness of the dark.
I want proofs of darkness, want
to drink the black wine:
take my eyes and crush them.

*

A drop of night
on your breast's tip:
mysteries of the carnation.

*

Al cerrar los ojos
los abro dentro de tus ojos.

*

En su lecho granate
siempre está despierta
y húmeda tu lengua.

*

Hay fuentes
en el jardín de tus arterias.

*

Con una máscara de sangre
atravieso tu pensamiento en blanco:
desmemoria me guía
hacia el reverso de la vida.

PARES Y NONES

Una palabra de poco peso
para saludar al día
una palabra de vuelo a vela
¡Ah!

*

Grandes ojeras
en tu cara todavía es de noche

*

Invisible collar de miradas
a tu garganta encadenadas

*

Mientras los periódicos
se deshojan
tú te cubres de pájaros

*

*

Closing my eyes
I open them inside your eyes.

*

Always awake
on its garnet bed:
your wet tongue.

*

There are fountains
in the gardens of your veins.

*

With a mask of blood
I cross your thoughts blankly:
amnesia guides me
to the other side of life.

ODD OR EVEN

A weightless word
to greet the day
a word for setting sail
           Ah!

*

Rings under your eyes
in your face it still is night

*

An invisible necklace of glances
fastened around your throat

*

While the newspapers
pontificate
you surround yourself with birds

*

Estamos como el agua en el agua
como el agua que guarda el secreto

*

Una mirada te enlaza
otra te desenlaza
La transparencia te desvanece

*

Tus dos pechos entre mis manos
agua otra vez despeñada

*

De un balcón
           (El abanico)
a otro balcón
              (se abre)
salta el sol
              (y se cierra)

USTICA

Los sucesivos soles del verano,
la sucesión del sol y sus veranos,
todos los soles,
el solo, el sol de soles,
hechos ya hueso terco y leonado,
cerrazón de materia enfriada.

Puño de piedra,
piña de lava,
osario,
no tierra,
isla tampoco,
peña despeñada,
duro durazno,
gota de sol petrificada.

We are like water in water
like the water that keeps the secret

*

A glance ties
and another unties you
scattered by transparency

*

Your breasts between my hands
water again rushes down

*

From one balcony
                    (The fan)
to another
                    (opens)
the sun leaps
                    (and closes)

USTICA

The successive suns of summer,
the succession of the sun and of its summers,
all the suns,
the sole, the sol of sols
now become
obstinate and tawny bone,
darkness-before-the-storm
of matter cooled.

Fist of stone,
pine cone of lava,
ossuary,
not earth
nor island either,
rock off a rock-face,
hard peach,
sun-drop petrified.

Por las noches se oye
el respirar de las cisternas,
el jadeo del agua dulce
turbada por el mar.
La hora es alta y rayada de verde.
El cuerpo obscuro del vino
en las jarras dormido
es un sol más negro y fresco.

Aquí la rosa de las profundidades
en un candelabro de venas rosadas
encendido en el fondo del mar.
En tierra, el sol lo apaga,
pálido encaje calcáreo
como el deseo labrado por la muerte.

Rocas color de azufre,
altas piedras adustas.
Tú estás a mi costado.
Tus pensamientos son negros y dorados.
Si alargase la mano
cortaría un racimo de verdades intactas.
Abajo, entre peñas centelleantes,
va y viene el mar lleno de brazos.
Vértigos. La luz se precipita.
Yo te miré a la cara,
yo me asomé al abismo:
mortalidad es transparencia.

Osario, paraíso:
nuestras raíces anudadas
en el sexo, en la boca deshecha
de la Madre enterrada.
Jardín de árboles incestuosos
sobre la tierra de los muertos.

Through the nights one hears
the breathing of cisterns,
the panting of fresh water
troubled by the sea.
The hour is late and the light, greening.
The obscure body of the wine
asleep in jars
is a darker and cooler sun.

Here the roses of the depths
is a candelabrum of pinkish veins
kindled on the seabed.
Ashore, the sun extinguishes it,
pale, chalky lace
as if desire were worked by death.

Cliffs the color of sulfur,
high austere stones.
You are beside me.
Your thoughts are black and golden.
To extend a hand
is to gather a cluster of truths intact.
Below, between sparkling rocks
goes and comes
a sea full of arms.
Vertigoes. The light hurls itself headlong.
I looked you in the face,
I saw into the abyss:
mortality is transparency.

Ossuary: paradise:
our roots, knotted
in sex, in the undone mouth
of the buried Mother.
Incestuous trees
that maintain
a garden on the dead's domain.   [c.t.]

DISCOR

Susurros y pisadas rápidas:
tuerto pasillo, largo suspiro.
Espiral indecisa:
paso a paso, gastados carmesíes,
caracola de ajadas entrañas,
paso a paso,
la escalera que no desemboca.
No desemboca y siempre desemboca:
ay súbito espejo,
otra tú misma que no me conoce,
y tú reconoces,
fijo presente, me sale al encuentro.

> Abolición del tiempo.
> Espejo llagado y llaga perpetua,
> cuarto lleno de ojos,
> multiplicación de cuerpos,
> cuarto lleno de rostros y labios y nombres.
> Fornicación espectral de los espejos,
> complicidad de ratas identidad promiscua,
> cuarto hormiguero y cuarto podrido,
> nuez vana y amarga granada
> y otra vez cuarto.
> Instante largo como un aullido,
> como el presente y su escalera.

No desemboca y siempre desemboca:
ribera y agua, centella y abismo,
tu cuerpo de yerba, tu cuerpo de plata,
trono de la noche y espuela del día,
deseo de mil brazos y una sola boca,
gavilán y torrente y alto grito que cae.
En tu alma reseca llueve sangre.
Rostro desnudo, rostro deshecho y rostro de eclipse:
sólo dos ojos cada vez más hondos.
Abolición del cuerpo:
otra tú misma, que tú no conoces,
nace del espejo abolido.

DISCOR

Whispers and rapid steps
dim passage, long sigh.
Uncertain spiral:
step by step, worn-out crimsons,
a snail with withered entrails,
step by step,
stairway that leads nowhere.
Leads nowhere, forever leading:
a sudden mirror,
another you that doesn't know me
and you recognize,
fixed present that leaves to meet me.

> Abolition of time.
> Wounded mirror and perpetual wound,
> room full of eyes,
> swarm of bodies,
> room full of faces and lips and names.
> Ghostly fornication of mirrors,
> complicity of rats, promiscuous identity,
> ant-heap room and rotten room,
> empty nut and bitter promegranate,
> and another room.
> A moment long as a howl,
> like the present and its stairway.

It leads nowhere, forever leading:
shore and water, lightning and abyss,
your body of grass, your body of silver,
throne of the night and spur of the day,
desire of a thousand arms and a single mouth,
hawk and torrent and tall scream that falls.
Blood rains on your dry soul.
Naked face, dismantled face, face of eclipse:
only two eyes, deeper each time.
Abolition of the body:
another you you don't know,
is born from an abolished mirror.

Hora sin tiempo, desnudez desnuda:
humedad del deseo y paz del deseo.
Agua, inocencia que late a mi lado.
No: los espejos engendran,
fijo presente que sale al encuentro,
susurro de ratas y pisadas rápidas,
multiplicación de nombres,
ayuntamientos espectrales,
multiplicación viscosa,
multiplicación de ojos.
Dispersión y pánico y vértigo fijo:
la escalera que no desemboca.

Otra tú misma que tú no conoces,
otra tú misma que te reconoce,
espejo perpetuo y llaga ya fría,
cuerpo inocente, viscosa inocencia,
ortiga y sequía y pan de ceniza,
ardor que no quema, herida sin sangre,
otra tú misma, te sale al encuentro.
Paso a paso, gastados carmesíes,
bajamos la espiral indecisa,
risas apagadas, pisadas gimientes.
Salimos a la noche y nos perdemos,
espejos abolidos en un fijo presente.

ALBA ÚLTIMA

Tus cabellos se pierden en el bosque,
tus pies tocan los míos.
Dormida eres más grande que la noche
pero tu sueño cabe en este cuarto.
¡Cuánto somos qué poco somos!
Afuera pasa un taxi
con su carga de espectros.
El río que se va

            siempre

está de regreso.

¿Mañana será otro día?

Timeless hour, naked nakedness:
  dampness of desire and the peace of desire.
Water, innocence that throbs at my side.
No: mirrors engender,
fixed present that leaves to meet,
whisper of rats and rapid steps,
swarm of names,
ghostly unions,
viscous swarm,
swarm of eyes.
Scattering and panic and vertigo fixed:
stairway that leads to nowhere.

Another you you don't know,
another you that recognizes you,
perpetual mirror and wound turned cold,
innocent body, viscous innocence,
nettles and thirst and bread of ash,
unburning passion, bloodless wound,
another you, leaving to meet you.
Step by step, worn-out crimsons,
we descend the uncertain spiral,
smiles flickered out, groaning steps.
We leave night and are lost,
mirrors abolished in a fixed present.

LAST DAWN

Your hair lost in the forest,
your feet touching mine.
Asleep you are bigger than the night,
but your dream fits within this room.
How much we are who are so little!
Outside a taxi passes
with its load of ghosts.
The river that runs by
                is always
running back.

Will tomorrow be another day?

IDA Y VUELTA

Cenagoso noviembre:
piedras manchadas, huesos renegridos,
indecisos palacios.

Yo atravesé los arcos y los puentes,
yo estaba vivo, en busca de la vida.

En el salón lunar
se desangra la luz. Los hombres-peces
cambian fríos reflejos.

Yo estaba vivo y vi muchos fantasmas,
todos de carne y hueso y todos ávidos.

Torre topacio y sangre,
las trenzas negras y los pechos ámbar,
la dama subterránea.

Tigre, novilla, pulpo, yedra en llamas:
quemó mis huesos y chupó mi sangre.

Lecho, planeta extinto,
trampa de espejos fueron noche y cuerpo,
montón de sal, la dama.

Come mis restos, sol del altiplano:
yo estaba vivo y fui a buscar la muerte.

SALAMANDRA

Salamandra
        (negra
armadura viste el fuego)
calorífero de combustión lenta
entre las fauces de la chimenea
—o mármol o ladrillo—

COMING AND GOING

Muddy November:
stained stone, bruised bone,
uncertain palaces.

I crossed through arches and over bridges,
I was alive, in search of life.

In a lunar room
the light lost its blood. Fish-men
exchanged cold reflections.

I was alive and saw many ghosts,
all made of flesh and bone, all of them greedy.

Tower of topaz and blood,
black tresses and amber breasts,
the subterranean lady.

Tiger, heifer, octopus, ivy in flames:
she burned my bones, sucked my blood.

Bed an extinct planet,
night and body a mirror-trick,
lady a mountain of salt.

The sun of the high plains eats my remains:
I was alive and went in search of death.

SALAMANDER

Salamander
          (the fire wears
          black armor)
a slow-burning stove
                    between the jaws
                    —marble or brick—
                    of the chimney it is

                          tortuga estática
o agazapado guerrero japonés
y una u otro
                 —el martirio es reposo—
impasible en la tortura

                     Salamandra
nombre antiguo del fuego
y antídoto antiguo contra el fuego
y desollada planta sobre brasas
amianto amante amianto

Salamandra
              en la ciudad abstracta
entre las geometrías vertiginosas
—vidrio cemento piedra hierro—
formidables quimeras
levantadas por el cálculo
multiplicadas por el lucro
al flanco del muro anónimo
amapola súbita

                  Salamandra
garra amarilla
                 roja escritura
en la pared de sal
                    garra de sol
sobre el montón de huesos

Salamandra
                estrella caída
en el sinfín del ópalo sangriento
sepultada
bajo los párpados del sílex
niña perdida
en el túnel del ónix
en los circulos del basalto

>   an ecstatic tortoise, a crouched
>   Japanese warrior:
> whatever it is, martyrdom
> is repose
> impassive under torture

Salamander
ancient name of fire
>   and ancient
>   antidote to fire
flayed sole of the foot
on hot coals
amianthus *amante* amianthus

Salamander
in the abstract city between
dizzy geometries
—glass cement stone iron—
formidable chimeras appear
raised up by calculus
multiplied by profit
by the side of the anonymous wall
sudden poppy

Salamander
Yellow claw a scrawl
of red letters on a
wall of salt
>   Claw of sunlight
>   on a heap of bones

Salamander
fallen star
in the endlessness of bloodstained opal
ensepulchred
beneath eyelids of quartz
lost girl
in tunnels of onyx
in the circles of basalt

enterrada semilla
grano de energía
dormida en la medula del granito

Salamandra
niña dinamitera
en el pecho azul y negro del hierro
estallas como un sol
te abres como una herida
hablas como una fuente

Salamandra
espiga
hija del fuego
espíritu del fuego
condensación de la sangre
sublimación de la sangre
evaporación de la sangre

Salamandra de aire
la roca es llama
la llama es humo
vapor rojo
recta plegaria
alta palabra de alabanza
exclamación
corona de incendio
en la testa del himno
reina escarlata
(y muchacha de medias moradas
corriendo despeinada por el bosque)

Salamandra
animal taciturno
negro paño de lágrimas de azufre
(Un húmedo verano
entre las baldosas desunidas
de un patio petrificado por la luna
oí vibrar tu cola cilíndrica)

buried seed
       grain of energy
       in the marrow of granite

Salamander, you who lay dynamite in iron's
black and blue breast
you explode like a sun
you open yourself like a wound
you speak
       as a fountain speaks

Salamander
       blade of wheat
daughter of fire
spirit of fire
condensation of blood
sublimation of blood
evaporation of blood

Salamander of air
the rock is flame
       the flame is smoke
red vapor
       straight-rising prayer
lofty word of praise
exclamation
       crown
of fire on the head of the psalm
scarlet queen
(and girl with purple stockings
running disheveled through the woods)

Salamander, you are
silent, the
black consoler of sulfur tears
       (One wet summer I heard
       the vibration of your
       cylindrical tail
       between loose tiles of a
       dead-calm moonlit patio)

Salamandra caucásica
en la espalda cenicienta de la peña
aparece y desaparece
breve y negra lengüeta
moteada de azafrán

                    Salamandra
bicho negro y brillante
escalofrío del musgo
devorador de insectos
heraldo diminuto del chubasco
y familiar de la centella
(Fecundación interna
reproducción ovípara
las crías viven en el agua
ya adultas nadan con torpeza)

Salamandra
Puente colgante entre las eras
puente de sangre fría
eje del movimiento
(Los cambios de la alpina
la especie más esbelta
se cumplen en el claustro de la madre
Entre los huevecillos se logran dos apenas
y hasta el alumbramiento
medran los embriones en un caldo nutricio
la masa fraternal de huevos abortados)

La salamandra española
montañesa negra y roja

No late el sol clavado en la mitad del cielo
no respira
no comienza la vida sin la sangre
sin la brasa del sacrificio
no se mueve la rueda de los días

Caucasian salamander

in the rock's

cindery shoulder appears

and disappears

a brief black tongue

flecked with saffron

Black and brilliant creature
the moss
quivers
you devour
insects
diminutive herald of the rainshower
familiar spirit of the lightning
(Internal fecundation
oviparous reproduction
the young live in the water
once adult they swim sluggishly)

Salamander
Hanging bridge between eras

bridge of cold blood
axis of movement
(The changes in the alpine species
the most slender of all
take place in the mother's womb
Of all the tiny eggs no more than two mature
and until they hatch
the embryos are nourished on a broth
composed of the doughy mass of their aborted brother-eggs)

The Spanish Salamander
black and red mountaineer

The sun nailed to the sky's center does not throb
does not breathe
life does not commence without blood
without the embers of sacrifice
the wheel of days does not revolve

Xólotl se niega a consumirse
se escondió en el maíz pero lo hallaron
se escondió en el maguey pero lo hallaron
cayó en el agua y fue el pez axólotl
el dos-seres
    y "luego lo mataron"
Comenzó el movimiento anduvo el mundo
la procesión de fechas y de nombres
Xólotl el perro guía del infierno
el que desenterró los huesos de los padres
el que coció los huesos en la olla
el que encendió la lumbre de los años
el hacedor de hombres
Xólotl el penitente
el ojo reventado que llora por nosotros
Xólotl la larva de la mariposa
el doble de la Estrella
el caracol marino
la otra cara del Señor de la Aurora
Xólotl el ajolote

     Salamandra
dardo solar
    lámpara de la luna
columna del mediodía
nombre de mujer
balanza de la noche
(El infinito peso de la luz
un adarme de sombra en tus pestañas)

Salamandra
    llama negra
heliotropo
    sol tú misma
y luna siempre en torno de ti misma
granada que se abre cada noche
astro fijo en la frente del cielo

Xólotl refuses to consume himself
he hid himself in the corn but they found him
he hid himself in the maguey but they found him
he fell into the water and became the fish axólotl
the Double-Being
                    "and then they killed him"
Movement began, the world was set in motion
the procession of dates and names
Xólotl the dog, guide to Hell
he who dug up the bones of the fathers
he who cooked the bones in a pot
he who lit the fire of the years
the maker of men
Xólotl the penitent
the burst eye that weeps for us
Xólotl
          larva of the butterfly
          double of the Star
          sea shell
          other face of the Lord of Dawn
Xólotl the axólotl

                    Salamander
solar arrow
lamp of the moon
column of noonday
name of woman
scales of night
                    (The infinite weight of light
                    a half-drachm on your eyelashes)

Salamander
back flame
sunflower
          you yourself the sun
          the moon
          turning forever around you
pomegranate that bursts itself open each night
fixed star on the brow of the sky

y latido del mar y luz ya quieta
mente sobre el vaivén del mar abierta

Salamandria
saurio de unos ocho centímetros
vive en las grietas y es color de polvo

Salamandra de tierra y de agua
piedra verde en la boca de los muertos
piedra de encarnación
piedra de lumbre
sudor de la tierra
sal llameante y quemante
sal de la destrucción
y máscara de cal que consume los rostros

Salamandra de aire y de fuego
avispero de soles
roja palabra del principio

La salamandra es un lagarto
su lengua termina en un dardo
su cola termina en un dardo
Es inasible Es indecible
reposa sobre brasas
reina sobre tizones
Si en la llama se esculpe
su monumento incendia
El fuego es su pasión es su *paciencia*

Salamadre   Aguamadre

and beat of the sea and the stilled light
open mind above the
                              to-and-fro of the sea

The star-lizard, salamandria
saurian scarcely eight centimeters long
lives in crevices and is the color of dust

Salamander of earth and water
green stone in the mouth of the dead
stone of incarnation
stone of fire
sweat of the earth
salt flaming and scorching
salt of destruction and
mask of lime that consumes the face

Salamander of air and fire
                              wasp's nest of suns
                              red word of beginning

The salamander
a lizard
her tongue ends in a dart
her tail ends in a dart
She is unhissable   She is unsayable
she rests upon hot coals
queens it over firebrands
If she carves herself in the flame
she burns her monument
Fire is her passion, her *patience*

Salamander   Salamater   [D.L.]

SOLO A DOS VOCES

SOLO FOR TWO VOICES
1961

for Jorge Gaitán Durán

In no other occidental language are there so many ghost words . . .
J. Corominas, *Diccionario critíco-etimológico*
de la lengua castellana

SOLO A DOS VOCES

Si decir No
al mundo al presente
hoy (solsticio de invierno)
no es decir
       Sí
decir es solsticio de invierno
hoy en el mundo
             no
es decir
       Sí
decir mundo presente
no es decir
         ¿qué es
Mundo Solsticio Invierno?
¿Qué es decir?

         Desde hace horas
oigo caer, en el patio negro,
una gota de agua.
Ella cae y yo escribo.

Solsticio de invierno:
sol parado,
         mundo errante.
Sol desterrado,
          fijeza al rojo blanco.
La tierra blanca negra,
dormida,
sobre sí misma echada,
es una piedra caída.
Ánima en pena
         el mundo,
peña de pena
        el alma,
pena entrañas de piedra.

SOLO FOR TWO VOICES

If saying No
to the world to the present
this day (the winter solstice)
is not saying
        Yes if
saying is the winter solstice
today in the world
            it is not
saying
        Yes if
saying the world the present
is not saying
        what is
Winter Solstice World?
What is saying?

               For hours now
I've heard falling, in the black patio,
a drop of water.
It falls and I write.

Winter solstice:
sun stopped,
           world wandering.
Sun in exile,
           fixity at white heat.
The black white earth,
asleep,
flung on itself,
is a fallen stone.
Soul in purgatory
           the world,
purgatorial stone
           the soul,
stone with stony heart.

Cae la gota invisible
sobre el cemento húmedo.
Cae también en mi cuarto.
A la mitad del pensamiento
me quedo, como el sol,
parado
en la mitad de mí,
separado.

Mundo mondo,
sonaja de semillas semánticas:
vírgenes móndigas
                    (múndicas,
las que llevan el *mundum*
el día de la procesión),
muchachas cereales
ofrendan a Ceres panes y ceras;
muchachas trigueñas,
entre el pecho y los ojos
alzan la monda,
Pascua de Resurrección:
Señora del Prado,
                    sobre tu cabeza,
como una corona cándida,
la canasta del pan.
Incandescencias del candeal,
muchachas, cestas de panes,
pan de centeno y pan de cebada,
pan de abejas, pan de flor,
altar vivo los pechos,
sobre mesa de tierra vasos de sol:
como y bebo, hombre soy.

Sonaja de simientes, poema:
enterrar la palabra,
el grano de fuego,
en el cuerpo de Ceres
tres veces arado;
enterrarla en el patio,
horadar el cemento

The drop falls unseen
on the wet cement.
It falls too in my room.
Midway in thought
I stay, like the sun,
stopped
midway in myself,
separated.

                    Mundo mondo, clean world,
rattle of semantic seeds:
virgin *móndigas*
                    (*mundicas,*
those that carry the *mundum*
the day the procession is held),
girls of the grain
offer to Ceres loaves and beeswax;
girls like tawny wheat,
between their breasts and their eyes
lift the offering,
at Eastertide:
Our Lady of the Meadow,
                              on your head,
as if crowned with candor,
the basket of bread.
Incandescences of white bread,
girls, baskets of loaves,
rye bread and barley bread,
bread with a bee design, the fine white bread,
the breasts a living altar,
goblets of sun on the table of earth:
I eat and I drink, am a man.

Rattle of seeds, poem:
to bury the word in earth,
the kernel of fire,
in the body of Ceres
three times plowed;
to bury it in the patio,
drill through the cement

con la gota tenaz,
con la gota de tinta.
Para la diosa negra,
piedra dormida en la nieve,
dibujar un caballo de agua,
dibujar en la página
un caballo de yerba.

Hoy es solsticio de invierno:
canta el gallo,
        el sol despierta.
Voces y risas, baile y panderos,
sobre el suelo entumido
rumor de faldas de muchachas
como el viento corriendo entre espadañas,
como el agua que brota de la peña.
Muchachas,
      cántaros penantes,
el agua se derrama,
el vino se derrama,
el fuego se derrama,
penetra las entrañas,
la piedra se despierta:
lleva un sol en el vientre.
Como el pan en el horno,
el hijo de la piedra incandescente
es el hijo de nadie.

A solas con el diccionario
agito el ramo seco,
palabras, muchachas, semillas,
sonido de guijarros
sobre la tierra negra y blanca,
inanimada.
En el aire frío del patio
se dispersan las vírgenes.
Humedad y cemento.

El mundo
no es tortas y pan pintado.

with the persistent drop,
with the drop of ink.
For the dark goddess,
stone alseep in the snow,
to sketch a horse of water,
to scrawl on the page
a horse of grass.

Today is the winter solstice:
the rooster crows
                    the sun awakens.
Voices and laughter, dancing and tambourines.
Over the numb earth
rustle of skirts of girls
like the wind as it runs through the rushes,
like the water that bursts from the rock.
Girls,
        jars, slender-throated,
the water runs over,
the wine runs over,
the fire runs over,
goes deep into the body,
the stone awakens:
bears a sun in its womb.
Like a loaf in the oven,
the child of the white-hot stone,
is the child of no one.

Alone with the dictionary
I shake the dry branch,
words, girls, seeds,
the rattle of pebbles
on the earth black and white,
without life.
In the cold air of the patio
the virgins scatter.
Wetness and cement.

The world
is not all cakes and fancy bread.

El diccionario
es un mundo no dicho:
de solsticio de invierno
a pascua de resurrección,
en dirección inversa
a las agujas del cuadrante,
hay: "sofisma, símil, selacio, salmo,
rupestre, rosca, ripio, réprobo,
rana, Quito, quejido,
pulque, ponzoña, picotín, peluca . . ."
Desandar el camino,
volver a la primera letra
en dirección inversa
al sol,
          hacia la piedra:
simiente,
                gota de energía,
joya verde
entre los pechos negros de la diosa.

Escribo contra la corriente,
contra la aguja hipnotizada
y los sofismas del cuadrante:
como la sombra, la aguja
sigue al sol,
                un sol sin cuerpo,
sombra de sol,
                siempre futuro;
como un perro, la aguja
tras los pasos del sol,
                sol ido,
desvanecido, sol de sombra.

No el movimiento del círculo,
maestro de espejismos:
                    la quietud
en el centro del movimiento.
No predecir: decir.
Mundo suspendido en la sombra,
mundo mondo, pulido como hueso,

The dictionary
is a world not spoken:
From the winter solstice
to the resurrection of Easter,
in a direction contrary
to that of the sundial-marker,
occur: "spiral, sophism, similar, selachian,
rocky, reprobate, refuse, Quito,
querulous, quartern, pulque, psalm,
pollywog, poison, periwig . . ."
Retracing the road,
going back to the first letter
in a direction contrary
to that of the sun,
                    toward the stone:
seed,
      drop of energy,
green jewel
between the dark breasts of the goddess.

I write against the current,
against the mesmerized marker
and the plausible lies of the sundial:
like the shadow, the marker
follows the sun,
                    a sun without body,
shade of a sun,
                    forever future;
like a dog, the marker
hard on the heels of the sun,
                              a sun gone,
vanished, sun of shade.

Not the movement of the circle,
master of mirages:
                    the quietude
at the center of the movement.
Not to foretell: to tell.
World suspended in the shadow,
clean world, clean as bone,

decir es mondadura,
poda del árbol de los muertos.
Decir es penitencia de palabras,
la zona negra y blanca,
el húmedo cemento, el patio,
el no saber qué digo
entre la ausencia y la presencia
de este mundo, echado
sobre su propio abandono,
caído como gota de tinta.

La letra no reposa en la página:
memoria la levanta,
monumento de viento.
¿Y quién recuerda a la memoria,
quién la levanta, dónde se implanta?
Frente de claridad, alumbramiento,
la memoria es raíz en la tiniebla.

Come tiniebla,
            come olvido:
no lo que dices, lo que olvidas,
es lo que dices:
               hoy es solsticio de invierno
en el mundo
           hoy estás separado
en el mundo
           hoy es el mundo
ánima en pena en el mundo.

saying is a paring away,
a pruning of the tree of the dead.
Saying is a penance of words,
the black-and-white zone,
the wet cement, the patio,
the not knowing what I say
between the absence and the presence
of this world, flung
on its own abandonment,
fallen like a drop of ink.

The letter does not lie still on the page:
memory arouses it,
monument of wind.
And who is the reminder of memory,
who raises it, where is it planted?
Brow of brightness, the lightening womb,
memory is a root in the dark.

Feed on the dark,
                    feed on forgetfulness:
not what you say, what you forget,
is what you say:
                    today is the winter solstice
in the world
                    today you are separated
in the world
                    today is the world
purgatorial soul in the world.   [J.F.N.]

LADERA ESTE

EAST SLOPE

1962-1968

EL BALCÓN

Quieta
en mitad de la noche
no a la deriva de los siglos
no tendida
      clavada
como idea fija
en el centro de la incandescencia
Delhi
      Dos sílabas altas
rodeadas de arena e insomnio
En voz baja las digo

                Nada se mueve
pero la hora crece
          se dilata
Es el verano
marejada que se derrama
Oigo la vibración del cielo bajo
sobre los llanos en letargo
Masas enormes cónclaves obscenos
nubes llenas de insectos
aplastan
         indecisos bultos enanos
(Mañana tendrán nombre
erguidos serán casas
mañana serán árboles)

Nada se mueve
La hora es más grande
              yo más solo
clavado
        en el centro del torbellino
Si extiendo la mano
un cuerpo fofo el aire
un ser promiscuo sin cara

THE BALCONY

Stillness
in the middle of the night
not adrift with centuries
not spreading out
                    nailed
like a fixed idea
to the center of incandescence
Delhi
        Two tall syllables
surrounded by insomnia and sand
I say them in a low voice

                              Nothing moves
    the hour grows
                    stretching out
It's summer
tide that spills over
I hear the low sky vibrate
over lethargic plains
Great masses obscene conclaves
clouds full of insects
flatten
        the uncertain dwarf bulks
(Tomorrow they will have names
they will stand and be houses
tomorrow they will be trees)

Nothing moves
The hour is larger
                    and I more alone
nailed
        to the center of the whirlwind
If I stretch out my hand
the air is a spongy body
a promiscuous faceless being

Acodado al balcón
         veo

(*No te apoyes,*
si estás solo, contra la balaustrada,
dice el poeta chino)

No es la altura ni la noche y su luna
no son los infinitos a la vista
es la memoria y sus vértigos
Esto que veo
         esto que gira
son las acechanzas las trampas
detrás no hay nada
son las fechas y sus remolinos
(Trono de hueso
         trono del mediodía
aquella isla
         En su cantil leonado
por un instante vi la vida verdadera
Tenía la cara de la muerte
eran el mismo rostro
         disuelto
en el mismo mar centelleante)

Lo que viviste hoy te desvive
no estás allá
         aquí
estoy aquí
         en mi comienzo
No me reniego
         me sustento
Acodado al balcón
         veo
nubarrones y un pedazo de luna
lo que está aquí visible
casas gente
         lo real presente
vencido por la hora

Leaning over the balcony
                    I see

(*Never lean on a balcony*
when you're alone,
the Chinese poet writes)

It is not height nor the night and its moon
it is not the infinities that can be seen
but memory and its vertigoes
This that I see
                    this spinning
is the tricks and traps
behind it there is nothing
it is the whirlwind of days
(Throne of bone
                    throne of noon
that island
                    On its lion-colored cliffs
I saw for an instant true life
It had the face of death
the same face
                    dissolved
in the same sparkling sea)

What you have lived you will unlive today
you are not there
                    but here
I am here
                    at my beginning
I don't deny myself
                    I sustain myself
Leaning over the balcony
                    I see
huge clouds and a piece of the moon
all that is visible here
people houses
                    the real present
conquered by the hour

lo que está aquí
invisible
          mi horizonte
Si es un comienzo este comienzo
no principia conmigo
                    con él comienzo
en él me perpetúo

                    Acodado al balcón
veo
          esta lejanía tan próxima
No sé cómo nombrarla
aunque la toco con el pensamiento
La noche que se va a pique
la ciudad como un monte caído
blancas luces azules amarillas
faros súbitos paredes de infamia
y los racimos terribles
las piñas de hombres y bestias por el suelo
y la maraña de sus sueños enlazados

Vieja Delhi fétida Delhi
callejas y plazuelas y mezquitas
como un cuerpo acuchillado
como un jardín enterrado
Desde hace siglos llueve polvo
tu manto son las tolvaneras
tu almohada un ladrillo roto
En una hoja de higuera
comes las sobras de tus dioses
tus templos son burdeles de incurables
estás cubierta de hormigas
corral desamparado
                    mausoleo desmoronado
estás desnuda
                    como un cadáver profanado
te arrancaron joyas y mortaja
Estabas cubierta de poemas
todo tu cuerpo era escritura
acuérdate

                              and all the invisible
here
        my horizon
If this beginning is a beginning
it does not begin with me
                              I begin with it
I perpetuate myself in it

                         Leaning over the balcony
I see
        this distance that is so close
I don't know what to call it
though I touch it with my thoughts
The night founders
the city like a mountain fallen
white lights blues yellows
sudden headlights walls of disgrace
and the terrible clusters
the clumps of people and animals on the ground
and the bramble of their tangled dreams

Old Delhi fetid Delhi
alleys and little squares and mosques
like a stabbed body
like a buried garden
For centuries it has rained dust
your veil is a dust-cloud
your pillow a broken brick
On a fig leaf
you eat the leftovers of your gods
your temples are bordellos of the incurable
you are covered with ants
abandoned lot
              ruined mausoleum
you are naked
              like a violated corpse
they stole your jewels and your burial clothes
You were covered with poems
your whole body was writing
remember

recobra la palabra
eres hermosa
            sabes hablar cantar bailar

Delhi
      dos torres
plantadas en el llano
                  dos sílabas altas
Yo las digo en voz baja
acodado al balcón
                  clavado
no en el suelo
            en su vértigo
en el centro de la incandescencia
Estuve allá
            no sé adonde
Estoy aquí
            no sé es donde
No la tierra
            el tiempo
en sus manos vacías me sostiene
Noche y luna
                  movimientos de nubes
temblor de árboles
                        estupor del espacio
infinito y violencia en el aire
polvo iracundo que despierta
encienden luces en el puerto aéreo
rumor de cantos por el Fuerte Rojo
Lejanías
            pasos de un peregrino son errante
sobre este frágil puente de palabras
La hora me levanta
hambre de encarnación padece el tiempo
Más allá de mí mismo
en algún lado aguardo mi llegada

recover the words
you are beautiful
            you know how to talk and sing and dance

Delhi
        two towers
planted on the plains
                    two tall syllables
I say them in a low voice
leaning over the balcony
                    nailed
not to the ground
                to its vertigo
to the center of incandescence
I was there
            I don't know where
I am here
            I don't know is where
Not the earth
            time
holds me in its empty hands
Night and moon
                    movements of clouds
tremor of trees
                stupor of space
infinity and violence in the air
furious dust that wakes
The lights are on at the airport
murmur of song from the Red Fort
Distances
            a pilgrim's steps are vagabond music
on this fragile bridge of words
The hour lifts me
time hungers for incarnation
Beyond myself
                somewhere
I wait for my arrival

TUMBA DE AMIR KHUSRÚ

A Margarita y Antonio González de León

Árboles cargados de pájaros
sostienen a pulso la tarde.
Arcos y patios. Entre rojos
muros, verde ponzoña, un tanque.
Un corredor lleva al santuario:
mendigos, flores, lepra, mármoles.

Tumbas, dos nombres, sus anécdotas:
Nizam Uddin, teólogo andante,
Amir Khusrú, lengua de loro.
El santo y el poeta. Grave,
brota un lucero de una cúpula.
Destella el fango del estanque.

Amir Khusrú, loro o cenzontle:
cada minuto es dos mitades,
turbia la pena, la voz diáfana.
Sílabas, incendios errantes,
vagabundas arquitecturas:
todo poema es tiempo y arde.

LA HIGUERA RELIGIOSA

El viento,
           los ladrones de frutos
(monos, pájaros, murciélagos)
entre las ramas de un gran árbol
esparcen las semillas.
                Verde y sonora,
la inmensa copa desbordante
donde beben los soles
es una entraña aérea.
                Las semillas
se abren,
           la planta se afinca
en el vacío,

THE TOMB OF AMIR KHUSRU
for Margarita and Antonio Gónzalez de León

Trees heavy with birds hold
the afternoon up with their hands.
Arches and patios. A tank of water,
poison green, between red walls.
A corridor leads to the sanctuary:
beggars, flowers, leprosy, marble.

Tombs, two names, their stories:
Nizam Uddin, the wandering theologian,
Amir Khusru, the parrot's tongue.
The saint and the poet. A grim
star sprouts from a cupola.
Slime sparkles in the pool.

Amir Khusru, parrot or mockingbird:
the two halves of each moment,
muddy sorrow, voice of light.
Syllables, wandering fires,
vagabond architectures:
every poem is time, and burns.

THE RELIGIOUS FIG

Wind,
        the fruit thieves
(monkeys, birds, and bats)
scatter seeds
from the branches of the great tree.
Green, humming,
                its entrails in the air,
it is a huge overflowing cup
where the suns drink.
                The seeds
open,
        the plant encamps
on the void,

hila su vértigo
y en él se erige y se mece y propaga.
Años y años cae
                    en línea recta.
Su caída
            es el salto del agua
congelada en el salto: tiempo petrificado.

Anda a tientas,
                lanza largas raíces,
varas sinuosas,
                        entrelazados
chorros negros,
                    clava
pilares,
            cava húmedas galerías
donde el eco se enciende y apaga,
cobriza vibración
                    resuelta en la quietud
de un sol carbonizado cada día.
Brazos, cuerdas, anillos,
                            maraña
de mástiles y cables, encallado velero.

Trepan,
        se enroscan las raíces
errantes.
                Es una maleza de manos.
No buscan tierra: buscan un cuerpo,
tejen un abrazo.
                El árbol
es un emparedado vivo.
                        Su tronco
tarda cien años en pudrirse.
                        Su copa:
el cráneo mondo, las astas rotas del venado.

Bajo un manto de hojas coriáceas,
ondulación que canta
                del rosa al ocre al verde,

        spins its vertigo
and within it grows tall and sways and spreads.
Years and years fall
          in a straight line.
Its fall
    is a leap of water
frozen in its leap: petrified time.

It gropes its way,
          sends out huge roots,
sinuous limbs,
       entangled
black jets,
     it sinks
pillars,
      excavates damp galleries
where echoes flare up and die,
copper vibration
         resolved in the stillness
of a sun carbonized each day.
Arms, ropes, rings,
       tangle
of masts and cables, a sloop run aground.

Creeping up,
      the wandering roots
entwine.
     It is a bramble of hands.
They are not seeking earth: they seek a body,
weave into an embrace.
        The tree
immures itself alive.
      Its trunk
takes a hundred years to rot.
        Its crown:
the bleached skull, the broken antlers of a deer.

Under a cape of leathery leaves,
a rippling that sings
        from pink to gold to green,

en sí misma anudada
                    dos mil años,
la higuera se arrastra, se levanta, se estrangula.

EL MAUSOLEO DE HUMAYÚN

Al debate de las avispas
la dialéctica de los monos
gorjeos de las estadísticas
opone
            (alta llama rosa
hecha de piedra y aire y pájaros
tiempo en reposo sobre el agua)

la arquitectura del silencio

AL PINTOR SWAMINATHAN

Con un trapo y un cuchillo
                            contra la idea fija
contra el toro del miedo
contra la tela contra el vacío
                            el surtidor
la llama azul del cobalto
                        el ámbar quemado
verdes recién salidos del mar
                            añiles reflexivos
Con un trapo y un cuchillo
                        sin pinceles
con los insomnios con la rabia con el sol
contra el rostro en blanco del mundo
el surtidor
            la ondulación serpentina
la vibración acuática del espacio
el triángulo el arcano
la flecha clavada en el altar negro
los alfabetos coléricos

knotted in itself,
                    two thousand years,
the fig tree creeps, rises up, and strangles itself.

THE MAUSOLEUM OF HUMAYUN

To the debate of wasps
the dialectic of monkeys
twitterings of statistics
it opposes
                    (high flame of rose
formed out of stone and air and birds
time in repose above the water)

silence's architecture   [C.T.]

FOR THE PAINTER SWAMINATHAN

With a rag and a knife
                    against the fixed idea
against the bull of fear
against the canvas against the void
                    the water-jet
blue flame of cobalt
                    burnt amber
greens fresh from the sea
                    thoughtful indigos
With a rag and a knife
                    without brushes
with insomnia with rage with sun
against the blank face of the world
the water-jet
                    serpentine undulation
the aquatic vibrations of space
the triangle
                    arcanum
the arrow stuck in the black altar
the angry alphabets

la gota de tinta de sangre de miel
Con un trapo y un cuchillo
                 el surtidor
salta el rojo mexicano
              y se vuelve negro
salta el rojo de la India
              y se vuelve negro
los labios ennegrecen
            negro de Kali
carbón para tus cejas y tus párpados
mujer deseada cada noche
               negro de Kali
el amarillo y sus fieras abrasadas
el ocre y sus tambores subterráneos
el cuerpo verde de la selva negra
el cuerpo azul de Kali
               el sexo de la Guadalupe
Con un trapo y un cuchillo
                contra el triángulo
el ojo revienta
         surtidor de signos
la ondulación serpentina avanza
marea de apariciones inminentes

El cuadro es un cuerpo
vestido sólo por su enigma desnudo

EN LOS JARDINES DE LOS LODI
A Claude Esteban

En el azul unánime
los domos de los mausoleos
—negros, reconcentrados, pensativos—
emitieron de pronto
             pájaros

the drop of ink   blood   honey
With a rag and a knife
                        the water-jet
Mexican red leaps
                  and turns black
Indian red leaps
                  and turns black
lips blacken
              Kali's black
charcoal for around your eyes
woman desired nightly
                        Kali's black
yellow and its burning beasts
ocher and its subterranean drums
the green body of the black jungle
Kali's blue body
                  the sex of Guadalupe
With a rag and a knife
                        against the triangle
the eye explodes
                  a water-jet of signs
the serpentine undulation advances
tide of imminent apparitions

The painting is a body
dressed only in its naked enigma

IN THE LODI GARDENS
for Claude Esteban

The black, pensive, dense
domes of the mausoleums
suddenly shot birds
into the unanimous blue

EL DÍA EN UDAIPUR

Blanco el palacio,
blanco en el lago negro.
Lingam y yoni.

Como la diosa al dios
tú me rodeas, noche.

Fresca terraza.
Eres inmensa, inmensa
a la medida.

Estrellas inhumanas.
Pero la hora es nuestra.

Caigo y me elevo,
ardo y me anego. ¿Sólo
tienes un cuerpo?

Pájaros sobre el agua,
alba sobre los párpados.

Ensimismados,
altos como la muerte,
brotan los mármoles.

Encallan los palacios,
blancura a la deriva.

Mujeres, niños
por los caminos: frutas
desparramadas.

¿Harapos o relámpagos?
Procesión en el llano.

Sonora y fresca
por brazos y tobillos
corre la plata.

THE DAY IN UDAIPUR

White palace,
white on the black lake.
Lingam and yoni.

> As the goddess to the god,
> you surround me, night.

Cool terrace.
You are immense, immense—
made to measure.

> Inhuman stars.
> But this hour is ours.

I fall and rise,
I burn, drenched.
Are you only one body?

> Birds on the water,
> dawn on eyelids.

Self-absorbed,
high as death,
the marble bursts.

> Hushed palaces,
> whiteness adrift.

Women and children
on the roads:
scattered fruit.

> Rags or rays of lightning?
> A procession on the plain.

Silver running cool
and clanking:
ankle and wrist.

Con un traje alquilado
el niño va a su boda.

La ropa limpia
tendida entre las piedras.
Mírala y calla.

En el islote chillan
monos de culo rojo.

Cuelga del muro,
oscuro sol en celo,
un avispero.

También mi frente es sol
de pensamientos negros.

Moscas y sangre.
En el patio de Kali
trisca un cabrito.

Del mismo plato comen
dioses, hombres y bestias.

Sobre el dios pálido
la diosa negra baila,
decapitada.

Calor, hora rajada,
y esos mangos podridos . . .

Tu frente, el lago:
lisos, sin pensamientos.
Salta una trucha.

Luces sobre las aguas:
ánimas navegantes.

Ondulaciones:
ocre el llano—y la grieta . . .
Tu ropa al lado.

In a rented costume
the boy goes to his wedding.

Clean clothes
spread out on the rocks
Look at them and say nothing.

On the little island
monkeys with red asses screech.

Hanging from the wall,
a dark and angry sun:
wasps' nest.

And my head is another sun,
full of black thoughts.

Flies and blood.
A small goat skips
in Kali's court.

Gods, men and beasts
eat from the same plate.

Over the pale god
the black goddess dances,
decapitated.

Heat, the hour split open,
and those mangoes, rotten . . .

Your face, the lake:
smooth, without thoughts.
A trout leaps.

Lights on the water:
souls sailing.

Ripples:
the golden plain—and the crack . . .
Your clothes nearby.

Sobre tu cuerpo en sombra
estoy como una lámpara.

Viva balanza:
los cuerpos enlazados
sobre el vacío.

El cielo nos aplasta,
el agua nos sostiene.

Abro los ojos:
nacieron muchos árboles
hoy por la noche.

Esto que he visto y digo,
el sol, blanco, lo borra.

WHITE HUNTRESS

No lejos del *dak bungalow*,
entre bambúes y yerbales,
tropecé con Artemisa.
Iba armada de punta en blanco:
un *cooli* cargaba el *Holland and Holland*,
otro el *vanity case* y la maleta
con los antibióticos y los preservativos.

GOLDEN LOTUSES (1)

1

No brasa
        ni chorro de jerez:
la descarga del gimnoto
o, más bien, el chasquido
de la seda
        al rasgarse.

I, like a lamp
on your shadow body.

A living scales:
bodies entwined
over the void.

The sky crushes us,
the water sustains us.

I open my eyes:
so many trees
were born tonight.

What I've seen here, what I say,
the white sun erases.

WHITE HUNTRESS

Not too far from the dak bungalow,
I tramped with Artemis
through the bamboo and tall grass.
She went armed and fully equipped:
one coolie carried her Holland & Holland,
and another her vanity case and the satchel
with the antibiotics and the condoms.

GOLDEN LOTUSES (1)

1

Neither hot coal
              nor shot of sherry:
the shock of an electric eel
or more exact, the crack
of silk
        ripped apart.

2

En su tocador,
alveolo cristalino,
duermen todos los objetos
menos las tijeras.

3

A mitad de la noche
vierte,
      en el oído de sus amantes,
tres gotas de luz fría.

4

Se desliza, amarilla y eléctrica,
por la piscina del *hall*.
           Después, quieta,
brilla,
      estúpida como piedra preciosa.

EL OTRO

Se inventó una cara.
         Detrás de ella
vivió murió y resucitó
muchas veces.
      Su cara
hoy tiene las arrugas de esa cara.
Sus arrugas no tienen cara.

GOLDEN LOTUSES (2)

Delgada y sinuosa
como la cuerda mágica.
Rubia y rauda:
        dardo y milano.
Pero también inexorable rompehielos.
Senos de niña, ojos de esmalte.

2

In the transparent pouch
of the travel kit
everything's asleep,
except the scissors.

3

In the middle of the night
she drops
       in the ears of her lovers
three drops
       of cold light.

4

She slips, yellow, electric,
past the pool in the hall.
             Later
silent, she shines
       dumb as a precious stone.

THE OTHER

He invented a face for himself.
               Behind it,
he lived, died, and was resurrected
many times.
       His face now
has the wrinkles from that face.
His wrinkles have no face.

GOLDEN LOTUSES (2)

Thin and sinuous
as the magic rope.
Blonde and impetuous:
              dart and kite.
But also relentless, an icebreaking ship.
A girl's breasts, enameled eyes.

Bailó en todas las terrazas y sótanos,
contempló un atardecer en San José, Costa Rica,
durmió en las rodillas de los Himalayas,
fatigó los bares y las sabanas de África.
A los veinte dejó a su marido
por una alemana;
a los veintiuno dejó a la alemana
por un afgano;
a los cuarenta y cinco
vive en Proserpina Court, int. 2, Bombay.
Cada mes, en los días rituales,
llueven sapos y culebras en la casa,
los criados maldicen a la demonia
y su amante *parsi* apaga el fuego.
Tempestad en seco.
                              El buitre blanco
picotea su sombra.

CAZA REAL

Apuro del taxidermista:
Su Alteza le remite,
para su galería de trofeos,
las pieles, no muy bien curtidas,
de su padre y su hermano el primogénito.

GOLDEN LOTUSES (3)

Jardines despeinados,
casa grande como una hacienda.
Hay muchos cuartos vacíos,
muchos retratos de celebridades
desconocidas.
                    Moradas y negras,
en paredes y sedas marchitas
las huellas digitales
de los monzones giratorios.
Lujo y polvo. Calor, calor.

She'd danced on all the terraces and in all the *boîtes,*
had watched the sun set over San José, Costa Rica,
had slept at the feet of the Himalayas,
and in Africa had grown weary of savannahs and bars.
At twenty she left her husband
for a German woman;
at twenty-one she left the German
for an Afghan man;
at forty-five
she lives at Prosperine Court, int. 2, Bombay.
Each month, on the ritual days,
it rains frogs and snakes on her house,
the servants curse the she-demon,
and her Parsi lover puts out the fire.
Dry storm.
      The white vulture
pecks at its shadow.

ROYAL HUNT

The woes of a taxidermist:
His Highness has sent him,
for the trophy room,
the skins, not well cured,
of his father and his brother, the first-born.

GOLDEN LOTUSES (3)

Disheveled gardens,
house as big as an estate.
Endless empty rooms,
endless portraits of unknown
celebrities.
      Purple and black,
on the walls and faded silk,
the fingerprints
of the wheeling monsoons.
Luxe and dust. Heat, heat.

La casa está habitada por una mujer rubia.
La mujer está habitada por el viento.

EPITAFIO DE UNA VIEJA

La enterraron en la tumba familiar
y en las profundidades tembló el polvo
del que fue su marido:
                la alegría
de los vivos
          es la pena de los muertos.

PERPETUA ENCARNADA

Tiemblan los intrincados jardines
juntan los árboles las frentes
cuchichean
       El día
arde aún en mis ojos
Hora a hora lo vi deslizarse
ancho y feliz como un río
sombra y luz enlazadas sus orillas
y un amarillo remolino
una sola intensidad monótona
el sol fijo en su centro
               Gravitaciones
oscilaciones de materia impalpable
blancas demoliciones
congregaciones de la espuma nómada
grandes montañas de allá arriba
colgadas de la luz
gloria inmóvil que un parpadeo
vuelve añicos
          Y aquí abajo
papayos mangos tamarindos laureles
araucarias excelsas chirimoyos
el baniano

The house is inhabited by a fair-skinned woman.
The woman is inhabited by the wind.

EPITAPH FOR AN OLD WOMAN

They buried her in the family tomb
and in the depths the dust
of what was once her husband
trembled:

joy for the living
is sorrow for the dead.

PERPETUA ENCARNADA
(*perpetually incarnadine:* the globe amaranth)

Intricate gardens tremble
the trees lean together
and whisper
Day
is still burning in my eyes
Hour by hour I watched it slip away
wide and happy as a river
its banks twining shadow and light
and a yellow whirlwind
a single monotonous intensity
the sun fixed to its center
Gravitations
oscillations of impalpable matter
white demolitions
congregations of nomadic foam
great mountains up there
hanging from the light
unmoving glory smashed
by a blink
And down here
papayas mangoes tamarinds laurels
Norfolk Island pines cherimoyas
and the banyan

más bosque que árbol
verde algarabía de millones de hojas
frutos negruzcos bolsas palpitantes
murciélagos dormidos colgando de las ramas

Todo era irreal en su demasía

Sobre la pared encalada
teatro escrito por el viento y la luz
las sombras de la enredadera
más verde que la palabra marzo
máscara de la tarde
abstraída en la caligrafía de sus pájaros
Entre las rejas trémulas de los reflejos
iba y venía
                    una lagartija transparente
Graciosa terrible diminuta
cambiaba de lugar y no de tiempo
subía y bajaba por un presente
sin antes ni después
                    Desde mi ahora
como aquel que se asoma a precipicios
yo la miraba
          Mareo
                    pululación y vacío
la tarde la bestezuela mi conciencia
una vibración idéntica indiferente
Y vi en la cal una explosión morada
cuántos soles en un abrir y cerrar de ojos
Tanta blancura me hizo daño

Me refugié en los eucaliptos
pedí a su sombra
                    llueva o truene
ser siempre igual
                    silencio de raíces
y la conversación airosa de las hojas
Pedí templanza pedí perseverancia
Estoy atado al tiempo
                    prendido prendado

more forest than tree
green babble of millions of leaves
black fruit the pulsing sacks
of sleeping bats hanging from the branches

Everything was unreal in its excess

On the whitewashed wall
a play written by the wind and light
the shadows of the vines
greener than the word March
the mask of the afternoon
absorbed in the calligraphy of birds
Between the quivering grates of reflections
a transparent lizard
                              came and went
Insolent witty midget
changing places but not time
darting up and down through a now
with no before or after
                              From my own present tense
like one peering over a cliff
I watched it
              Sea-sickness
                              a swarming and a void
the afternoon the little beast my conscience
a vibration identical indifferent
And I saw in the white lime a purple explosion
so many suns in the blink of an eye
So much whiteness that it hurt

I sought asylum in the eucalypti
I begged for their shade
                              rain or thunder
always the same
                        silence of roots
and the airy conversation of the leaves
I begged for moderation begged for perserverance
I am tied to time
                        captured enraptured

estoy enamorado de este mundo
ando a tientas en mí mismo extraviado
pido entereza pido desprendimiento
abrir los ojos
                evidencias ilesas
entre las claridades que se anulan
No la abolición de las imágenes
la encarnación de los pronombres
el mundo que entre todos inventamos
pueblo de signos
                  y en su centro
la solitaria
           Perpetua encarnada
una mitad mujer
                peña manantial la otra

Palabra de todos con que hablamos a solas
pido que siempre me acompañes
razón del hombre
el animal de manos radiantes
el animal con ojos en las yemas

La noche se congrega y se ensancha
nudo de tiempos y racimo de espacios
veo oigo respiro
Pido ser obediente a este día y esta noche

POR LOS CAMINOS DE MYSORE

Rocas azules, llanos colorados,
cárdenos pedregales, nopaleras,
magueyes, bosques acuchillados—y la gente:
¿su piel es más obscura o más blancas sus mantas?
Patrias del gavilán, cielos tendidos
sobre el campo de par en par abierto.
La tierra es buena para soñar o cabalgarla.
A pesar de las hambres son bien dadas las hembras:
pecho y cadera llenos, descalzas y alhajadas,
del magenta al turquesa el vestido vehemente.

I am in love with this world
I stumble lost in my self
craving wholeness craving indifference
to open my eyes
                              impeccable evidence
among the clarities that dispute it
Not the abolition of images
the incarnation of pronouns
the world we invent among us
a community of signs
                              and at its center
the recluse
                    Perpetua encarnada
half woman
                    half spring in the rocks

Everyone's words that each says to himself
I begged that they would always be with me
human reason
the animal with radiant hands
the animal with eyes in its fingertips

The night gathers and expands
a knot of time a cluster of space
I see I hear I breathe
I beg for obedience to this day and night

ON THE ROADS OF MYSORE

Blue rocks, ruddy plains,
purple stony ground, clusters of cacti,
magueys, hacked forests—and the people:
is their skin darker or are their shawls whiter?
Hawk country, skies stretched
across wide-open land,
a land good for dreaming and riding horses.
In spite of the famines, the women are well-endowed:
full breasts and hips, jeweled and barefoot,
dressed in dazzling turquoise and magenta.

Ellos y ellas andan tatuados.
Raza de ojos inmensos, pedernal la mirada.
Hablan en jerigonza, tienen ritos extraños,
pero Tipú Sultán, el Tigre de Mysore,
bien vale Nayarit y su Tigre de Alica.

UTACAMUD

1

En las montañas Nilgiri
busqué a los Toda.
Sus templos son establos cónicos.
Flacos, barbudos y herméticos,
al ordeñar sus búfalos sagrados
salmodian himnos incoherentes.
Desde Sumeria guardan un secreto
sin saber que lo guardan
y entre los labios resecos de los viejos
el nombre de Ishtar, diosa cruel,
brilla como la luna sobre un pozo vacío.

2

En la veranda del Cecil Hotel
Miss Penélope (pelo canario,
medias de lana, báculo) repite
desde hace treinta años: *Oh India,
country of missed opportunities* . . .
Arriba,
entre los fuegos de artificio
de la jacaranda,
                    graznan los cuervos,
alegremente.

3

Altas yerbas y árboles bajos.
Territorio indeciso. En los claros
las termitas aladas construyen
diminutos castillos ciclópeos.
Homenajes de arena
a Micenas y Machu-Picchu.

The men and women are tattooed.
A race of enormous eyes, stony gazes.
They speak gibberish, have strange rites,
but Tipu Sultan, the Tiger of Mysore,
is worth as much as Nayarit and its Tiger of Alica.

OOTACAMUND

1

In the Nilgiri Hills
I went looking for the Todas.
Their temples are cone-shaped and are stables.
Thin, bearded, impenetrable,
they milk their sacred buffaloes
murmuring incoherent hymns.
They guard a secret from Sumeria,
not knowing that they guard it.
Between the thin, dry lips of the elders
the name of Ishtar, the cruel goddess,
shines like the moon on an empty well.

2

On the verandah of the Cecil Hotel,
Miss Penelope (canary-colored hair,
woolen stockings and walking stick) has been saying
for thirty years: *Oh India,
country of missed opportunities* . . .
Above,
in the fireworks
of the jacaranda,
                    the crows
happily cackle.

3

Tall grass and low trees.
Uncertain ground. In the clearings
the winged termites construct
tiny Cyclopean castles.
Homages in sand
to Mycenae and Machu-Picchu.

4

Más hojoso y brillante
el *nim* es como el fresno:
es un árbol cantante.

5

Visión en el desfiladero:
el árbol de camelias rosa
doblado sobre el precipicio.
Fulgor entre verdores taciturnos
plantado en un abismo.
Una presencia impenetrable,
indiferente al vértigo—y al lenguaje.

6

Crece en la noche el cielo,
eucalipto encendido.
Estrellas generosas:
no me aplastan, me llaman.

CERCA DEL CABO COMORÍN
A Gerardo Deniz

En un *land-rover* averiado
en mitad del campo llovido.
Árboles con el agua al cuello
bajo un cielo recién nacido
y blancos pájaros flemáticos,
airones y garzotas, impolutos
entre tantos verdes dramáticos.
En la ciénaga sumergidos
estultos búfalos lustrosos comen,
casi enteramente dormidos,
lirios acuáticos.
                    Una pandilla
de monos mendicantes. Increíble
mente trepada, una cabra amarilla
sobre una piedra puntiaguda. Un cuervo
sobre la cabra. Y la invisible,
aunque constante, pánica presencia:

4

Leafier and more brilliant,
the neem is like an ash:
a singing tree.

5

A vision on the mountain road:
the rose camelia tree
bending over the cliff.
Splendor in the sullen green,
fixed above an abyss.
Impenetrable presence,
indifferent to vertigo—and language.

6

The sky grows in the night,
eucalyptus set aflame.
The charitable stars
not crushing—calling me.

NEAR CAPE COMORIN
for Gerardo Deniz

In a Land-Rover stalled in a flooded field,
trees up to their necks in water
under a newborn sky,
and phlegmatic white birds,
herons and egrets,
stainless amid such dramatic green.
Sunk in the mud, dumb and shining,
almost sleeping, buffaloes
munching on water lilies.
A band of mendicant monkeys.
Incredibly perched, a yellow goat
on the needle of a rock. A crow
on the goat. And the invisible,
constant, presence of panic:

no araña o cobra, lo Innominable,
la universal indiferencia
donde la forma vil y la adorable
prosperan y se anulan: vacíos hervideros.
Doble latido en la fijeza del espacio:
el sol junto a la luna. Anochece.
El martín pescador es un topacio
instantáneo. El carbón prevalece.
Se disuelve el paisaje ahogado.
¿Soy alma en pena o cuerpo errante?
Se disuelve también el *land-rover* parado.

EFECTOS DEL BAUTISMO

El joven Hassan,
por casarse con una cristiana,
se bautizó.
     El cura,
como a un vikingo,
lo llamó Erik.
     Ahora
tiene dos nombres
y una sola mujer.

COCHIN

1

Para vernos pasar
se alza de puntillas,
diminuta y blanquísima
entre los cocoteros,
la iglesia portuguesa.

neither spider nor cobra,
the Unnameable,
the universal indifference
where base form and the sacred
thrive and are negated: boiling
voids. Twin pulse
in the stability of space:
sun and moon. It grows dark.
The kingfisher a topaz flash.
Charcoal predominates.
The drowned landscape dissolves.
Am I a troubled soul
or a wandering body?
The stalled Land-Rover
dissolves as well.

THE EFFECTS OF BAPTISM

Young Hassan,
in order to marry a Christian,
was baptized.
        The priest
named him Erik,
as though he were a Viking.
                Now
he has two names
and only one wife.

COCHIN

1

Standing on tiptoe
to watch us go by,
among the coco-palms
tiny and white,
the Portuguese church.

2

Velas color canela.
El viento se levanta:
respiración de senos.

3

Con mantilla de espuma,
jazmines en el pelo
y aretes de oro,
van a misa de siete,
no en México ni en Cádiz:
en Travancore.

4

Ante el patriarca nestoriano
latió más fuerte
mi corazón herético.

5

En el cementerio cristiano
pastan
              vacas dogmáticas,
tal vez shivaítas.

6

Los mismos ojos ven, la misma tarde:
la buganvilla de múltiples brazos,
la elefancía y su pierna violácea,
entre el mar rosa y el palmar cetrino.

APOTEOSIS DE DUPLEIX
A Severo Sarduy

At the entrance to the pier of Pondicherry is the statue of the unhappy rival
of Clive, on a pedestal formed of old fragments of temples.
Murray's Handbook of India

Cara al mar se despliega,
abanico de piedra, el semicírculo.
Desgajadas de un templo, las columnas

2

Cinammon-colored sails.
The wind picks up:
breasts in breath.

3

With shawls of foam,
jasmine in their hair
and earrings of gold,
they go off to six o'clock mass
not in Mexico City or Cádiz:
in Travancore.

4

Beating more furiously
before the Nestorian patriarch:
my heretical heart.

5

In the Christian cemetery graze
dogmatic
                    probably Shivaite
cows.

6

The same eyes see, the same afternoon:
the bougainvillaea with its thousand arms,
elephantiasis with its violet legs,
between the pink sea and the jaundiced palms.

THE APOTHEOSIS OF DUPLEIX
for Severo Sarduy

At the entrance to the pier of Pondicherry is the statue of the unhappy rival
of Clive, on a pedestal formed of old fragments of temples.

Murray's Handbook of India

Facing the sea, it unfolds,
a fan of stone, the semicircle.
Hacked from a temple, the columns

son nueve: los nueve planetas.
En el centro, de pie sobre la basa,
proa el mentón, la testa pararrayos,
ungido de alquitrán y mantequilla,
no Ganesh ni Hanumán: entre la cáfila
de dioses todavía dios anónimo,
horas también anónimas gobierna,
diestra en alto, calzón corto, peluca,
el general Dupleix, fijo en zu zócalo,
entre el Hotel d'Europe y el mar sin barcos.

MADURAI

En el bar del British Club
—sin ingleses, *soft drinks*—
Nuestra ciudad es santa y cuenta
me decía, apurando su naranjada,
con el templo más grande de la India
(Minakshi, diosa canela)
y el garage T.S.V. (tus ojos son dos peces.)
el más grande también en el subcontinente:
Sri K. J. Chidambaram,
yo soy familiar de ambas instituciones.
Director de The Great Lingam Inc.,
Compañía de Autobuses de Turismo.

FELICIDAD EN HERAT
A Carlos Pellicer

Vine aquí
como escribo estas líneas,
sin idea fija:
una mezquita azul y verde,
seis minaretes truncos,
dos o tres tumbas,
memorias de un poeta santo,
los nombres de Timur y su linaje.

are nine: the nine planets.
In the center, standing on the pedestal,
his chin a prow, his head a lightning rod,
anointed with oil and butter,
neither Ganesh nor Hanuman: in the parade
of gods that are still anonymous god,
and equally anonymous hours, he rules,
right hand raised, short trousers, a wig,
General Dupleix, fixed on his plinth,
between the Hôtel d'Europe and the boatless sea.

MADURAI

In the bar at the British Club
—soft drinks, no Englishmen—
Our city is holy and rates high
           he told me,
sucking up the last of his orangeade,
with the largest temple in India
(Minakshi, cinnamon goddess:)
and the T.S.V. Garage,
         (your eyes are two fishes)
also the biggest in the subcontinent:
Sri K. J. Chidambaram,
I am connected with both institutions.
Director of The Great Lingam Inc.,
a bus company specializing in tourists.   [P.B.]

HAPPINESS IN HERAT
for Carlos Pellicer

I came here
as I write these lines,
with no fixed idea:
a blue and green mosque,
six truncated minarets,
two or three tombs,
memories of a poet-saint,
the names of Timur and his line.

Encontré al viento de los cien días.
Todas las noches las cubrió de arena,
acosó mi frente, me quemó los párpados.
La madrugada:
                    dispersión de pájaros
y ese rumor de agua entre piedras
que son los pasos campesinos.
(Pero el agua sabía a polvo.)
Murmullos en el llano,
apariciones
                    desapariciones,
ocres torbellinos
insubstanciales como mis pensamientos.
Vueltas y vueltas
en un cuarto de hotel o en las colinas:
la tierra un cementerio de camellos
y en mis cavilaciones siempre
los mismos rostros que se desmoronan.
¿El viento, el señor de las ruinas,
es mi único maestro?
Erosiones:
el menos crece más y más.

En la tumba del santo,
hondo en el árbol seco,
clavé un clavo,
                    no,
como los otros, contra el mal de ojo:
contra mí mismo.
                    (Algo dije:
palabras que se lleva el viento.)

Una tarde pactaron las alturas.
Sin cambiar de lugar
                    caminaron los chopos.
Sol en los azulejos
                    súbitas primaveras.
En el Jardín de las Señoras
subí a la cúpula turquesa.
Minaretes tatuados de signos:

I met the wind of the hundred days.
It covered all the nights with sand,
badgered my forehead, scorched my lids.
Daybreak:
                        scattering of birds
and that murmur of water on stones:
the footsteps of peasants.
(But the water tasted like dust.)
Whispers on the plains,
appearances
                        disappearances,
golden whirlwinds
insubstantial as my thoughts.
Turning and turning
in a hotel room or in the hills:
the land a graveyard of camels
and in my quarrels always
the same crumbling faces.
Is the wind, lord of ruins,
my only master?
Erosions:
less grows more and more.

At the saint's tomb,
I drove a nail
deep into the dry tree,
                        not
like the others, against the evil eye:
against myself.
                (I said something:
words the wind carried away.)

One afternoon the heights made a pact.
The poplars walked
                        going nowhere.
Sun on the tiles
                        sudden springs.
In the Ladies' Garden
I climbed to the turquoise cupola.
Minarets tattooed with signs:

la escritura cúfica, más allá de la letra,
se volvió transparente.
No tuve la visión sin imágenes,
no vi girar las formas hasta desvanecerse
en claridad inmóvil,
el ser ya sin substancia del sufí.
No bebí plenitud en el vacío
ni vi las treinta y dos señales
del Bodisatva cuerpo de diamante.
Vi un cielo azul y todos los azules,
del blanco al verde
todo el abanico de los álamos
y sobre el pino, más aire que pájaro,
el mirlo blanquinegro.
Vi al mundo reposar en sí mismo.
Vi las apariencias.
Y llamé a esa media hora:
Perfección de lo Finito.

PASO DE TANGHI-GARU
A E. Cioran

Tierra tasajeada:
la marcó el invierno con sus armas,
vestidura de espinas fue la primavera.

Montes de mica. Cabras negras.
Bajo las pezuñas sonámbulas
la pizarra relumbra, ceñuda.

Sol fijo, clavado
en la enorme cicatriz de piedra.
La muerte nos piensa.

SHARJ TEPÉ
A Pierre Dhainaut

Como una leona echada
y del mismo color airado

the Cufic scripts, beyond letters,
became transparent.
I did not have the imageless vision,
I did not see forms whirl until they vanished
in unmoving clarity,
the being without substance of the Sufis.
I did not drink the plenitude in the void,
nor see the thirty-two marks
of the Boddhisattva's diamond body.
I saw a blue sky and all the blues,
from white to green,
the spread fan of the poplars,
and on a pine, more air than bird,
a black and white mynah.
I saw the world resting on itself.
I saw the appearances.
And I named that half-hour:
The Perfection of the Finite.

THE TANGHI-GARU PASS
for E. Cioran

Slashed earth:
winter marked the land with its weapons,
spring was dressed in thorns.

Mountains of mica. Black goats.
Under their sleepwalking hooves
the slate glitters, and is grim.

Fixed sun, nailed
to the enormous scar of stone.
Death thinks us.

SHARJ TEPE
for Pierre Dhainaut

Like a lion sprawled,
the same irritated color

la pelambre,
         la colina famélica.
En sus lomos terrosos,
             diseminados
en un orden indescifrable,
groseros montones de piedras:
el cementerio de los hunos blancos.
A veces,
       un aleteo azul y rápido:
un pájaro,
        único lujo en tanta muerte.

APARICIÓN

Si el hombre es polvo
esos que andan por el llano
son hombres

PUEBLO

Las piedras son tiempo
          El viento
siglos de viento
        Los árboles son tiempo
las gentes son piedras
         El viento
vuelve sobre sí mismo y se entierra
en el día de piedra

No hay agua pero brillan los ojos

VRINDABAN

Rodeado de noche
follaje inmenso de rumores
grandes cortinas impalpables

of hairless hide:
                        the starving hill.
Across its ribs of earth,
                        arranged
in inexplicable order,
crude heaps of stones:
the cemetery of the White Huns.
Once in a while,
                        a sudden blue flap:
a bird,
            the only extravagance
amidst so much death.

APPARITION

If man is dust
those who go through the plain
are men   [c.t.]

VILLAGE

The stones are time
                The wind
centuries of wind
                The trees are time
the people are stone
                The wind
turns upon itself and sinks
into the stone day

There is no water here for all the luster of its eyes   [c.t]

VRINDABAN

Surrounded by night
immense forest of breathing
vast impalpable curtains

hálitos
   escribo me detengo
escribo

   (Todo está y no está
todo calladamente se desmorona
sobre la página)

     Hace unos instantes
corría en un coche
entre las casas apagadas
      Corría
entre mis pensamientos encendidos
Arriba las estrellas
      jardines serenísimos
Yo era un árbol y hablaba
estaba cubierto de hojas y ojos
Yo era el murmullo que avanza
el enjambre de imágenes

(Ahora trazo unos cuantos signos
crispados
    negro sobre blanco
diminuto jardín de letras
a la luz de una lámpara plantado)

Corría el coche
por los barrios dormidos yo corría
tras de mis pensamientos
      míos y de los otros
Reminiscencias supervivencias figuraciones
nombres
    Los restos de las chispas
    y las risas de la velada
    la danza de las horas
    la marcha de las constelaciones
y otros lugares comunes
¿Yo creo en los hombres
      o en los astros?

murmurs
              I write
I stop
         I write

                     (All is and is not
and it all falls apart on the page
in silence)

                    A moment ago
a car raced down the street
among the extinguished houses
                              I raced

among my lighted thoughts
Above me the stars
                    such quiet gardens
I was a tree and spoke
was covered with leaves and eyes
was the rumor pushing forward
a swarm of images

(I set down now a few
twisted strokes
                    black on white
diminutive garden of letters
planted in the lamp's light)

The car raced on
through the sleeping suburb
                         I raced
to follow my thoughts
                       mine and others
Reminiscences leftovers imaginings
names
          The remains of sparks
          the laughter of the late parties
          the dance of the hours
          the march of the constellations
and other commonplaces
Do I believe in man
                    or in the stars?

Yo creo
      (aquí intervienen los puntos
suspensivos)
      Yo veo

Pórtico de columnas carcomidas
estatuas esculpidas por la peste
la doble fila de mendigos
                 y el hedor
rey en su trono
         rodeado
como si fuesen concubinas
por un vaivén de aromas
puros casi corpóreos ondulantes
del sándalo al jazmín y sus fantasmas
Putrefacción
         fiebre de formas
               fiebre del tiempo
en sus combinaciones extasiado
Cola de pavo real el universo entero
miríadas de ojos
           en otros ojos reflejados
modulaciones reverberaciones de un ojo único
un solitario sol
         oculto
tras su manto de transparencias
su marea de maravillas
Todo llameaba
           piedras mujeres agua
Todo se esculpía
           del color a la forma
de la forma al incendio
             Todo se desvanecía
Música de metales y maderas
en la celda del dios
           matriz del templo
Música
como el agua y el viento en sus abrazos

I believe
          (with here a series
of dots)
          I see

A portico of weather-eaten pillars
statues carved by the plague
a double line of beggars
                    and the stench
a king on his throne
                    surrounded
by a coming and going of aromas
as if they were concubines
pure almost corporeal undulating
from the sandalwood to the jasmine
and its phantoms
Putrefaction
          fever of forms
                    fever of time
ecstatic in its combinations
The whole universe a peacock's tail
myriads of eyes
                    other eyes reflecting
modulations
          reverberations of a single eye
a solitary sun
          hidden
behind its cloth of transparencies
its tide of marvels
Everything was flaming
                    stones women water
Everything sculptured
                    from color to form
from form to fire
                    Everything was vanishing
Music of wood and metal
in the cell of the god
                    womb of the temple
Music
like the wind and water embracing

y sobre los sonidos enlazados
la voz humana
luna en celo por el mediodía
estela del alma que se desencarna

(Escribo sin conocer el desenlace
de lo que escribo
                        Busco entre líneas
Mi imagen es la lámpara
                            encendida
en mitad de la noche)

                            Saltimbanqui
mono de lo Absoluto
                    garabato
en cuclillas
            cubierto de cenizas pálidas
un sadhú me miraba y se reía
Desde su orilla me miraba
                        lejos lejos
como los animales y los santos me miraba
Desnudo desgreñado embadurnado
un rayo fijo los ojos minerales
Yo quise hablarle
me respondió con borborigmos
                            Ido ido
¿Adónde
        a qué región del ser
a qué existencia a la intemperie de qué mundos
en qué tiempo?

                (Escribo
cada letra es un germen
                    La memoria
insiste en su marea
y repite su mismo mediodía)

Ido ido
        Santo pícaro santo

and over the entwined sounds
the human voice
a moon in heat at midday
stela of the disembodied soul

(I write without knowing the outcome
of what I write
                    I look between the lines
My image is the lamp
                    lit
in the middle of the night)

                              Mountebank
ape of the Absolute
                    cowering
pothook
          covered with pale ashes
a saddhu looked at me and laughed
watching me from the other shore
                              far off, far off
watching me like the animals like the saints
Naked   uncombed   smeared
a fixed ray a mineral glitter his eyes
I wanted to speak to him
he answered with a rumble of bowels
                              Gone   gone

Where?
          To what region of being
to what existence
                    in the open air of what worlds
in what time?

                    (I write
each letter is a germ
                    The memory
imposes its tide
and repeats its own midday)

Gone   gone
          Saint   scoundrel   saint

arrobos del hambre o de la droga
Tal vez vio a Krishna
                    árbol azul y centelleante
nocturno surtidor brotando en la sequía
Tal vez en una piedra hendida
palpó la forma femenina
                         y su desgarradura
el vértigo sin forma
                         Por esto o aquello
vive en el muelle donde queman a los muertos

Las calles solas
las casas y sus sombras
Todo era igual y todo era distinto
El coche corría
              yo estaba quieto
entre mis pensamientos desbocados

(Ido ido
Santo payaso santo mendigo rey maldito
es lo mismo
                siempre lo mismo
                              en lo mismo
Es ser siempre en sí mismo
                              encerrado
en lo mismo
                En sí mismo cerrado
ídolo podrido)

                Ido ido
desde su orilla me miraba
                              me mira
desde su interminable mediodía
Yo estoy en la hora inestable
El coche corre entre las casas
Yo escribo a la luz de una lámpara
Los absolutos las eternidades
y sus aledaños
                no son mi tema
Tengo hambre de vida y también de morir

in beatitudes of hunger or drugs
Perhaps he saw Krishna
                            sparkling blue tree
dark fountain splashing amid the drought
Perhaps in a cleft stone
he grasped the form of woman
                                its rent
the formless dizziness
                        For this or that
he lives on the ghat where they burn the dead

The lonely streets
the houses and their shadows
All was the same and all different
The car raced on
                    I was quiet
among my runaway thoughts

(Gone   gone
Saint   clown   saint   beggar   king   damned
it is the same
                    always the same
                                within the same
It is to be always within oneself
closed up in the same
                        Closed up in oneself
rotted idol)

                    Gone   gone
he watched me from the other shore
                                he watches me
from his interminable noon
I am in the wandering hour
The car races on among the houses
I write by the light of a lamp
The absolutes the eternities
their outlying districts
                        are not my theme
I am hungry for life and for death also

Sé lo que creo y lo escribo
Advenimiento del instante
                              el acto
el movimiento en que se esculpe
y se deshace el ser entero
Conciencia y manos para asir el tiempo
soy una historia
                         una memoria que se inventa
Nunca estoy solo
hablo siempre contigo
                              hablas siempre conmigo
A obscuras voy y planto signos

INTERMITENCIAS DEL OESTE (1)
(Canción Rusa)

Construimos el canal:
nos reeducan por el trabajo.

El viento se quiebra en nuestros hombros,
nosotros nos quebramos en las rocas.

Éramos cien mil, ahora somos mil,
no sé si mañana saldrá el sol para mí.

HIMACHAL PRADESH (1)
A Juan Liscano

Vi
al pie de los contrafuertes
la dispersión de los horizontes
(En un cráneo de caballo
una colmena de abejas atareadas)

Vi
el vértigo petrificado

I know what I know and I write it
The embodiment of time
                    the act
the movement in which the whole being
is sculptured and destroyed
Consciousness and hands to grasp the hour
I am a history
                a memory inventing itself
I am never alone
I speak with you always
                        you speak with me always
I move in the dark
                I plant signs   [L.K.]

INTERRUPTIONS FROM THE WEST (1)
(Russian Song)

We build the canal:
reeducated by the work.

Wind breaks on our backs,
we break on the rocks.

We were a hundred thousand,
now we are a thousand,
who knows if I'll see the next sunrise.

HIMACHAL PRADESH (1)
for Juan Liscano

I saw
at the foot of the ridge
horizons undone
(In the skull of a horse
a hive of diligent bees)

I saw
vertigo petrified

el jardín suspendido de la asfixia
(Una mariposa atigrada
inmóvil sobre la punta de un aroma)

Vi
las montañas de los sabios
donde el viento destroza a las águilas
(Una niña y una vieja en los huecos
cargar fardos más grandes que estos montes)

INTERMITENCIAS DEL OESTE (2)
(Canción Mexicana)

Mi abuelo, al tomar el café,
me hablaba de Juárez y de Porfirio,
los zuavos y los plateados.
Y el mantel olía a pólvora.

Mi padre, al tomar la copa,
me hablaba de Zapata y de Villa,
Soto y Gama y los Flores Magón.
Y el mantel olía a pólvora.

Yo me quedo callado:
¿de quién podría hablar?

HIMACHAL PRADESH (2)

La nuestra
              (rapado, ventrudo y)
es la Civilización maáas
                        (untuoso)
antigua del
              (en el atajo caprino
su manto azafrán era una llama)
                        ¡Mundo!
(en movimiento)
              Esta tierra es

the hanging gardens of asphyxia
(A tiger butterfly
motionless on the tip of a scent)

I saw
the mountains of the sages
where the wind mangles eagles
(A girl and an old woman, skin and bones
carry bundles bigger than these peaks)

INTERRUPTIONS FROM THE WEST (2)
(Mexican Song)

My grandfather, taking his coffee,
would talk to me about Juárez and Porfirio,
the Zouaves and the Silver Band.
And the tablecloth smelled of gunpowder.

My father, taking his drink,
would talk to me about Zapata and Villa,
Soto y Gama and the brothers Flores Magón.
And the tablecloth smelled of gunpowder.

I kept quiet:
who was there for me to talk about?

HIMACHAL PRADESH (2)

Ours
         (head shaven, paunchy, and)
is the mooost ancient
                    (oily)
Civilization
                (on the goat path
his saffron robe was a flame)
                              in the World!
    (in motion)
            This land

(y el rumor de sus sandalias
sobre las púas secas de los pinos)
                              Santa:
la tierra de
              (era como si pisara) *los Vedas.*
(cenizas.)
         El hombre
                    (Con el índice)
empezó a pensar
                 (categórico)
                              hace cinco mil años
(el pandit me mostraba)
                       Aquí . . .
                                    (los Himalayas,
las montañas más jóvenes del planeta.)

INTERMITENCIAS DEL OESTE (3)
(México: Olimpiada de 1968)
A Dore y Adja Yunkers

La limpidez
            (quizá valga la pena
escribirlo sobre la limpieza
de esta hoja)
              no es límpida:
es una rabia
            (amarilla y negra
acumulación de bilis en español)
extendida sobre la página.
¿Por qué?
          La vergüenza es ira
vuelta contra uno mismo:
                          si
una nación entera se avergüenza
es león que se agazapa
para saltar.
              (Los empleados
municipales lavan la sangre
en la Plaza de los Sacrificios.)

(and the murmur of his sandals
on the dry pine needles)
                    is Holy:
the land
          (were as though he were walking) *of the Vedas.*
(on ashes.)
              Man
                  (With a strict)
began to think
              (finger)
                    five thousand years ago
(the pandit showed me)
                    Here . . .
                            (the Himalayas,
the youngest mountains on earth.)

INTERRUPTIONS FROM THE WEST (3)
(Mexico City: The 1968 Olympiad)
for Dore and Adja Yunkers

            Lucidity
                  (perhaps it's worth
            writing across the purity
            of this page)
                      is not lucid:
            it is fury
                    (yellow and black
            mass of bile in Spanish)
            spreading over the page.
            Why?
                Guilt is anger
                turned against itself:
                              if
            an entire nation is ashamed
            it is a lion poised
            to leap.
                  (The municipal
            employees wash the blood
            from the Plaza of the Sacrificed.)

Mira ahora,
                    manchada
antes de haber dicho algo
que valga la pena,
                              la limpidez.

HIMACHAL PRADESH (3)

5 pequeñas abominaciones
vistas, oídas, cometidas:

El festín de los buitres.
Comieron tanto que no pueden volar.
No muy lejos, sobre una peña,
un águila tullida
espera su resto de carroña.

En la veranda del *dak bungalow*
el *barrister* de Nagpur pesca al extranjero
y en un inglés enmelado le ofrece un trago,
un cesto de ciruelas de su huerta, un mapa,
un almuerzo de *curry*,
noticias verídicas del país,
el balcón de su casa con una vista
única . . . Su mujer lo observa, oblicua,
mascullando injurias en hindustani.

Ya por tomar el fresco o sorprender
ese momento de armisticio
en que la media luna es verdadera
mente blanca y el sol es todavía el sol,
se asoma al aire la pareja de viejitos.
Se animan, resucitan
una pasión feroz de insectos.
Sonaja de semillas secas:
la hora de las recriminaciones.

En el patio del club seis eucaliptos
se ahogan en una casi luz casi miel,

Look now,
>
> stained
before anything worth it
was said:
>
> lucidity.

HIMACHAL PRADESH (3)

5 little abominations
seen, heard, committed:

The vultures' banquet.
They've eaten so much they can't fly.
Nearby, on a rock,
a crippled eagle
waits for his scraps of the meat.

On the verandah of the dak bungalow,
the barrister from Nagpur hooks the stranger
and in mellifluous English offers him a drink,
a basket of plums from his garden, a map,
a curry lunch,
reliable national news,
the balcony of his house with a special
view . . . His wife watches, obliquely,
muttering insults in Hindustani.

Now, to take the air, to surprise
that moment of cease-fire
when the half-moon's truly blank
and the sun is still the sun,
the old couple appears outside.
They become excited, reviving
a furious insect passion.
Rattle of dry seeds:
the hour of recriminations.

In the patio of the club six eucalypti
drown in the half-honey half-light,

tres ingleses supervivientes del *British Raj*
comentan con un *sikh* el *match* de *cricket* en **Sidney,**
unas matronas indias juegan *bridge,*
un paria lava el piso en cuclillas
y se eclipsa, un astro negro
se abre en mi frente como una granada
(EN PARÍS PRENDEN FUEGO A LA BOLSA,
TEMPLO DEL CAPITALISMO),
los pinos ensombrecen la colina.

Polvo y gritos de pájaros
sobre la tarde quemada.
Yo escribo estas líneas infames.

INTERMITENCIAS DEL OESTE (4)
(París: Les Aveugles Lucides)

Dans l'une des banlieues de l'absolu,
les mots ayant perdu leur ombre,
ils faisaient commerce de reflets
jusqu'à perte de vue.
                              Ils se sont noyés
dans une interjection.

TUMBA DEL POETA

El libro
        el vaso
el verde obscuramente tallo
                        el disco
lecho de la bella durmiente la música
las cosas anegadas en sus nombres
decirlas con los ojos
                        en un allá no sé donde
clavarlas
            lámpara lápiz retrato
esto que veo
            clavarlo

three English relics from the Raj
chat with a Sikh about the cricket match in Sydney,
some Indian matrons are playing bridge,
a pie-dog squats, washes the floor
and vanishes, a black star
explodes in my head like a grenade
(PARIS BOURSE SET ON FIRE,
TEMPLE OF CAPITALISM)
pines darken the hills.

Dust and shrieks of birds
on the burnt-out afternoon.
I write these despicable lines.

INTERRUPTIONS FROM THE WEST (4)
(Paris: The Lucid Blind)

In one of the suburbs of the absolute,
the words had lost their shadows.
They traded in reflections, as far
as the eye could see,
                          and were drowned
in an interjection.

TOMB OF THE POET

The book
          the glass
the green obscurely a stalk
                          the record
sleeping beauty in her bed of music
things drowned in their names
to say them with the eyes
                          in a beyond I cannot tell where
nail them down
                lamp pencil portrait
this that I see
          to nail it down

como un templo vivo
                              plantarlo
como un árbol
                    un dios
coronarlo
                    con un nombre
                                        inmortal
irrisoria corona de espinas
                                        ¡Lenguaje!

El tallo y su flor inminente
                              sol-sexo-sol
la flor sin sombra
                    la palabra
se abre
              en un allá sin donde
extensión inmaculada
transparencia que sostiene a las cosas
caídas
              por la mirada
levantadas
                    en un reflejo
                                        suspendidas

Haz de mundos
                    instantes
racimos encendidos
selvas andantes de astros
sílabas errantes
                    marea
todos los tiempos del tiempo
                                   SER
una fracción de segundo
                                   lámpara lápiz retrato
en un aquí no sé donde

                              Un nombre
comienza
              asirlo plantarlo decirlo
como un bosque pensante

like a living temple
        plant it
like a tree
     a god
crown it
      with a name
          immortal
derisible crown of thorns
             Speech!

The stalk and its imminent flower
               sun-sex-sun
the flower without shadow
           the word
opens
     in a beyond without where
immaculate extension
transparency which sustains things
fallen
     raised up
by the glance
       held
          in a reflection

Bundle of worlds
          instants
glowing bunches
moving forests of stars
wandering syllables
          tide
all the times of time
       TO BE
a second's fraction
         lamp pencil portrait
in a here I cannot tell where

           A name
begins
     seize on it, plant, say it
like a wood that thinks

                              encarnarlo
Un linaje comienza
                        en un nombre
un adán
            como un templo vivo
nombre sin sombra
                        clavado
como un dios
                    en este aquí sin donde
¡Lenguaje!

            Acabo en su comienzo
en esto que digo
                acabo
SER
        sombra de un nombre instantáneo

NUNCA SABRÉ MI DESENLACE

MADRUGADA AL RASO

Los labios y las manos del viento
el corazón del agua
                        un eucalipto
el campamento de las nubes
la vida que nace cada día
la muerte que nace cada vida

Froto mis párpados:
el cielo anda en la tierra

UN ANOCHECER

¿Qué la sostiene, entreabierta
claridad anochecida,
luz por los jardines suelta?

　　　　　　　　　flesh it
A lineage begins
　　　　　in a name
an adam
　　　　like a living temple
name without shadow
　　　　　　　nailed
like a god
　　　　in this here-without-where
Speech!

　　　　I cease in its beginning
in this that I say
　　　　　　I cease
TO BE
　　　　shadow of an instantaneous name

I SHALL NEVER KNOW MY BOND'S UNDOING　　　　　　[C.T.]

DAYBREAK

Hands and lips of wind
heart of water
　　　　　　eucalyptus
campground of the clouds
the life that is born every day
the death that is born every life

I rub my eyes:
the sky walks the land

NIGHTFALL

What sustains it,
half-open, the clarity of nightfall,
the light let loose in the gardens?

Todas las ramas, vencidas
por un agobio de pájaros,
hacia lo obscuro se inclinan.

Sobre las bardas—intactos:
todavía resplandores—
instantes ensimismados.

Para recibir la noche
se cambian las arboledas
en callados surtidores.

Cae un pájaro, la yerba
ensombrece, los confines
se borran, la cal es negra,
el mundo es menos creíble.

LA EXCLAMACIÓN

Quieto
　　　　no en la rama
en el aire
　　　　　　No en el aire
en el instante
　　　　　　　el colibrí

PRÓJIMO LEJANO

Anoche un fresno
a punto de decirme
algo—callóse.

LECTURA DE JOHN CAGE

Leído
　　desleído:
Music without measurements,

All the branches,
conquered by the weight of birds,
lean toward the darkness.

Pure, self-absorbed moments
still gleam
on the fences.

Receiving night,
the groves become
hushed fountains.

A bird falls,
the grass grows dark,
edges blur, lime is black,
the world is less credible.

EXCLAMATION

Stillness
   not on the branch
in the air
   Not in the air
in the moment
    hummingbird

DISTANT NEIGHBOR

Last night an ash tree
was about to tell
me something—and didn't.

READING JOHN CAGE

Read
 unread:
Music without measurements,

sounds passing through circumstances.
Dentro de mí los oigo
                    pasar afuera,
fuera de mí los veo
                    pasar conmigo.
Yo soy la circunstancia.
Música:
          oigo adentro lo que veo afuera,
          veo dentro lo que oigo fuera.
(No puedo oírme oír: Duchamp.)
                              Soy
una arquitectura de sonidos
instantáneos
                    sobre
un espacio que se desintegra.
                        (*Everything*
we come across is to the point.)
                              La música
inventa al silencio,
                    la arquitectura
inventa al espacio.
                    Fábricas de aire.
El silencio
          es el espacio de la música:
un espacio
          inextenso:
                    no hay silencio
salvo en la mente.
                    El silencio es una idea,
                    la idea fija de la música.
La música no es una idea:
                              es movimiento,
sonidos caminando sobre el silencio.
(*Not one sound fears the silence*
                        that extinguishes it.)
Silencio es música,
                    música no es silencio.
Nirvana es Samsara,
                    Samsara no es Nirvana.
El saber no es saber:

sounds passing through circumstances.
Within me I hear them

                  passing outside,
outside me I see them

                  passing with me.
I am the event.
Music:

       I hear within what I see outside,
       I see within what I hear outside.
(Duchamp: I can't hear myself hearing.)

                            I am
an architecture

              of instantaneous sounds
on a space that disintegrates.

                  (Everything
we come across is to the point.)

                   Music
invents silence,

          architecture
invents space.

         Factories of air.
Silence

      is the space of music:
a confined

     space:

         there is no silence
except in the mind.

         Silence is an idea,
         the fixed idea of music.
Music is not an idea:

         it is movement,
sounds walking over the silence.
(Not one sound fears the silence

              that extinguishes it.)
Silence is music,

        music is not silence.
Nirvana is Samsara,

         Samsara is not Nirvana.
Knowledge is not knowledge:

                   recobrar la ignorancia,
saber del saber.
              No es lo mismo
oír los pasos de esta tarde
entre los árboles y las casas
                  que
ver la misma tarde ahora
entre los mismos árboles y casas
                      después de leer
Silence:
         Nirvana es Samsara,
                 silencio es música.
(*Let life obscure*
           the difference between art and life.)
Música no es silencio:
             no es decir
lo que dice el silencio,
             es decir
lo que no dice.
           Silencio no tiene sentido,
           sentido no tiene silencio.
Sin ser oída
          la música se desliza entre ambos.
(*Every something is an echo of nothing.*)
En el silencio de mi cuarto
             el rumor de mi cuerpo:
inaudito.
         Un día oiré sus pensamientos.
                 La tarde
se ha detenido:
          no obstante—camina.
Mi cuerpo oye al cuerpo de mi mujer
               (*a cable of sound*)
y le responde:
          esto se llama música.
La música es real,
          el silencio es una idea.
John Cage es japonés
          y no es una idea:
es sol sobre nieve.
         Sol y nieve no son lo mismo:

a recovery of ignorance,
the knowledge of knowledge.
It is not the same,
hearing the footsteps of the afternoon
among the trees and houses,
and
seeing this same afternoon
among the same trees and houses now
after reading
Silence:
Nirvana is Samsara,
silence is music.
(*Let life obscure*
the difference between art and life.)
Music is not silence:
it is not saying
what silence says,
it is saying
what it doesn't say.
Silence has no meaning,
meaning has no silence.
Without being heard
music slips between the two.
(*Every something is an echo of nothing.*)
In the silence of my room
the murmur of my body:
unheard.
One day I will hear its thoughts.
The afternoon
has stopped:
and yet—it goes on.
My body hears the body of my wife
(*a cable of sound*)
and answers:
this is called music.
Music is real,
silence is an idea.
John Cage is Japanese
and is not an idea:
he is sun on snow.
Sun and snow are not the same:

el sol es nieve y la nieve es nieve

                o

el sol no es nieve ni la nieve es nieve

o

   John Cage no es americano

(*U.S.A. is determined to keep the Free World free,*

U.S.A. determined)

           o

John Cage es americano

                  (*that the U.S.A. may become*

just another part of the world.

                      No more, no less.)

La nieve no es sol,

          la música no es silencio,

el sol es nieve,

        el silencio es música.

(*The situation must be Yes-and-No,*

                 not either-or)

Entre el silencio y la música,

           el arte y la vida,

la nieve y el sol

      hay un hombre.

Ese hombre es John Cage

          (*committed*

to the nothing in between).

         Dice una palabra:

no nieve no sol,

     una palabra

que no es

    silencio:

A year from Monday you will hear it.

La tarde se ha vuelto invisible.

SOLTURA

A Cintio Vitier

    Bajo la lluvia de los tambores
    el tallo negro de la flauta

sun is snow and snow is snow
                          or
sun is not snow nor is snow snow
or
     John Cage is not American
(*U.S.A. is determined to keep the Free World free,*
U.S.A. determined)
                     or
John Cage is American
                          (*that the U.S.A. may become*
just another part of the world.
                          No more, no less.)
Snow is not sun,
                     music is not silence,
sun is snow,
                     silence is music.
(*The situation must be Yes-and-No,*
                               not either-or.)
Between silence and music,
                          art and life,
snow and sun,
                     there is a man.
That man is John Cage
                     (*committed*
to the nothing in between).
                          He says a word:
not snow not sun,
                     a word
which is not
          silence:
A year from Monday you will hear it.

The afternoon has become invisible.

RELEASE
for Cintio Vitier

In a rain of drums
the flute's black stalk

crecía y se desvanecía y reverdecía
Las cosas se desataban de sus nombres
al borde de mi cuerpo
                    yo fluía
entre los elementos desceñidos

CONCIERTO EN EL JARDÍN
(Vina y Mridangam)
A Carmen Figueroa de Meyer

Llovió.
La hora es un ojo inmenso.
En ella andamos como reflejos.
El río de la música
entra en mi sangre.
Si digo: cuerpo, contesta: viento.
Si digo: tierra, contesta: ¿dónde?

Se abre, flor doble, el mundo:
tristeza de haber venido,
alegría de estar aquí.

Ando perdido en mi propio centro.

LO IDÉNTICO
(Anton Webern, 1883–1945)

Espacios
            espacio
sin centro ni arriba ni abajo
se devora y se engendra y no cesa
Espacio remolino
                    y caída hacia arriba
Espacios
            claridades cortadas a pico
suspendidas
                    al flanco de la noche
jardines negros de cristal de roca

grew, withered, and sprouted again
Things cast off from their names
I flowed
      at my body's edge
among the unbound elements

CONCERT IN THE GARDEN
(Vina and Mridangam)
for Carmen Figueroa de Meyer

It rained.
The hour is an enormous eye.
Inside it, we come and go like reflections.
The river of music
enters my blood.
If I say *body*, it answers *wind*.
If I say *earth*, it answers *where?*

The world, a double blossom, opens:
sadness of having come,
joy of being here.

I walk lost in my own center.

ONE AND THE SAME
(Anton Webern, 1883–1945)

Spaces
      space
without center no above or below
devours and engenders itself and does not cease
Whirlpool space
        and it falls into height
Spaces
      clarities cut into jewel-points
hanging
      from night's sheerness
black gardens of rock crystal

en una vara de humo florecidos
jardines blancos que estallan en el aire
Espacios
          un solo espacio que se abre
corola
      y se disuelve
                  espacio en el espacio

Todo es ninguna parte
lugar de las nupcias impalpables

DÓNDE SIN QUIÉN

No hay
ni un alma entre los árboles
Y yo
no sé adónde me he ido.

CARTA A LEÓN FELIPE

En respuesta a un poema-saludo y a su carta sobre nuestro
desencuentro en México, el verano pasado (1967)

León
      el quinto signo del cielo giratorio
                              el león
cara de sol
          el sol cara de hombre
                          Sol
el quinto son
              al centro de la música
El quinto sol
              centro del movimiento
                          León
Felipe querido
              Buenos días
Hoy llegó el sol con tu poema
                          hoy
llegó el león

flowering along a bough of smoke
white gardens that explode in air
Spaces
        a sole space that unfolds
flower-face
       and dissolves
             space into space

All is nowhere
place of impalpable nuptials   [c.t.]

A WHERE WITHOUT A WHO

There's not
a soul among these trees
And I
don't know where I've gone

LETTER TO LEÓN FELIPE

In reply to his poem-greeting and his letter about our
non-meeting in Mexico City the summer before (1967)

León
      fifth sign of the revolving sky
                    lion
sun face
      man's sun face
           Sol
fifth note
      at the center of music
fifth sun
      center of movement
                León
Felipe
      Good morning
Today the sun came with your poem
             today
the lion came

y se plantó en medio
entre los domos de los mausoleos Lodi
(bajo el cielo intachable
negros planetas cercenados)
y el Yamuna de fango iridiscente

En Prithviraj Road 13
                    leo tu poema
bajo esta luz natural
                    Sostiene al mundo
como una mano
                    En su palma
los colores los cuerpos las formas
                                        saltan
reposan saltan
                    Las cosas
como los saltimbanquis
                    andan por el aire
Dos loros en pleno vuelo
                    desafían al movimiento
y al lenguaje
                    ¡Míralos
                    ya se fueron!
Irradiación de unas cuantas palabras
Es un aleteo
                    el mundo se aclara
sólo para volverse invisible

Aprender a ver oír decir
                    lo instantáneo
es nuestro oficio
                    ¿Fijar vértigos?
Las palabras
                    como los pericos en celo
se volatilizan
                    Su movimiento
es un regreso a la inmovilidad

No nos queda dijo Bataille

and planted himself
halfway between the Lodi tombs
(black lopped-off planets
under the irreproachable sky)
and the iridescent mud of the Jamuna

I'm reading your poem
                              in this natural light
at Prithviraj Road 13
                      It sustains the world
like a hand
              In its palm
colors bodies shapes
                      leap
rest and leap
                  Things
like acrobats
                  go through the air
Two parrots in full flight
                              defy movement
and language
                  Look at them
                              they're gone!
Irradiation of a few words
Wings flap
              the world becomes clearer
only to turn invisible again

Learning to see to hear to say
                              the instantaneous
is our trade
              To fix vertigoes?
Words
        like these frantic parakeets
vaporize
              Their movement
a return to immobility

All that remains for us
                  said Bataille

sino escribir comentarios
insensatos
sobre la ausencia de sentido del escribir
Comentarios que se borran
La escritura poética
es borrar lo escrito
Escribir
sobre lo escrito
lo no escrito
Representar la *comedia* sin desenlace
Je ne puis parler d'une absence de sens
sinon lui donnant un sens qu'elle n'a pas

La escritura poética es
aprender a leer
el hueco de la escritura
en la escritura
No huellas de lo que fuimos
caminos
hacia lo que somos
El poeta
lo dices en tu carta
es el preguntón
el que dibuja la pregunta
sobre el hoyo
y al dibujarla
la borra
La poesía
es la ruptura instantánea
instantáneamente cicatrizada
abierta de nuevo
por la mirada de los otros
La ruptura
es la continuidad
La muerte del Comandante Guevara
también es ruptura
no un fin
Su memoria
no es una cicatriz
es una continuidad que se desgarra

is to write meaningless commentaries
on writing's absence of meaning
Commentaries that erase themselves
                                    To write poetry
is to erase the written
                        To write
the unwritten
                    on what is written
To write the *Commedia* without an ending
Je ne puis parler d'une absence de sens
sinon lui donnant un sens qu'elle n'a pas

To write poetry
                    is to learn to read
the written gap
                    in writing
Not the tracks of what we were
                                    the paths
toward what we are
                        The poet
you say in your letter
                            is the questioner
he who writes the question
                                across the gap
and writing it
                    erases it
Poetry
        is a sudden rupture
suddenly healed
                    and torn open again
by the glances of the others
                                Rupture
is continuity
The death of Comandante Guevara
is also a rupture
                    not an end
His memory
                is not a scar
it is a continuity that tears itself apart

para continuarse
                    La poesía
es la hendidura
                    el espacio
entre una palabra y otra
configuración del inacabamiento

León Felipe
            leo tu poema
bajo árboles fraternales
Tienen nombres que tú no conoces
ellos conocen el tuyo
                              Cae
sobre este verdor hipnotizado
una luz impalpable
                              cae
      sobre las letras de tu poema
      sobre el gato sonámbulo
      sobre el insecto de vidrio
      sobre el pájaro carbonizado en su canto
      sobre la piel de mi mujer dormida-despierta
Todo esto que me rodea
                        seres y cosas nombres
es inaccesible en su proximidad
                              Palpable lejanía
como la mujer
            En su cuerpo
el mundo se manifiesta y se oculta
forma que ven mis ojos
                        y mi tacto disipa
Demasía de la presencia
                        más que un cuerpo
la mujer es una pregunta
                        y es una respuesta
La veo la toco
            también hablo con ella
callo con ella somos un lenguaje
Algunos quieren cambiar el mundo
                                    otros leerlo
nosotros queremos hablar con él

in order to continue
        Poetry
is the crack
      the space
between one word and another
a configuration of the incomplete

León Felipe
      I'm reading your poem
under the fraternal trees
They have names you don't know
but they know yours
An impalpable light
         falls
on this hypnotized green
           falls
   on the letters of your poem
   on the sleepwalking cat
   on the insect of glass
   on the bird charred by its song
   on the skin of my wife half-asleep
All this that surrounds me
        beings things names
is inaccessible in its proximity
         A palpable distance
like a woman
      In her body
the world hides and makes plain
a shape my eyes see
        and my touch scatters
An excess of presence
        more than a body
a woman is a question
        and an answer
I see her touch her
      talk to her
without speaking we are a language
Some want to change the world
        others want to read it
we want to talk to it

                              Al callarnos
mi mujer y yo
                    aprendemos a oírlo
Un día tal vez nos dirá algo

La luz cae sobre las presencias
                              cae
sobre estas palabras
                    La luz
ignora la escritura
                    nos ignora
Adiós León Felipe
                    Buenos días
(en esta página)
                    No nos vimos en México
el desencuentro fue un encuentro
irradiación de unas cuantas palabras
ligereza de sílabas girando
en la inmovilidad de este día de invierno

ESCRITURA

Yo dibujo estas letras
como el día dibuja sus imágenes
y sopla sobre ellas y no vuelve

CONCORDE
A Carlos Fuentes

Arriba el agua
abajo el bosque
el viento por los caminos

Quietud del pozo
El cubo es negro El agua firme

El agua baja hasta los árboles
El cielo sube hasta los labios

By being silent
my wife and I
        learn to hear it
Maybe someday it will tell us something

The light falls on these beings
                            falls
on these words
                Light
ignores writing
                ignores us
Goodbye León Felipe
                    Good morning
(on this page)
                    We didn't meet in Mexico
the non-meeting was a meeting
an irradiation of a few words
a lightness of syllables spinning
in the stillness of this winter's day

WRITING

I draw these letters
as the day draws its images
and blows over them
                    and does not return

CONCORD
for Carlos Fuentes

Water above
Grove below
Wind on the roads

Quiet well
Bucket's black   Spring water

Water coming down to the trees
Sky rising to the lips

SUNYATA

Al confín
      yesca
del espacio calcinado
la ascensión amarilla
del árbol
        Torbellino ágata
presencia que se consume
en una gloria sin substancia
Hora a hora se deshoja
el día
      ya no es
sino un tallo de vibraciones
que se disipan
            Y entre tantas
beatitudes indiferentes
brota
      intacto idéntico
el día
      El mismo que fluye
entre mis manos
          el mismo
brasa sobre mis párpados
El día   El árbol

JUVENTUD

El salto de la ola
        más blanca
cada hora
      más verde
cada día
     más joven
la muerte

SUNYATA

At the limits
        tinder
of charred space
the tree's
yellow ascension
          Agate whirlwind
presence consumed
in a weightless glory
Hour after hour unleaving
the day
      now nothing
but a stalk
      of scattering vibrations
And amid such
        indifferent bliss
it sprouts
     identical intact
the day
     The same that flows
through my hands
       the same
ember on my eyelids
The day   The tree

YOUTH

The leap of the wave
        whiter
each hour
     greener
each day
     younger
death   [c.t.]

HACIA EL COMIENZO

TOWARD THE BEGINNING
1964-1968

VIENTO ENTERO

El presente es perpetuo
Los montes son de hueso y son de nieve
están aquí desde el principio
El viento acaba de nacer
                              sin edad
como la luz y como el polvo
                              Molino de sonidos
el bazar tornasolea
                      timbres motores radios
el trote pétreo de los asnos opacos
cantos y quejas enredados
entre las barbas de los comerciantes
alto fulgor a martillazos esculpido
En los claros de silencio
                              estallan
los gritos de los niños
                      Príncipes en harapos
a la orilla del río atormentado
rezan orinan meditan

                      El presente es perpetuo
Se abren las compuertas del año
                              el día salta
            ágata
      El pájaro caído
entre la calle Montalambert y la de Bac
es una muchacha
                  detenida
sobre un precipicio de miradas
Si el agua es fuego
                  llama
En el centro de la hora redonda
                              encandilada
      potranca alazana
Un haz de chispas
                  una muchacha real

WIND FROM ALL COMPASS POINTS

The present is motionless
The mountains are of bone and of snow
they have been here since the beginning
The wind has just been born
                              ageless
as the light and the dust
                    A windmill of sounds
the bazaar spins its colors
                        bells   motors   radios
the stony trot of dark donkeys
songs and complaints entangled
among the beards of the merchants
the tall light chiseled with hammer-strokes
In the clearings of silence
                        boys' cries
        explode
Princes in tattered clothes
on the banks of the tortured river
pray   pee   meditate

                                    The present is motionless
    The floodgates of the year open
                            day flashes out
            agate
        The fallen bird
between rue Montalambert and rue de Bac
is a girl
            held back
at the edge of a precipice of looks
If water is fire
                flame
                    dazzled
in the center of the spherical hour
                a sorrel filly
A marching battalion of sparks
                            a real girl

entre las casas y las gentes espectrales
Presencia chorro de evidencias
yo vi a través de mis actos irreales
la tomé de la mano
                    juntos atravesamos
los cuatro espacios los tres tiempos
pueblos errantes de reflejos
y volvimos al día del comienzo

El presente es perpetuo
                    21 de junio
hoy comienza el verano
                    Dos o tres pájaros
inventan un jardin
                    Tú lees y comes un durazno
sobre la colcha roja
                    desnuda
como el vino en el cántaro de vidrio
                    Un gran vuelo de cuervos
En Santo Domingo mueren nuestros hermanos
Si hubiera parque no estarían ustedes aquí
                    Nosotros nos roemos los codos
En los jardines de su alcázar de estío
Tipú Sultán plantó el árbol de los jacobinos
luego distribuyó pedazos de vidrio
entre los oficiales ingleses prisioneros
y ordenó que se cortasen el prepucio
y se lo comiesen
                    El siglo
se ha encendido en nuestras tierras
¿Con su lumbre
                    las manos abrasadas
los constructores de catedrales y pirámides
levantarán sus casas transparentes?

                    El presente es perpetuo
El sol se ha dormido entre tus pechos
La colcha roja es negra y palpita
Ni astro ni alhaja
                    fruta

among wraithlike houses and people
Presence a fountain of reality
I looked out through my own unrealities
I took her hand
                together we crossed
the four quadrants the three times
floating tribes of reflections
and we returned to the day of beginning

The present is motionless
                        June 21st
today is the beginning of summer
                        Two or three birds
invent a garden
                You read and eat a peach
on the red couch
                naked
like the wine in the glass pitcher
                        A great flock of crows
Our brothers are dying in Santo Domingo
"If we had the munitions
                        You people would not be here"
                We chew our nails down to the elbow
In the gardens of his summer fortress
Tipu Sultan planted the Jacobin tree
then distributed glass shards among
the imprisoned English officers
and ordered them to cut their foreskins
and eat them
                The century
has set fire to itself in our lands
Will the builders of cathedrals and pyramids
charred hands
                raise their transparent houses
by its light?

                The present is motionless
The sun has fallen asleep between your breasts
The red covering is black and heaves
Not planet and not jewel
                fruit

tú te llamas dátil
          Datia
castillo de sal si puedes
                mancha escarlata
sobre la piedra empedernida
Galerías terrazas escaleras
desmanteladas salas nupciales
del escorpión
            Ecos repeticiones
relojería erótica
          deshora
             Tú recorres
los patios taciturnos bajo la tarde impía
manto de agujas en tus hombros indemnes
Si el fuego es agua
               eres una gota diáfana
la muchacha real
             transparencia del mundo

El presente es perpetuo
           Los montes
      soles destazados
petrificada tempestad ocre
              El viento rasga
       ver duele
El cielo es otro abismo más alto
Garganta de Salang
la nube negra sobre la roca negra
El puño de la sangre golpea
              puertas de piedra
Sólo el agua es humana
en estas soledades despeñadas
Sólo tus ojos de agua humana
            Abajo
en el espacio hendido
el deseo te cubre con sus dos alas negras
Tus ojos se abren y se cierran
            animales fosforescentes

you are named
                date
                        Datia
castle of Leave-If-You-Can
                                scarlet stain
upon the obdurate stone
Corridors
                terraces
                        stairways
dismantled nuptial chambers
of the scorpion
                        Echoes repetitions
the intricate and erotic works of a watch
                                        beyond time
                                                You cross
taciturn patios under the pitiless afternoon
a cloak of needles on your untouched shoulders
If fire is water
                you are a diaphanous drop
the real girl
                transparency of the world

The present is motionless
                                The mountains
                quartered suns
petrified storm earth-yellow
                        The wind whips
                                        it hurts to see
The sky is another deeper abyss
                                Gorge of the Salang Pass
black cloud over black rock
Fist of blood strikes
                        gates of stone
Only the water is human
in these precipitous solitudes
Only your eyes of human water
                        Down there
in the cleft
desire covers you with its two black wings
Your eyes flash open and close
                                phosphorescent animals

Abajo
    el desfiladero caliente
la ola que se dilata y se rompe
              tus piernas abiertas
el salto blanco
la espuma de nuestros cuerpos abandonados

        El presente es perpetuo
El morabito regaba la tumba del santo
sus barbas eran más blancas que las nubes
Frente al moral
      al flanco del torrente
repetiste mi nombre
        dispersión de sílabas
Un adolescente de ojos verdes
te regaló una granada
         Al otro lado del Amu-Darya
humeaban las casitas rusas
El son de la flauta usbek
era otro río invisible y más puro
En la barcaza el batelero estrangulaba pollos
El país es una mano abierta
          sus líneas
  signos de un alfabeto roto
Osamentas de reses en el llano
Bactriana
    estatua pulverizada
yo recogí del polvo unos cuantos nombres
Por esas sílabas caídas
granos de una granada cenicienta
juro ser tierra y viento
         remolino
sobre tus huesos

        El presente es perpetuo
La noche entra con todos sus árboles
noche de insectos eléctricos y fieras de seda
noche de yerbas que andan sobre los muertos
conjunción de aguas que vienen de lejos

Down there
        the hot canyon
the wave that stretches and breaks
                    your legs apart
the plunging whiteness
the foam of our bodies abandoned

                            The present is motionless
The hermit watered the saint's tomb
his beard was whiter than the clouds
Facing the mulberry
                on the flank of the rushing stream
you repeat my name
                dispersion of syllables
A young man with green eyes presented you
with a pomegranate
                    On the other bank of the Amu-Darya
smoke rose from Russian cottages
The sound of an Usbek flute
was another river invisible clearer
The boatman
            on the barge was strangling chickens
The countryside is an open hand
                            its lines
            marks of a broken alphabet
Cow skeletons on the prairie
Bactria
        a shattered statue
I scraped a few names out of the dust
By these fallen syllables
seeds of a charred pomegranate
I swear to be earth and wind
                    whirling
over your bones

            The present is motionless
Night comes down with its trees
night of electric insects and silken beasts
night of grasses which cover the dead
meeting of waters which come from far off

murmullos
       los universos se desgranan
un mundo cae
       se enciende una semilla
cada palabra palpita
       Oigo tu latir en la sombra
enigma en forma de reloj de arena
       mujer dormida
Espacio espacios animados
Anima mundi
       materia maternal
perpetua desterrada de sí misma
y caída perpetua en su entraña vacía
       Anima mundi
madre de las razas errantes
       de los soles y los hombres
Emigran los espacios
       el presente es perpetuo

En el pico del mundo se acarician
Shiva y Parvati
       Cada caricia dura un siglo
para el dios y para el hombre
       un mismo tiempo
un mismo despeñarse
       Lahor
       río rojo barcas negras
entre dos tamarindos una niña descalza
y su mirar sin tiempo
       Un latido idéntico
muerte y nacimiento
Entre el cielo y la tierra suspendidos
unos cuantos álamos
vibrar de luz más que vaivén de hojas
       ¿suben o bajan?

El presente es perpetuo
       Llueve sobre mi infancia

rustlings
        universes are strewn about
a world falls
        a seed flares up
each word beats
        I hear you throb in the shadow
a riddle shaped like an hourglass
        woman asleep
Space   living spaces
Anima mundi
        maternal substance
always torn from itself
always falling into your empty womb
        Anima mundi
mother of the nomadic tribes
        of suns and men
The spaces turn
        the present is motionless

At the top of the world
Shiva and Parvati caress
        Each caress lasts a century
for the god and for the man
        an identical time
an equivalent hurling headlong
        Lahore
        red river black boats
a barefoot girl
        between two tamarinds
and her timeless gaze
        An identical throbbing
death and birth
A group of poplars
suspended betwen sky and earth
they are a quiver of light more than a trembling of leaves
        Do they rise
        or fall?

The present is motionless
        It rains on my childhood

llueve sobre el jardín de la fiebre
flores de sílex árboles de humo
En una hoja de higuera tú navegas
por mi frente
           La lluvia no te moja
eres la llama de agua
                la gota diáfana de fuego
derramada sobre mis párpados
Yo veo a través de mis actos irreales
el mismo día que comienza
                  Gira el espacio
arranca sus raíces el mundo
No pesan más que el alba nuestros cuerpos
                      tendidos

MADRIGAL

Más transparente
que esa gota de agua
entre los dedos de la enredadera
mi pensamiento tiende un puente
de ti misma a ti misma
                Mírate
más real que el cuerpo que habitas
fija en el centro de mi frente

Naciste para vivir en una isla

EJEMPLO

El trueno anda por el llano
el cielo esconde todos sus pájaros
Sol desollado
              bajo su luz final
las piedras son más piedra

it rains on the feverish garden
flint flowers   trees of smoke
In a fig leaf you sail
                        on my brow
The rain does not wet you
you are flame of water
                            the diaphanous drop of fire
spilling upon my eyelids
I look out through my own unrealities
the same day is beginning
                        Space wheels
the world wrenches up its roots
Our bodies
            stretched out
                        weigh no more than dawn   [P.B.]

MADRIGAL

More transparent
than this water dropping
through the vine's twined fingers
my thought stretches a bridge
from yourself to yourself
                        Look at you
more real than the body you inhabit
fixed at the center of my mind

You were born to live on an island

EXAMPLE

Thunder crosses the plain
the sky hides all its birds
Flayed sun
                the stones under
its last light are stonier

Rumor de follajes inciertos
como ciegos que buscan su camino
Dentro de unos instantes
noche y agua serán un solo cuerpo

CON LOS OJOS CERRADOS

Con los ojos cerrados
te iluminas por dentro
eres la piedra ciega

Noche a noche te labro
con los ojos cerrados
eres la piedra franca

Nos volvemos inmensos
sólo por conocernos
con los ojos cerrados

PASAJE

Más que aire
                    más que agua
más que labios
                    ligera ligera

Tu cuerpo es la huella de tu cuerpo

CONTIGO

Ráfagas turquesa
loros fugaces en parejas
                    Vehemencias
el mundo llamea
                    Un árbol
hirviente de cuervos
arde sin quemarse

Murmur of uncertain foliage
like blind men seeking their way
In a few moments
night and water will be one body   [L.K.]

WITH EYES CLOSED

With eyes closed
you light up within
you are blind stone

Night after night I carve you
with eyes closed
you are frank stone

We have become enormous
just knowing each other
with eyes closed

PASSAGE

More than air
                    more than water
more than lips
                    lighter lighter

Your body is the trace of your body

WITH YOU

Turquoise blasts of wind
parrots in pairs flit by
                    Rages
the world flames
                    A tree
seething with crows
blazes and does not burn

                                        Quieta
               entre los altos tornasoles
                                                   eres
               una pausa de la luz
                                 El día
               es una gran palabra clara
               palpitación de vocales
                                         Tus pechos
               maduran bajo mis ojos
                                             Mi pensamiento
               es más ligero que el aire
                                                 Soy real
               veo mi vida y mi muerte
               El mundo es verdadero
               Veo
                         habito una transparencia

                    SOL SOBRE UNA MANTA

Acribillada por la luz
                                 una mitad del muro
salina vertical
                         La cortina su derramada sombra
azul marejada
                         sobre la cal del otro lienzo
Afuera el sol combate con el mar
El piso de ladrillo
                             respirado respirante
El azul se tiende
                             sobre la cama se extiende
Una almohada rosada sostiene
                                         una muchacha
El vestido lacre todavía caliente
                                             los ojos
entrecerrados no por la espera
                                         por la visitación
Está descalza
                    La plata tosca enlaza

                              Calm
          amidst the tall sunflowers
                              you are
          a pause of light
                    The day
          is a great clear word
          a fluttering of vowels
                        Your breasts
          ripen before my eyes
                        My thoughts
          are lighter than the air
                              I am real
          I see my life and death
          · The world is true
          I see
                    I inhabit a transparency

SUN ON A BLANKET

Riddled with light
                    half a wall
a vertical salt-pan
                    The curtain: spilled shadow
blue swell of the sea
                    over the lime of the other half
Outside the sun battles the sea
The tile floor
                    breathes is breathing
The blue stretches out
                    on the bed
A rose pillow props
                    a girl
Her red dress still warm
                    her eyes half-closed
not in waiting
                    in the visitation
She is barefoot
                    Unpolished silver wraps around

refresca
              un brazo desnudo
Sobre sus pechos valientes baila el puñal del sol
Hacia su vientre
                   eminencia inminencia
sube una línea de hormigas negras
Abre los ojos
              de la miel quemada
la miel negra
              al centelleo de la amapola
la luz negra
              Un jarro sobre la mesa
Un girasol sobre el jarro
                   La muchacha
sobre la manta azul
                   un sol más fresco

MAITHUNA

Mis ojos te descubren
desnuda
         y te cubren
con una lluvia cálida
de miradas

                   *

Una jaula de sonidos
                   abierta
en plena mañana
                   más blanca
que tus nalgas
                   en plena noche
tu risa
         o más bien tu follaje
tu camisa de luna
                   al saltar de la cama

Luz cernida
              la espiral cantante

and cools
         her bare arm
The sun's dagger dances on her warrior breast
Toward her belly
               eminent imminent
a line of black ants climb
She opens her eyes
                    from the burnt honey
black honey
               to the poppy's glint
black light
          A pitcher on a table
A sunflower above the pitcher
                         The girl
on the blue blanket
                a cooler sun

MAITHUNA

My eyes discover you
naked
       and cover you
with a warm rain
of glances

                    *

A cage of sounds
               open
to the morning
               whiter
than your thighs
                 at night
your laughter
            and more your foliage
your blouse of the moon
                       as you leap from bed

Sifted light
          the singing spiral

devana la blancura
                    Aspa
X
    plantada en un abra

                    *

Mi día
        en tu noche
revienta
        Tu grito
salta en pedazos
                La noche
esparce
        tu cuerpo
Resaca
        tus cuerpos
se anudan
Otra vez tu cuerpo

                    *

Hora vertical
            la sequía
mueve sus ruedas espejeantes
Jardín de navajas
                festín de falacias
Por esas reverberaciones
                        entras
ilesa
        en el río de mis manos

                    *

Más rápida que la fiebre
nadas en lo obscuro
                    tu sombra es más clara
entre las caricias
                    tu cuerpo es más negro
Saltas
        a la orilla de lo improbable
toboganes de cómo cuando porque sí

spools whiteness
                    Chiasm
X
    planted in a chasm

                    *

My day
        exploded
in your night
                Your shriek
leaps in pieces
                    Night
spreads
        your body
washing under
                your bodies
knot
Your body once again

                    *

Vertical hour
                drought
spins its flashing wheels
Garden of knives
                    feast of deceit
Through these reverberations
                        you enter
unscathed
        the river of my hands

                    *

Quicker than fever
you swim in darkness
                    your shadow clearer
between caresses
                your body blacker
You leap
        to the bank of the improbable
toboggans of how when because yes

Tu risa incendia tu ropa
                tu risa
moja mi frente mis ojos mis razones
Tu cuerpo incendia tu sombra
Te meces en el trapecio del miedo
los terrores de tu infancia
                  me miran
desde tus ojos de precipicio
                  abiertos
en el acto de amor
             sobre el precipicio
Tu cuerpo es más claro
              tu sombra es más negra
Tú ríes sobre tus cenizas

             *

Lengua borgoña de sol flagelado
lengua que lame tu país de dunas insomnes
cabellera
          lengua de látigos
                lenguajes
sobre tu espalda desatados
                entrelazados
sobre tus senos
            escritura que te escribe
con letras aguijones
            te niega
con signos tizones
              vestidura que te desviste
escritura que te viste de adivinanzas
escritura en la que me entierro
                Cabellera
gran noche súbita sobre tu cuerpo
jarra de vino caliente
            derramado
sobre las tablas de la ley
nudo de aullidos y nube de silencios
racimo de culebras
            racimo de uvas

Your laughter burns your clothes
                          your laughter
soaks my forehead my eyes my reasons
Your body burns your shadow
You swing on a trapeze of fear
the terrors of your childhood
                          watch me
from your cliffhanging eyes
                          wide-open
making love
                at the cliff
Your body clearer
                your shadow blacker
You laugh over your ashes

*

Burgundy tongue of the flayed sun
tongue that licks your land of sleepless dunes
hair unpinned
                    tongue of whips
                              spoken tongues
unfastened on your back
                    enlaced
on your breasts
                writing that writes you
with spurred letters
                denies you
with branded signs
                dress that undresses you
writing that dresses you in riddles
writing in which I am buried
                          Hair unpinned
the great night swift over your body
jar of hot wine
                spilled
on the tablets of the law
knot of howling and cloud of silence
cluster of snakes
                    cluster of grapes

pisoteadas
   por las heladas plantas de la luna
lluvia de manos de hojas de dedos de viento
sobre tu cuerpo
    sobre mi cuerpo sobre tu cuerpo
Cabellera
   follaje del árbol de huesos
el árbol de raíces aéreas que beben noche en el sol
El árbol carnal   El árbol mortal

     *

Anoche
   en tu cama
éramos tres:
tú yo la luna

     *

Abro
   los labios de tu noche
húmedas oquedades
      ecos
desnacimientos:

      blancor
súbito de agua
     desencadenada

     *

Dormir dormir en ti
o mejor despertar
     abrir los ojos
en tu centro
     negro blanco negro
blanco
   Ser sol insomne
que tu memoria quema
      (y
la memoria de mí en tu memoria

     *

trampled
        by the cold soles of the moon
rain of hands leaves fingers wind
on your body
            on my body on your body
Hair unpinned
            foliage of the tree of bones
the tree of aerial roots that drink night from the sun
The tree of flesh   The tree of death

*

Last night
        in your bed
we were three:
the moon   you & me

*

I open
        the lips of your night
damp hollows
            unborn
echoes:

        whiteness
a rush
        of unchained water

*

To sleep to sleep in you
or even better to wake
                to open my eyes
at your center
            black white black
white
        To be the unsleeping sun
your memory ignites
            (and
the memory of me in your memory

*

Y nueva nubemente sube
savia
     (salvia te llamo
llama)
       El tallo
estalla
     (Llueve
nieve ardiente)
            Mi lengua está
allá
    (En la nieve se quema
tu rosa)
       Está
ya
   (sello tu sexo)
           el alba
salva

LAS ARMAS DEL VERANO

Oye la palpitación del espacio
son los pasos de la estación en celo
sobre las brasas del año

Rumor de alas y de crótalos
tambores lejanos del chubasco
crepitación y jadeo de la tierra
bajo su vestidura de insectos y raíces

La sed despierta y construye
sus grandes jaulas de vidrio
donde tu desnudez es agua encadenada
agua que canta y se desencadena

Armada con las armas del verano
entras en mi cuarto entras en mi frente
y desatas el río del lenguaje
mírate en estas rápidas palabras

And again the sap skywise
rises
      (salvia your name
is flame)
        Sapling
crackling
         (rain
of blazing snow)
           My tongue
is there
      (Your rose
burns through the snow)
             is

now
    (I seal your sex)
           dawn
from danger drawn

THE ARMS OF SUMMER

Hear the throbbing of space
it is the steps of a season in heat
across the embers of the year

Murmur of wings and rattles
the far-off drumbeats of the storm
the crackling and panting of the earth
under its cape of roots and bugs

Thirst wakes and builds
great cages of glass
where your nakedness is water in chains
water that sings and breaks loose from its chains

Armed with the arms of summer
you come into my room come into my mind
and untie the river of language
look at yourself in these hurried words

El día se quema poco a poco
sobre el paisaje abolido
tu sombra es un país de pájaros
que el sol disipa con un gesto

LA LLAVE DE AGUA

Adelante de Rishikesh
el Ganges es todavía verde.
El horizonte de vidrio
se rompe entre los picos.
Caminamos sobre cristales.
Arriba y abajo
grandes golfos de calma.
En los espacios azules
rocas blancas, nubes negras.
Dijiste:
     Le pays est plein de sources.
Esa noche mojé mis manos en tus pechos.

CIMA Y GRAVEDAD

Hay un árbol inmóvil
hay otro que avanza
           un río de árboles
golpea mi pecho
        Es la dicha
el oleaje verde

Tú estás vestida de rojo
           eres
el sello del año abrasado
el tizón carnal
        el astro frutal
En ti como sol

      La hora reposa
sobre un abismo de claridades

Bit by bit the day burns out
over the erasing landscape
your shadow is a land of birds
the sun scatters with a wave

THE KEY OF WATER

After Rishikesh
the Ganges is still green.
The glass horizon
breaks among the peaks.
We walk upon crystals.
Above and below
great gulfs of calm.
In the blue spaces
white rocks, black clouds.
You said:
            Le pays est plein de sources.
That night I dipped my hands in your breasts.   [E.B.]

PEAK AND GRAVITY

There is a motionless tree
there is another that moves forward
                            a river of trees
pounds at my chest
                The green swell
of good fortune

You are dressed in red
                    you are
the seal of the burning year
carnal firebrand
                star of fruit
I eat the sun in you

                The hour rests
on a chasm of clarities

Puñados de sombra los pájaros
sus picos construyen la noche
sus alas sostienen al día

Plantada en la cresta de la luz
entre la fijeza y el vértigo
       tú eres
    la balanza diáfana

EJE

Por el arcaduz de sangre
mi cuerpo en tu cuerpo
           manantial de noche
mi lengua de sol en tu bosque
              artesa tu cuerpo
trigo rojo yo
       Por el arcaduz de hueso
yo noche yo agua
          yo bosque que avanza
yo lengua
      yo cuerpo
         yo hueso de sol
Por el arcaduz de noche
           manantial de cuerpos
tú noche del trigo
         tú bosque en el sol
tú agua que espera
          tú artesa de huesos
Por el arcaduz de sol
         mi noche en tu noche
mi sol en tu sol
       mi trigo en tu artesa
tu bosque en mi lengua
          Por el arcaduz del cuerpo
el agua en la noche
        tu cuerpo en mi cuerpo
Manantial de huesos
         Manantial de soles

The birds are handfuls of shadow
their beaks build the night
their wings sustain the day

Rooted at the light's peak
between stability and vertigo
                you are
        the diaphanous balance

AXIS

Through the conduits of blood
my body in your body
                        spring of night
my tongue of sun in your forest
                        your body a kneading trough
I red wheat
            Through the conduits of bone
I night I water
                I forest that moves forward
I tongue
        I body
                I sun-bone
Through the conduits of night
                        spring of bodies
You night of wheat
                you forest in the sun
you waiting water
                you kneading trough of bones
Through the conduits of sun
                        my night in your night
my sun in your sun
                        my wheat in your kneading trough
your forest in my tongue
                        Through the conduits of the body
water in the night
                your body in my body
Spring of bones
            Spring of suns

CUSTODIA

El nombre
Sus   sombras
El hombre   La hembra
El mazo   El gong
La i   La o
La torre   El aljibe
El índice   La hora
El hueso   La rosa
El rocío   La huesa
El venero   La llama
El tizón   La noche
El río   La ciudad
La quilla   El ancla
El hembro   La hombra
El hombre
Su cuerpo de nombres
Tu nombre en mi nombre En tu nombre mi nombre
Uno frente al otro uno contra el otro uno en torno al otro
El uno en el otro
Sin nombres

DOMINGO EN LA ISLA DE ELEFANTA

IMPRECACIÓN

Al pie de las sublimes esculturas,
desfiguradas por los musulmanes y los portugueses,
la multitud ha dejado un *picnic* de basura
para los cuervos y los perros.
Yo la condeno a renacer cien veces
en un muladar,
                como a los otros,
por eones, en carne viva han de tallarlos
en el infierno de los mutiladores de estatuas.

ALTAR

A name
Its shadows
He　　　　She
An i　　　　An o
A mallet　　　A gong
A tower　　　A pool
A hand　　　A clock
A bone　　　　A rose
A mist　　　　A tomb
A spring　　　A flame
A brand　　　A night
A river　　　A city
A keel　　An anchor
She male
He
Body of names
Your name in my name in your name my name
One to another one against the other one around another
One in the other
Unnamed

SUNDAY ON THE ISLAND OF ELEPHANTA

IMPRECATION

At the feet of the sublime sculptures,
vandalized by the Muslims and the Portuguese,
the crowds have left a picnic of garbage
for the crows and dogs.
I condemn them to be reborn a hundred times
on a dungheap,
　　　　　and as for the others,
for eons they must carve living flesh
in the hell for the mutilators of statues.

INVOCACIÓN

Shiva y Parvati:
                los adoramos
no como a dioses,
                como a imágenes
de la divinidad de los hombres.
Ustedes son lo que el hombre hace y no es,
lo que el hombre ha de ser
cuando pague la condena del quehacer.
Shiva:
                tus cuatro brazos son cuatro ríos,
cuatro surtidores.
                        Todo tu ser es una fuente
y en ella se baña la linda Parvati,
en ella se mece como una barca graciosa.
El mar palpita bajo el sol:
son los gruesos labios de Shiva que sonríe;
el mar es una larga llamarada:
son los pasos de Parvati sobre las aguas.
Shiva y Parvati:
                        la mujer que es mi mujer
y yo,
        nada les pedimos, nada
que sea del otro mundo:
                        sólo
la luz sobre el mar,
la luz descalza sobre el mar y la tierra dormidos.

CUENTO DE DOS JARDINES

Una casa, un jardín,
                no son lugares:
giran, van y vienen.
                        Sus apariciones
abren en el espacio
                        otro espacio,
otro tiempo en el tiempo.

INVOCATION

Shiva and Parvati:
                we worship you
not as gods
            but as images
of the divinity of man.
You are what man makes and is not,
what man will be
when he has served the sentence of hard labor.
Shiva:
          your four arms are four rivers,
four jets of water.
                  Your whole being is a fountain
where the lovely Parvati bathes,
where she rocks like a graceful boat.
The sea beats beneath the sun:
it is the great lips of Shiva laughing;
the sea is ablaze:
it is the steps of Parvati on the waters.
Shiva and Parvati:
                the woman who is my wife
and I
     ask you for nothing, nothing
that comes from the other world:
                      only
the light on the sea,
the barefoot light on the sleeping land and sea.

A TALE OF TWO GARDENS

A house, a garden,
                are not places:
they spin, they come and go.
                     Their apparations open
another space
           in space,
another time in time.

Sus eclipses
no son abdicaciones:
nos quemaría
la vivacidad de uno de esos instantes
si durase otro instante.
Estamos condenados
a matar al tiempo:
así morimos,
poco a poco.
Un jardín no es un lugar.
Por un sendero de arena rojiza
entramos en una gota de agua,
bebemos en su centro verdes claridades,
por la espiral de las horas
ascendemos
hasta la punta del día
descendemos
hasta la consumación de su brasa.
Fluye el jardín en la noche,
río de rumores.

Aquel de Mixcoac, abandonado,
cubierto de cicatrices,
era un cuerpo
a punto de desplomarse.
Yo era niño
y el jardín se parecía a mi abuelo.
Trepaba por sus rodillas vegetales
sin saber que lo habían condenado.
El jardín lo sabía:
esperaba su destrucción
como el sentenciado el hacha.
La higuera era la diosa,
la Madre.
Zumbar de insectos coléricos,
los sordos tambores de la sangre,
el sol y su martillo,
el verde abrazo de innumerables brazos.
La incisión del tronco:
el mundo se entreabrió.

Their eclipses
are not abdications:
the vivacity of one of those moments
would burn us
if it lasted a moment more.
We are condemned
to kill time:
so we die,
little by little.
A garden is not a place.
Down a path of reddish sand,
we enter a drop of water,
drink green clarities from its center,
we climb
the spiral of hours
to the tip of the day,
descend
to the last burning of its ember.
Mumbling river,
the garden flows through the night.

That one in Mixcoac, abandoned,
covered with scars,
was a body
at the point of collapse.
I was a boy,
and the garden for me was like a grandfather.
I clambered up its leafy knees,
not knowing it was doomed.
The garden knew it:
it awaited its destruction
as a condemned man awaits the axe.
The fig tree was a goddess,
the Mother.
Hum of irascible insects,
the muffled drums of the blood,
the sun and its hammer,
the green hug of innumerable limbs.
The cleft in the trunk:
the world half-opened.

Yo creí que había visto a la muerte:
                                    vi
la otra cara del ser,
                    la vacía,
el fijo resplandor sin atributos.

Se agolpan, en la frente del Ajusco,
las blancas confederaciones.
                              Ennegrecen,
son ya una masa cárdena,
una protuberancia enorme que se desgarra:
el galope del aguacero cubre todo el llano.
Llueve sobre lavas:
                    danza el agua
sobre la piedra ensangrentada.
                              Luz, luz:
substancia del tiempo y sus inventos.
Meses como espejos,
uno en el otro reflejado y anulado.
Días en que no pasa nada,
contemplación de un hormiguero,
sus trabajos subterráneos,
sus ritos feroces.
                    Inmerso en la luz cruel,
expiaba mi cuerpo-hormiguero,
                              espiaba
la febril construcción de mi ruina.
Elitros:
            el afilado canto del insecto
corta las yerbas secas.
                        Cactos minerales,
lagartijas de azogue en los muros de adobe,
el pájaro que perfora el espacio,
sed, tedio, tolvaneras,
impalpables epifanías del viento.
Los pinos me enseñaron a hablar solo.
En aquel jardín aprendí a despedirme.

Después no hubo jardines.
                        Un día,

I thought I had seen death:
                              I saw
the other face of being,
                              the feminine void,
the fixed featureless splendor.

White leagues batter
the crest of Ajusco,
                    turn black,
a purple mass,
                    a great bulge splitting open:
the rainsquall's gallop covers the plain.
Rain on lava:
                    the water dances
on bloodstained stone.
                    Light, light:
the stuff of time and its inventions.
Months like mirrors,
one by the other reflected and effaced.
Days when nothing happens,
studying an ants' nest,
its subterranean labor,
its fierce rites.
                    Immersed in the cruel light,
I washed my ants' nest body,
                              I watched
the restless construction of my ruin.
Elytra:
          the insect's razor song
slices the dry grass.
                    Mineral cacti,
quicksilver lizards in adobe walls,
the bird that drills through space,
thirst, tedium, clouds of dust,
impalpable epiphanies of wind.
The pines taught me to talk to myself.
In that garden I learned to wave myself goodbye.

Later there were no gardens.
                              One day,

como si regresara,

        no a mi casa,

al comienzo del Comienzo,

            llegué a una claridad.

Espacio hecho de aire

          para los juegos pasionales

del agua y de la luz.

         Diáfanas convergencias:

del gorjeo del verde

        al azul más húmedo

al gris entre brasas

        al más llagado rosa

al oro desenterrado.

        Oí un rumor verdinegro

brotar del centro de la noche: el *nim*.

          El cielo,

con todas sus joyas bárbaras,

           sobre sus hombros.

El calor era una mano inmensa que se cerraba,

se oía el jadeo de las raíces,

la dilatación del espacio,

el desmoronamiento del año.

         El árbol no cedía.

Grande como el monumento a la paciencia,

justo como la balanza que pesa

         la gota de rocío,

         el grano de luz,

         el instante.

Entre sus brazos cabían muchas lunas.

Casa de las ardillas,

        mesón de los mirlos.

La fuerza es fidelidad,

        el poder acatamiento:

nadie acaba en sí mismo,

        un todo es cada uno

en otro todo,

      en otro uno.

El otro está en el uno,

        el uno es otro:

as if I had returned,
                    not to my house,
but to the beginning of the Beginning,
                              I reached a clarity.
Space made of air
                    for the passionate games
of water and light.
                         Diaphanous convergences:
from the twittering of green
                              to the most humid blue
to the grey of embers
                         to a woundlike pink
to an unburied gold.
                    I heard a dark green murmur
burst from the center of the night: the neem tree.
On its shoulders,
                    the sky
with all its barbarian jewels.
The heat was a huge closing hand,
one could hear the roots panting,
space expanding,
the crumbling of the year.
                              The tree would not give way.
Huge as a monument to patience,
fair as the balance that weighs
                         a dewdrop,
                         a grain of light,
                         an instant.
Many moons fit in its branches.
House of squirrels,
                    blackbird inn.

Strength is fidelity,
                    power reverence:
no one ends at himself,
                         each one is an all
in another all,
                    in another one.
The other is contained in the one,
                              the one is another:

somos constelaciones.
                              El *nim*, enorme,
sabía ser pequeño.
                              A sus pies
supe que estaba vivo,
                              supe
que morir es ensancharse,
                              negarse es crecer.
Aprendí,
          en la fraternidad de los árboles,
a reconciliarme,
                    no conmigo:
con lo que me levanta, me sostiene, me deja caer.

Me crucé con una muchacha.
                              Sus ojos:
el pacto del sol de verano con el sol de otoño.
Partidaria de acróbatas, astrónomos, camelleros.
Yo de fareros, lógicos, sadúes.
                              Nuestros cuerpos
se hablaron, se juntaron y se fueron.
Nosotros nos fuimos con ellos.
                              Era el monzón.
Cielos de yerba machacada
                              y el viento en armas
por las encrucijadas.
                    Por la niña del cuento,
marinera de un estanque en borrasca,
la llamé Almendrita.
                    No un nombre:
un velero intrépido.
                    Llovía,
la tierra se vestía y así se desnudaba,
las serpientes salían de sus hoyos,
la luna era de agua,
                    el sol era de agua,
el cielo se destrenzaba,
sus trenzas eran ríos desatados,
los ríos tragaban pueblos,
muerte y vida se confundían,

we are constellations.
                    The enormous neem
once knew how to be small.
                    At its feet
I knew I was alive,
                    I knew
that death is expansion,
                    self-negation is growth.
I learned,
          in the brotherhood of the trees,
to reconcile myself,
                    not with myself:
with what lifts me, sustains me, lets me fall.

I crossed paths with a girl.
                    Her eyes:
the pact between the summer and the autumn suns.
She was a follower of acrobats, astronomers, camel drivers.
I of lighthouse keepers, logicians, saddhus.
                              Our bodies
spoke, mingled, and went off.
We went off with them.
                    It was the monsoon.
Skies of grass-bits
                and armed wind
at the crossroads.
                I named her Almendrita
after the girl of the story,
sailor of a stormy pond.
                    Not a name:
an intrepid sailboat.
                    It rained,
the earth dressed and became naked,
snakes left their holes,
the moon was made of water,
                        the sun was water,
the sky took out its braids
and its braids were unraveled rivers,
the rivers swallowed villages,
death and life were jumbled,

amasijo de lodo y de sol,
estación de lujuria y pestilencia,
estación del rayo sobre el árbol de sándalo,
tronchados astros genitales
                         pudriéndose
resucitando en tu vagina,
                    madre India,
India niña,
empapada de savia, semen, jugos, venenos.

A la casa le brotaron escamas.
                         Almendrita:
llama intacta entre el culebreo y el ventarrón,
en la noche de hojas de banano
                         ascua verde,
hamadríada,
             yakshi:
                   risas en el matorral,
manojo de albores en la espesura,
                         más música
que cuerpo,
             más fuga de pájaro que música,
más mujer que pájaro:
                   sol tu vientre,
sol en el agua,
             agua de sol en la jarra,
grano de girasol que yo planté en mi pecho,
ágata,
             mazorca de llamas en el jardín de huesos.

Chuang Tzu le pidió al cielo sus luminarias,
sus címbalos al viento,
                   para sus funerales.
Nosotros le pedimos al *nim* que nos casara.
Un jardín no es un lugar:
                         es un tránsito,
una pasión.
             No sabemos hacia dónde vamos,
transcurrir es suficiente,
                   transcurrir es quedarse:

dough of mud and sun,
season of lust and plague,
season of lightning on a sandalwood tree,
mutilated genital stars
                              rotting,
reviving in your womb,
                              mother India,
girl India,
drenched in semen, sap, poisons, juices.

Scales grew on the house.
                              Almendrita:
flame intact through the snaking and the wind-gust,
in the night of the banana leaves,
                              green ember,
hamadryad,
        yakshi:
                    laughter in the brambles,
bundle of brightness in the thicket,
                              more music
than body,
              more bird-flight than music,
more woman than bird:
                    your belly the sun,
sun in the water,
                    sun-water in the earthen jar,
sunflower seed I planted in my chest,
agate,
        ear of flame in the garden of bones.

For his funeral,
Chuang-tzu asked heaven for its lights,
                              the wind for its cymbals.
We asked the neem to marry us.
A garden is not a place:
                    it is a passage,
a passion.
          We don't know where we're going,
to pass through is enough,
                    to pass through is to remain:

una vertiginosa inmovilidad.
               Las estaciones,
oleaje de los meses.
          Cada invierno
una terraza sobre el año.
            Luz bien templada,
resonancias, transparencias,
                  esculturas de aire
disipadas apenas pronunciadas:
                ¡sílabas,
islas afortunadas!
         Engastado en la yerba
el gato Demóstenes es un carbón luminoso,
la gata Semíramis persigue quimeras,
                    acecha
reflejos, sombras, ecos.
             Arriba,
sarcasmos de cuervos;
            el urugayo y su hembra,
príncipes desterrados;
          la upupa,
pico y penacho, un alfiler engalanado;
la verde artillería de los pericos;
los murciélagos color de anochecer.
En el cielo
       liso, fijo, vacío,
el milano
       dibuja y borra círculos.
Ahora,
     quieto
        sobre la arista de una ola:
un albatros,
       peñasco de espuma.
Instantáneo,
      se dispersa en alas.
No estamos lejos de Durban
            (allí estudió Pessoa).
Cruzamos un petrolero.
          Iba a Mombasa,
ese puerto con nombre de fruta.

a dizzying immobility.
               Seasons,
the waves of months.
             Each winter
a terrace above the year.
             Well-tempered light,
resonance, transparency,
             sculptures of air
dissolved as soon as they are said:
             syllables,
the fortunate isles!
             A sneak in the grass,
Demosthenes the cat is a luminous coal;
the female, Semiramis, chases ghosts,
             stalks
reflections, shadows, echoes.
             Above,
the sarcastic crows;
             the capercaillie and his mate,
exiled princes;
             the hoopoe,
crest and beak a fancy brooch;
the green artillery of the parakeets;
bats the color of nightfall.
On the fixed, empty,
             even sky,
a kite
      draws and erases circles.
Now,
      silent
         on a wave's arista:
an albatross,
         a cliff of foam.
Sudden
        scatter into wings.
We're not far from Durban
             (where Pessoa studied).
We pass a tanker,
          heading for Mombassa,
that port with the name of a fruit.

(En mi sangre:
Camoens, Vasco de Gama y los otros . . .)
El jardín se ha quedado atrás.
                 ¿Atrás o adelante?
No hay más jardines que los que llevamos dentro.
¿Qué nos espera en la otra orilla?
Pasión es tránsito:
           la otra orilla está aquí,
luz en el aire sin orillas,
               Prajnaparamita,
Nuestra Señora de la Otra Orilla,
                 tú misma,
la muchacha del cuento,
            la alumna del jardín.
Olvidé a Nagarjuna y a Dharmakirti
               en tus pechos,
en tu grito los encontré,
           Maithuna,
              dos en uno,
uno en todo,
         todo en nada,
            ¡*sunyata,*
plenitud vacía,
         vacuidad redonda como tu grupa!

Los cormoranes:
sobre un charco de luz
pescan sus sombras.

La visión se disipa en torbellinos,
hélice de diecisiete sílabas
            dibujada en el mar
no por Basho:
        por mis ojos, el sol y los pájaros,
hoy, hacia las cuatro,
          a la altura de Mauritania.
Una ola estalla:
        mariposas de sal.
Metamorfosis de lo idéntico.
          A esta misma hora

(In my blood:
Camoens, Vasco da Gama, and the rest . . .)
The garden has been left behind.
                              Behind or ahead?
There are no more gardens than those we carry within.
What waits for us on the other bank?
Passion is passage:
                    the other bank is here,
light in the bankless air,
                        Prajnaparamita,
Our Lady of the Other Bank,
                              you yourself,
the girl of the tale,
                    alumna of the garden.
I forgot Nagarjuna and Dharmakirti
                                in your breasts,
I found them in your cry,
                        Maithuna,
                              two in one,
one in all,
          all in nothing,
                        sunyata,
the empty plenitude,
                    emptiness round as your hips!

                    Cormorants above
                    a rippling pool of light
                    fish for their shadows.

The vision scatters in a whirlwind,
helix of seventeen syllables
                            drawn on the sea,
not by Basho:
              by my eyes, the sun and the birds,
today, at about four,
                    at the latitude of Mauritania.
A wave explodes:
                salt butterflies.
Metamorphosis into the identical.
                              At this same moment,

Delhi y sus piedras rojas,
                    su río turbio,
sus domos blancos,
                    sus siglos en añicos,
se transfiguran:
                    arquitecturas sin peso,
cristalizaciones casi mentales.
                         Desvanecimientos,
alto vértigo sobre un espejo.
                         El jardín se abisma.
Ya es un nombre sin substancia.

Los signos se borran:
                    yo miro la claridad

Delhi and its red stones,
>   its muddy river,
its white domes,
>   its centuries in smithereens,
transform:
>   weightless structures,
almost mental crystallizations.
>   Dizziness,
vertigo high above a mirror.
>   The garden sinks.
Now it is a name with no substance.

The signs are erased:
>   I watch clarity

BLANCO

1966

By passion the world is bound,
by passion too it is released.
    The Hevajra Tantra

Avec ce seul objet dont le
Néant s'honore.
    Stephane Mallarmé

Blanco: white; blank; an unmarked space; emptiness; void; the white mark in the center of a target.

As it is not possible to reproduce here all of the characteristics of the original edition of the poem, it should be said that *Blanco* was meant to be read as a succession of signs on a single page. As the reading progresses, the page unfolds vertically: a space which, as it opens out, allows the text to appear and, in a certain sense, creates it. It is something like the motionless voyage offered by a roll of Tantric pictures and emblems: as we unroll it, a ritual is spread out before our eyes, a sort of procession or pilgrimage to—where? Space flows, engenders a text, dissolves it—it passes as though it were time. This arrangement of temporal order is the form adopted by the course of the poem: its discourse corresponds to another which is spatial: the separate parts which comprise the poem are distributed like the sections, colors, symbols, and figures of a mandala. . . . The typography and format of the original edition of *Blanco* were meant to emphasize not so much the presence of the text but the space that sustains it: that which makes writing and reading possible, that in which all writing and reading end.

Blanco is a composition that offers the possibility of variant readings:
a) in its totality, as a single text;
b) the center column, excluding those to the left and right, is a poem whose theme is the passage of the word from silence to silence, passing through four stages: yellow, red, green, and blue;
c) the lefthand column is a poem divided into four moments corresponding to the four traditional elements;
d) the righthand column is another poem, in counterpoint to the left, and composed of four variations on sensation, perception, imagination, and understanding;
e) each of the four parts formed by the two columns may be read, ignoring the division, as a single text—four independent poems;
f) the center column may be read as six separate poems; those of the left and right as eight.

BLANCO

el comienzo

        el cimiento

la simiente

        latente

la palabra en la punta de la lengua

inaudita   inaudible

        impar

grávida   nula

        sin edad

la enterrada con los ojos abiertos

inocente   promiscua

        la palabra

sin nombre   sin habla

BLANCO

a stirring

       a steering

a seedling

        sleeping

the word at the tip of the tongue

unheard   unhearable

       matchless

fertile   barren

      ageless

she who was buried with open eyes

stainless   promiscuous

      the word

speechless   nameless

Sube y baja,
escalera de escapulario,
el lenguaje deshabitado.
Bajo la piel de la penumbra
late una lámpara
    Superviviente
entre las confusiones taciturnas,
        asciende
en un tallo de cobre
     resuelto
en un follaje de claridad:
      amparo
de caídas realidades.
      O dormido
o extinto,
   alto en su vara
(cabeza en una pica),
     un girasol
ya luz carbonizada
     sobre un vaso
de sombra.
    En la palma de una mano
ficticia,
  flor
ni vista ni pensada:
     oída,
aparece
   amarillo
cáliz de consonantes y vocales
incendiadas.

en el muro la sombra del fuego
en el fuego tu sombra y la mía

el fuego te desata y te anuda
Pan Grial Ascua

llama rodeada de leones
leona en el circo de las llamas
ánima entre las sensaciones

frutos de luces de bengala

It climbs and descends,
the spine of the mineshaft ladder,
abandoned language.
A lamp beats beneath
penumbra skin.
                    Survivor
in the melancholic confusion,
                              it rises
in a copper stalk,
                    breaks
into leaves of clarity:
                    shelter
for fallen realities.
                    Asleep
or extinct,
              high on its pole
(head on a pike)
                    a sunflower
light charred
                    in a vase
of shadow.
                    In the palm of an
invented hand,
              the flower,
not seen nor imagined:
                    heard,
appears,
              a yellow chalice
of consonants and vowels,
burning.

on the wall the shadow of the fire
in the fire your shadow and mine

the fire unlaces and fastens you
Ember Bread Grail

flame encircled by lions
lioness in the circus of the flames
soul among sensations

fruits of the fireworks

Muchacha   *los sentidos se abren*
tú ríes—desnuda   *en la noche magnética*
en los jardines de la llama

La pasión de la brasa compasiva

Un pulso, un insistir,
oleaje de sílabas húmedas.
Sin decir palabra
oscurece mi frente
un presentimiento de lenguaje.
Patience patience
(Livingstone en la sequía)
river rising a little.
El mío es rojo y se agosta
entre sableras llameantes:
Castillas de arena, naipes rotos
y el jeroglífico (agua y brasa)
en el pecho de México caído.
Polvo soy de aquellos lodos.
Río de sangre,
                río de historias
de sangre,
                río seco:
boca de manantial
amordazado
por la conjuración anónima
de los huesos,
por la ceñuda peña de los siglos
y los minutos:
                el lenguaje
es una expiación,
                propiciación
al que no habla,
                emparedado,
cada día
        asesinado,
el muerto innumerable.

            Girl   *the senses open*
you laugh—naked   *in the magnetic night*
in the gardens of the flame

       The passion of compassionate coals

A pulse-beat, insisting,
a surge of wet syllables.
Without saying a word,
my forehead grows dark:
a presentiment of language.
Patience patience
(Livingstone in the drought)
river rising a little.
Mine is red and scorches
in the flaming dunes:
Castiles of sand,
shredded playing cards,
and the hieroglyph (water and ember)
dropped on the chest of Mexico.
I am the dust of that silt.
River of blood,
               river of histories
of blood,
        dry river:
mouth of the source
gagged
by the anonymous conspiracy
of bones,
by the grim rocks of centuries
and minutes:
             language
is atonement,
         an appeasement
of the speechless,
           the entombed,
the daily
        assassinated,
the countless dead.

                                        Hablar
                    mientras los otros trabajan
                    es pulir huesos,
                                        aguzar
                    silencios
                            hasta la transparencia,
                    hasta la ondulación,
                                        el cabrilleo,
                    hasta el agua:

los ríos de tu cuerpo   *el río de los cuerpos*
país de latidos   *astros infusorios reptiles*
entrar en ti   *torrente de cinabrio sonámbulo.*
país de ojos cerrados   *oleaje de las genealogías*
agua sin pensamientos   *juegos conjugaciones juglarías*
entrar en mí   *subyecto y obyecto abyecto y absuelto*
al entrar en tu cuerpo   *río de soles*
país de espejos en vela   *"las altas fieras de la piel luciente"*
país de agua despierta   *rueda el río seminal de los mundos*
en la noche dormida   *el ojo que lo mira es otro río*

me miro en lo que miro   *es mi creación esto que veo*
como entrar por mis ojos   *la percepción es concepción*
en un ojo más límpido   *agua de pensamientos*
me mira lo que miro   *soy la creación de lo que veo*

delta de brazos del deseo   *agua de verdad*
en un lecho de vértigos   *verdad de agua*

            La transparencia es todo lo que queda

            Paramera abrasada
            del amarillo al encarnado
            la tierra es un lenguaje calcinado.
            Hay púas invisibles, hay espinas
            en los ojos.

To speak
while others work
is to polish bones,
                    sharpen
    silence
            to transparency,
    waves,
            whitecaps,
    water:

the rivers of your body   *the river of bodies*
land of pulse-beats   *stars infusoria reptiles*
to enter you   *downpour of sleepwalking cinnabar*
land of closed eyes   *surge of genealogies*
water with no thoughts   *games antics tricks*
to enter me   *subject and object abject and absolved*
entering your body   *river of suns*
land of sleepless mirrors   *"the tall beasts with shining skins"*
land of waking water   *seminal river of the worlds wheeling*
in the sleeping night   *the eye that watches it is another river*

watching I watch myself   *what I see is my creation*
as though entering through my eyes *perception is conception*
into an eye more crystal clear   *water of thoughts*
what I watch watches me   *I am the creation of what I see*

delta of arms of desire   *water of truth*
on a bed of vertigo   *truth of water*

Transparency is all that remains

Desert smoldering
from yellow to a fleshy pink,
the land is a language burnt to dust.
There are thorns, invisible spines
in the eyes.

En un muro rosado
tres buitres ahítos.
No tiene cuerpo ni cara ni alma,
está en todas partes,
a todos nos aplasta:
                    este sol es injusto.
La rabia es mineral.
                Los colores
se obstinan.
              Se obstina el horizonte.
Tambores tambores tambores.
El cielo se ennegrece
                como esta página.
Dispersión de cuervos.
Inminencia de violencias violetas.
Se levantan los arenales,
la cerrazón de reses de ceniza.
Mugen los árboles encadenados.
Tambores tambores tambores.
Te golpeo cielo,
             tierra te golpeo.
Cielo abierto, tierra cerrada,
flauta y tambor, centella y trueno,
te abro, te golpeo.
              Te abres, tierra,
tienes la boca llena de agua,
tu cuerpo chorrea cielo,
tierra, revientas,
tus semillas estallan
             verdea la palabra

se desata se esparce *árida ondulación*
se levanta se erige Ídolo *entre brazos de arena*
desnuda como la mente *brilla se multiplica se niega*
en la reverberación del deseo *renace se escapa se persigue*
girando girando *visión del pensamiento gavilán*
en torno a la idea negra *cabra en la peña hendida*
el vellón de la juntura *paraje desnudo*

Three satiated vultures
on a red wall.
Bodiless faceless soulless,
everywhere,
crushing all of us:
this sun is unjust.
Rage is mineral.
Colors
are relentless.
The horizon's relentless.
Drumbeats drumbeats drumbeats.
The sky blackens
like this page.
Scatter of crows.
Impending violet violence.
The sands whirl up,
thunderheads, herds of ash.
The chained trees howl.
Drumbeats drumbeats drumbeats.
Sky I beat you,
land I beat you.
Open sky, closed land,
flute and drum, lightning and thunder,
I open you and beat you.
You open, land,
your mouth full of water,
your body gushes sky,
you burst, land,
your seeds explode,
the word grows green

unlacing spreading *arid ripples*
rising erecting an Idol *in the arms of sand*
naked as the mind *shining multiplying refusing*
in the reverberation of desire *reborn escaping pursuing*
turning turning *vision of hawk-thought*
around the black idea *goat in the rock cleft*
fleece at the joining *naked place*

en la mujer desnuda *snap-shot de un latido de tiempo*
pirausta nudo de presencias *real irreal quieto vibrante*
inmóvil bajo el sol inmóvil *pradera quemada*
del color de la tierra *color de sol en la arena*
la yerba de mi sombra *sobre el lugar de la juntura*
mis manos de lluvia *oscurecida por los pájaros*
sobre tus pechos verdes *beatitud suficiente*
mujer tendida *hecha a la imagen del mundo*

El mundo haz de tus imágenes

Del amarillo al rojo al verde,
peregrinación hacia las claridades,
la palabra se asoma a remolinos
azules.
          Gira el anillo beodo,
giran los cinco sentidos
alrededor de la amatista
ensimismada.
                    Traslumbramiento:
no pienso, veo
                    —no lo que veo,
los reflejos, los pensamientos veo.
Las precipitaciones de la música.
el número cristalizado.
Un archipiélago de signos.
Aerofanía,
               boca de verdades,
claridad que se anula en una sílaba
diáfana como el silencio:
no pienso, veo
                    —no lo que pienso,
la cara en blanco del olvido,
el resplandor de lo vació.
Pierdo mi sombra,
                    avanzo
entre los bosques impalpables,
las esculturas rápidas del viento,
los sinfines,

in a naked woman *snapshot of a pulse-beat of time*
firefly tangle of beings *real unreal quiet vibrating*
motionless under the motionless sun *burnt meadow*
the color of earth *color of sun on the sand*
the grass of my shadow *on the place of the joining*
my hands of rain *darkened by birds*
on your green breasts *holiness enough*
woman stretched out *made in the image of the world*

The world a bundle of your images

From yellow to red to green,
pilgrimage to the clarities,
the word peers out from blue
whirls.
      The drunk ring spins,
the five senses spin
around the centripetal
amethyst.
     Dazzle:
I don't think, I see
            —not what I see,
the reflections, the thoughts I see.
Precipitations of music,
crystallized number.
An archipelago of signs.
Translucence,
         mouth of truths,
clarity effaced by a syllable
diaphanous as silence:
I don't think, I see:
           —not what I think,
blank face of forgetting,
radiant void.
I lose my shadow,
       I walk
through intangible forests,
sudden sculptures of the wind,
endless things,

                              desfiladeros afilados,
          avanzo,
                    mis pasos
                              se disuelven
          en un espacio que se desvanece
          en pensamientos que no pienso.

caes de tu cuerpo a tu sombra *no allá sino en mis ojos*
en un caer inmóvil de cascada *cielo y suelo se juntan*
caes de tu sombra a tu nombre *intocable horizonte*
te precipitas en tus semejanzas *yo soy tu lejanía*
caes de tu nombre a tu cuerpo *el más allá de la mirada*
en un presente que no acaba *las imaginaciones de la arena*
caes en tu comienzo *las disipadas fábulas del viento*
derramada en mi cuerpo *yo soy la estela de tus erosiones*
tú te repartes como el lenguaje *espacio dios descuartizado*
tú me repartes en tus partes *altar el pensamiento y el cuchillo*
vientre teatro de la sangre *eje de los solsticios*
yedra arbórea lengua tizón de frescura *el firmamento es macho y hembra*
temblor de tierra de tu grupa *testigos los testículos solares*
lluvia de tus talones en mi espalda *falo el pensar y vulva la palabra*
ojo jaguar en espesura de pestañas *espacio es cuerpo signo pensamiento*
la hendidura encarnada en la maleza *siempre dos sílabas enamoradas*
los labios negros de la profetisa *A d i v i n a n z a*
entera en cada parte te repartes *las espirales transfiguraciones*
tu cuerpo son los cuerpos del instante *es cuerpo el tiempo el mundo*
pensado soñado encarnado *visto tocado desvanecido*

contemplada por mis oídos   *horizonte de música tendida*
olida por mis ojos   *puente colgante del color al aroma*
acariciada por mi olfato   *olor desnudez en las manos del aire*
oída por mi lengua   *cántico de los sabores*
comida por mi tacto   *festín de niebla*

habitar tu nombre   *despoblar tu cuerpo*
caer en tu grito contigo   *casa del viento*

          **La irrealidad de lo mirado
          da realidad a la mirada**

<pre>
                              sharpened paths,
                I walk,
                      my steps
                            dissolving
                  in a space that evaporates
                  into thoughts I don't think
</pre>

you fall from your body to your shadow *not there but in my eyes*
in a motionless falling of waterfall *sky and earth joining*
you fall from your shadow to your name *untouchable horizon*
you drop through your likenesses *I am your remoteness*
you fall from your name to your body *the furthest point of seeing*
in a present that never ends *the imaginings of sand*
you fall to your beginning *scattered fables of wind*
spilling on my body *I am the stela of your erosion*
you divide me like parts of speech *space quartered god*
you divide me into your parts *altar of thought and knife*
belly theater of blood *axis of the solstices*
tree of ivy firebrand tongue of coolness *the heavens are male and female*
earthquake of your thighs *testimony of solar testicles*
rain of your heels on my back *thought phallus and word womb*
jaguar eye in the eyelash thicket *space is body sign thought*
the flesh-colored cleft in the brambles *always two syllables in love*
the black lips of the oracle *P r o p h e c y*
whole in each part you divide yourself *spirals transfigurations*
your body is the bodies of the moment *time world is body*
thought dreamt made flesh *seen touch dissolved*

seen by my ears	*horizon of music spreading*
smelled by my eyes	*bridge hung from color to smell*
caressed by my nose	*naked smell in the hands of air*
heard by my tongue	*canticle of flavors*
eaten by my touch	*feast of mist*
to inhabit your name	*to depopulate your body*
to fall in your shriek with you	*house of the wind*

**The unreality of the seen
brings reality to seeing**

En el centro
del mundo del cuerpo del espíritu
la grieta   el resplandor
                 No
En el remolino de las desapariciones
el torbellino de las apariciones
                 Sí
          El árbol de los nombres
                              No
es una palabra
                 Sí
es una palabra
                 aire son nada
son
        este insecto
revoloteando entre las líneas
de la página
                 inacabada
                              inacabable
El pensamiento
                 revoloteando
entre estas palabras
                     Son
tus pasos en el cuarto vecino
los pájaros que regresan
El árbol *nim* que nos protege
                              los protege
Sus ramas acallan al trueno
apagan al relámpago
En su follaje bebe agua la sequía
Son
        esta noche
                 (esta música)
Mírala fluir
                 entre tus pechos caer
sobre tu vientre
                 blanca y negra
primavera nocturna
                     jazmín y ala de cuervo
tamborino y *sitar*

At the center
of the world of the body of the spirit
the cleft   the splendor
                    No
In the whirl of disappearances
the whirlwind of appearances
                    Yes
        The tree of names
                    No
is a word
        Yes
is a word
                they are air nothing
they are
        this insect
fluttering among the lines
of an unfinished
                    unfinishable
                            page
Thought
        fluttering
among these words
                    They are
your footsteps in the next room
the birds that return
The neem tree that shelters us
                            shelters them
Its branches mute thunder
douse the lightning's flash
In its leaves the drought drinks water
They are
        this night
                    (this music)
Watch it flow
                between your breasts
to fall on your belly
                    white and black
spring night
                jasmine and crow's wing
tabla and sitar

No y Sí
juntos
    dos sílabas enamoradas

Si el mundo es real
        la palabra es irreal
Si es real la palabra
        el mundo
es la grieta el resplandor el remolino
No
    las desapariciones y las apariciones
                Sí
el árbol de los nombres
        Real irreal
son palabras
      aire son nada

El habla
    irreal
da realidad al silencio
        Callar
es un tejido de lenguaje
        Silencio
sello
    centelleo
        en la frente
en los labios
        antes de evaporarse
Apariciones y desapariciones
La realidad y sus resurrecciones
El silencio reposa en el habla

El espíritu
es una invención del cuerpo
El cuerpo
es una invención del mundo
El mundo
es una invención del espíritu
No   Sí
    irrealidad de lo mirado

No and Yes
together
two syllables in love

If the world is real
the word is unreal
If the word is real
the world
is the cleft the splendor the whirl
No
disappearances and appearances
Yes
the tree of names
Real unreal
are words
they are air nothing

Unreal
speech
brings reality to silence
Keeping still
is a strand of language
Silence
seal
scintilla
on the forehead
on the lips
before it evaporates
Appearances and disappearances
Reality and its resurrections
Silence rests in speech

The spirit
is an invention of the body
The body
is an invention of the world
The world
is an invention of the spirit
No   Yes
the unreality of the seen

la transparencia es todo lo que queda
Tus pasos en el cuarto vecino
el trueno verde
                    madura
en el follaje del cielo
                              Estás desnuda
como una sílaba
                        como una llama
una isla de llamas
pasión de brasa compasiva
El mundo
            haz de tus imágenes
anegadas en la música
                              Tu cuerpo
derramado en mi cuerpo
                              visto
desvanecido
            da realidad a la mirada

Delhi, del 23 de julio al 25 de septiembre de 1966

transparency is all that remains
Your footsteps in the next room
the green thunder
                    ripening
in the foliage of the sky
                              You are naked
like a syllable
                    like a flame
an island of flames
the passion of compassionate coals
The world
                    a bundle of your images
drowned in music
                    Your body
spilled on my body
                    seen
dissolved
          brings reality to seeing

Delhi, July 23–September 25, 1966

TOPOEMAS

TOPOEMS
1968

PALMA
D
E
L Viajero

PALM
O
F
T
H
E traveler

¿DE DONDE VIENES?

A DONDE VAS

¿A DONDE VOY?

DE DONDE VENGO ¿A DONDE VAS?

DE DONDE VIENES

¿DE DONDE VENGO?

A DONDE VOY

WHERE ARE YOU COMING FROM?

WHERE YOU'RE GOING

WHERE AM I GOING?

WHERE I CAME FROM WHERE ARE YOU GOING?

WHERE YOU CAME FROM

WHERE DID I COME FROM?

WHERE I'M GOING

335

NIEGO

Ni EGO

NIEGO = I negate/deny.
NI EGO = nor ego

SINO = fate
NO = no
SÍ = yes

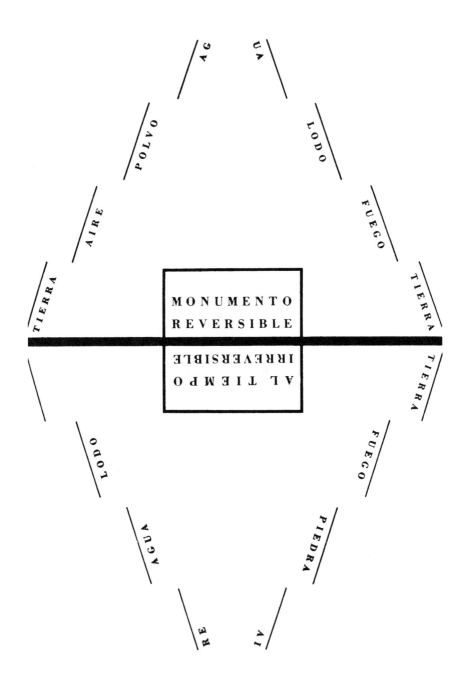

Reversible monument to irreversible time
EARTH   AIR   DUST   WATER   MUD   FIRE   EARTH
————   MUD   WATER   AIR   STONE   FIRE   EARTH

CIFRA = cipher
COMO = like
CALMA = calm
CERO = zero
COLMO = abundance

VUELTA

RETURN
1969-1975

A VISTA DE PÁJARO
A Guillermo Sucre

Furiosamente
                    gira
sobre un reflejo
                    cae
en línea recta
                    afilada
blancura
                    asciende
ya sangriento el pico
sal dispersa
                    apenas línea
al caer
            recta
tu mirada
                    sobre esta página
disuelta

EL FUEGO DE CADA DÍA
A Juan García Ponce

Como el aire
                    hace y deshace
sobre las páginas de la geología,
sobre las mesas planetarias,
sus invisibles edificios:
                    el hombre.
Su lenguaje es un grano apenas,
pero quemante,
                    en la palma del espacio.

Configurations

BIRD'S EYE VIEW
for Guillermo Sucre

Furiously
        it whirls around
over a reflection
          falls
in a straight line
            clear-cut
whiteness
        ascends
the beak now blood-red
scattered salt
          scarcely a line
as it falls
        straight
your glance
          over this page
dissolved   [C.T.]

THE DAILY FIRE
for Juan García Ponce

As the air
        constructs and destroys
invisible buildings
on the pages of geology,
on the planetary mesas:
              man.
His language is barely a seed,
yet it burns
        in the palm of space.

Sílabas son incandescencias.
También son plantas:
                    sus raíces
fracturan el silencio,
                    sus ramas
construyen casas de sonidos.
                         Sílabas:
se enlazan y se desenlazan,
                         juegan
a las semejanzas y las desemejanzas.

Sílabas:
          maduran en las frentes,
florecen en las bocas.
                    Sus raíces
beben noche, comen luz.
                         Lenguajes:
árboles incandescentes
de follajes de lluvias.

Vegetaciones de relámpagos,
geometrías de ecos:
sobre la hoja de papel
el poema se hace
                    como el día
sobre la palma del espacio.

POR LA CALLE DE GALEANA
A Ramón Xirau

Golpean martillos allá arriba
          voces pulverizadas
Desde la punta de la tarde bajan
          verticalmente los albañiles

Estamos entre azul y buenas noches
          aquí comienzan los baldíos
Un charco anémico de pronto llamea
          la sombra de un colibrí lo incendia

Syllables are incandescent.
And they are plants:
                    their roots
fracture silence,
                    their branches
build houses of sound.
                    Syllables:
they twine and untwine,
                    play
at likeness and unlikeness.

Syllables:
                    they ripen in the mind,
flower in the mouth.
                    Their roots
drink night, eat light.
                    Languages:
trees incandescent
with leaves of rain.

Lightning vegetation,
geometries of echoes:
on a sheet of paper
the poem builds itself
                    as the day
on the palm of space.

ALONG GALEANA STREET
for Ramón Xirau

Hammers pound there above
        pulverized voices
From the top of the afternoon
        the builders come straight down

We're between blue and good evening
        here begin vacant lots
A pale puddle suddenly blazes
        the shade of the hummingbird ignites it

Al llegar a las primeras casas
el verano se oxida
Alguien ha cerrado la puerta alguien
habla con su sombra

Pardea ya no hay nadie en la calle
ni siquiera este perro
asustado de andar solo por ella
Da miedo cerrar los ojos

PALABRAS EN FORMA DE TOLVANERA
A José Emilio Pacheco

Abro la ventana
        que da
a ninguna parte
        La ventana
que se abre hacia dentro
        El viento
levanta
        instantáneas   livianas
torres de polvo giratorio
        Son
más altas que esta casa
        Caben
en esta hoja
        Caen y se levantan
Antes que digan
        algo
al doblar la hoja
        se dispersan

Torbellinos de ecos
        aspirados   inspirados
por su propio girar
        Ahora
se abren en otro espacio
        Dicen
no lo que dijimos

Reaching the first houses
    the summer oxidizes
Someone has closed the door   someone
    speaks with his shadow

It darkens   There's no one in the street now
    not even this dog
scared to walk through it alone
    One's afraid to close one's eyes   [E.B.]

WORDS IN THE SHAPE OF A CLOUD OF DUST
for José Emilio Pacheco

I open the window
        that looks out
on nowhere
      the window
that looks in
    The wind
raises
    sudden   weightless
towers of whirling dust
        They are
higher than this house
        They could fit
on this page
    They fall and rise
Before they can say
      anything
turning the page
      they scatter

Whirlwinds of echoes
      respired   inspired
by their own turning
      Now
they open into another space
      They say
not what we said

otra cosa siempre otra
la misma cosa siempre
Palabras del poema
no las decimos nunca
El poema nos dice

LA ARBOLEDA

A Pere Gimferrer

Enorme y sólida
pero oscilante,
golpeada por el viento
pero encadenada,
rumor de un millón de hojas
contra mi ventana.
Motín de árboles,
oleaje de sonidos verdinegros.
La arboleda,
quieta de pronto,
es un tejido de ramas y frondas.
Hay claros llameantes.
Caída en esas redes
se revuelve,
respira
una materia violenta y resplandeciente,
un animal iracundo y rápido,
cuerpo de lumbre entre las hojas:
el día.

A la izquierda del macizo,
más idea que color,
poco cielo y muchas nubes,
el azuleo de una cuenca
rodeada de peñones en demolición,
arena precipitada
en el embudo de la arboleda.
En la región central
gruesas gotas de tinta
esparcidas

         something else always something else
the same thing always
         We never say
the words of the poem
         The poem tells us

THE GROVE

for Pere Gimferrer

Enormous and solid
         but swaying,
beaten by the wind
         but chained,
murmur of a million leaves
against my window.
         Riot of trees,
surge of dark green sounds.
         The grove,
suddenly still,
         is a web of fronds and branches.
But there are flaming spaces
         and, fallen into these meshes,
—restless,
         breathing—
is something violent and resplendent,
an animal swift and wrathful,
a body of light among the leaves:
         the day.

To the left, above the wall,
         more idea than color,
a bit of sky and many clouds,
         a tile-blue basin
bordered by big, crumbling rocks,
         sand cast down
into the funnel of the grove.
         In the middle
thick drops of ink
         spattered

sobre un papel que el poniente inflama,
negro casi enteramente allá,

                en el extremo sudeste,
donde se derrumba el horizonte.

                        La enramada,
vuelta cobre, relumbra.

               Tres mirlos
atraviesan la hoguera y reaparecen,

                    ilesos,
en una zona vacía: ni luz ni sombra.

                     Nubes
en marcha hacia su disolución.

Encienden luces en las casas.
El cielo se acumula en la ventana.

                  El patio,
encerrado en sus cuatro muros,

                     se aísla más y más.
Así perfecciona su realidad.

                El bote de basura,
la maceta sin planta,

           ya no son,
sobre el opaco cemento,

                sino sacos de sombras.
Sobre sí mismo

        el espacio
se cierra.

        Poco a poco se petrifican los nombres.

PAISAJE INMEMORIAL

A José de la Colina

Se mece aérea

        se desliza
entre ramas   troncos   postes
revolotea

       perezosa
entre los altos frutos eléctricos

on a sheet of paper inflamed by the west;
it's black, there, almost entirely,
                              in the far southeast,
where the horizon breaks down.
                              The bower
turns copper, shines.
                    Three blackbirds
pass through the blaze and reappear,
                              unharmed,
in the empty space: neither light nor shade.
                                        Clouds
on the way to their dissolution.

Lights are lit in the houses.
The sky gathers in the window.
                         The patio
enclosed in its four walls
                    grows more and more secluded.
Thus it perfects its reality.
                    And now the trash can,
the empty flower pot,
                    on the blind cement
contain nothing but shadows.
                         Space closes
over itself.
          Little by little the names petrify.   [E.B.]

IMMEMORIAL LANDSCAPE
for José de la Colina

Airily flutters
          slips
among branches   trunks   poles
lazily
     hovers over
the high electric fruit

cae
    oblicua
        ya azul
sobre la otra nieve

        Hecha
de la misma inmateria que la sombra
no arroja sombra alguna
           Tiene
la densidad del silencio
          La nieve
es nieve pero quema

       Los faros
perforan súbitos túneles
           al instante
desmoronados
      La noche
acribillada
      crece se adentra
se ennochece
      Pasan
los autos obstinados
         todos
por distintas direcciones
hacia el mismo destino

       Un día
en los tallos de hierro
estallarán las lámparas
       Un día
el mugido del río de motores
ha de apagarse
     Un día
estas casas serán colinas
otra vez
    el viento entre las piedras
hablará a solas
      Oblicua
entre las sombras

it falls
    aslant
        still blue
on the other snow

            Made
of the same immaterial as shadow
it casts no shadow
        As dense
as silence
    this snow
is snow, but it burns

            Headlights
drill quick tunnels
        in a moment
collapsed
    Night
riddled
    grows inward
turns to night
        Obstinate cars
go by
all in different directions
to the same place

        One day
the streetlights will explode
from their iron stalks
        One day
the bellowing river of engines
will stop
        One day
these houses will be hills
once more
      the wind in the stones
will talk only to itself
        Aslant
among the shadows

insombra
ha de caer
casi azul
sobre la tierra
La misma de ahora
la nieve de hace un millón de años

TROWBRIDGE STREET

1

El sol dentro del día
El frío dentro del sol
Calles sin nadie
autos parados
Todavía no hay nieve
hay viento viento
Arde todavía
en el aire helado
un arbolito rojo
Hablo con él al hablar contigo

2

Estoy en un cuarto abandonado del lenguaje
Tú estás en otro cuarto idéntico
O los dos estamos
en una calle que tu mirada ha despoblado
El mundo
imperceptiblemente se deshace
Memoria
desmoronada bajo nuestros pasos
Estoy parado a la mitad de esta línea
no escrita

3

Las puertas se abren y cierran solas
El aire
entra y sale por nuestra casa
El aire
habla a solas al hablar contigo
El aire

                        unshadow
        will fall
                almost blue
        on the earth
                        The same as tonight
        the million-year-old snow

TROWBRIDGE STREET

1

Sun throughout the day
                        Cold throughout the sun
Nobody on the streets
                        parked cars
Still no snow
                but wind wind
A red tree
            still burns
in the chilled air
Talking to it I talk to you

2

I am in a room abandoned by language
You are in another identical room
Or we both are
on a street your glance has depopulated
The world
imperceptibly comes apart
                        Memory
decayed beneath our feet
I am stopped in the middle of this
unwritten line

3

Doors open and close by themselves
                                Air
enters and leaves our house
                                Air
talks to itself talking to you
                                Air

sin nombre por el pasillo interminable
No se sabe quién está del otro lado
                                    El aire
da vueltas y vueltas por mi cráneo vacío
                                        El aire
vuelve aire todo lo que toca
                            El aire
con dedos de aire disipa lo que digo
Soy aire que no miras
No puedo abrir tus ojos
                            No puedo cerrar la puerta
El aire se ha vuelto sólido

4

Esta hora tiene la forma de una pausa
La pausa tiene tu forma
Tú tienes la forma de una fuente
no de agua sino de tiempo
En lo alto del chorro de la fuente
saltan mis pedazos
el fui   el soy   el no soy todavía
Mi vida no pesa
                        El pasado se adelgaza
El futuro es un poco de agua en tus ojos

5

Ahora tienes la forma de un puente
Bajo tus arcos navega nuestro cuarto
Desde tu pretil nos vemos pasar
Ondeas en el viento más luz que cuerpo
En la otra orilla el sol crece
                                al revés
Sus raíces se entierran en el cielo
Podríamos ocultarnos en su follaje
Con sus ramas prendemos una hoguera
El día es habitable

nameless in the endless corridor
Who knows who is on the other side?
                                        Air
turns and turns in my empty skull
                                Air
turns to air everything it touches
                                Air
with air-fingers scatters everything I say
I am the air you don't see
I can't open your eyes
                                I can't close the door
The air has turned solid

4

This hour has the shape of a pause
This pause has your shape
You have the shape of a fountain made
not of water but of time
My pieces bob
at the jet's tip
what I was   am   still am not
My life is weightless
                                The past thins out
The future   a little water in your eyes

5

Now you have a bridge-shape
Our room navigates beneath your arches
From your railing we watch us pass
You ripple with wind   more light than body
The sun on the other bank
                                grows upside down
Its roots buried deep in the sky
We could hide ourselves in its foliage
Build a bonfire with its branches
The day is habitable

6

El frío ha inmovilizado al mundo
El espacio es de vidrio
                    El vidrio es de aire
Los ruidos más leves erigen
súbitas esculturas
El eco las multiplica y las dispersa
Tal vez va a nevar
Tiembla el árbol encendido
Ya está rodeado de noche
Al hablar con él hablo contigo

3   ANOTACIONES/ROTACIONES

1.   DOS EN UNO

Baja
desnuda

la luna   la mujer
por el pozo   por mis ojos

2.   RETRATO

Al mirarme   a mí

TÚ

te miras   a ti

6

The cold has immobilized the world
Space is made of glass
                                Glass made of air
The lightest sounds build
quick sculptures
Echoes multiply and scatter them
Maybe it will snow
The burning tree quivers
surrounded now by night
Talking to it I talk to you

3 NOTATIONS / ROTATIONS

1. TWO IN ONE

Naked
falling

moon   woman
in the lake   in my eyes

2. PORTRAIT

Looking   at me

YOU

look   at you

3 ADIVINANZA EN FORMA DE OCTÁGONO

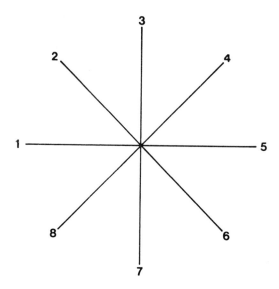

Coloque cada una de las 8 frases en cada una de las 8 líneas, de modo que, leídas del 1 al 8, formen dos oraciones paralelas.

1 Tú en el centro
2 El cuchillo del sol
3 Parte este octágono
4 Ojos nariz manos lengua orejas
5 Este y Oeste Norte y Sur
6 Reparte este pan
7 El abismo está en el centro
8 Ver oler tocar gustar oír

3. RIDDLE IN THE SHAPE OF AN OCTAGON

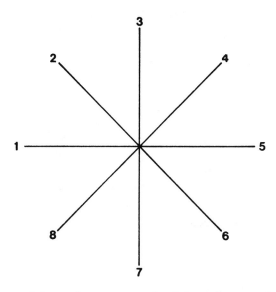

Place each one of the 8 phrases on each of the 8 lines so that, read from 1 to 8, they form parallel statements.

1 You at the center
2 The sun's knife
3 Divides this octagon
4 Eyes nose hands tongue ears
5 East and West North and South
6 Cuts this bread
7 The abyss is at the center
8 See smell touch taste hear

VUELTA

A José Alvarado

Mejor será no regresar al pueblo,
al edén subvertido que se calla
en la mutilación de la metralla.
Ramón López Velarde

Voces al doblar la esquina
                    voces
entre los dedos del sol
                    sombra y luz
casi líquidas
            Silba el carpintero
silba el nevero
            silban
tres fresnos en la plazuela
                    Crece
se eleva el invisible
follaje de los sonidos
                Tiempo
tendido a secar en las azoteas
Estoy en Mixcoac
                En los buzones
se pudren las cartas
                    Sobre la cal del muro
la mancha de la buganvilla
                        aplastada por el sol
escrita por el sol
                    morada caligrafía pasional
Camino hacia atrás
                hacia lo que dejé
o me dejó
        Memoria

Mexico City

RETURN
for José Alvarado

> It's better not to go back to the village,
> the subverted paradise silent
> in the shatter of shrapnel.
> Ramón López Velarde

Voices at the corner's turn
voices
through the sun's spread hand
almost liquid
shadow and light
The carpenter whistles
the iceman whistles
three ash trees
whistling in the plaza
The invisible
foliage of sounds growing
rising up
Time
stretched to dry on the rooftops
I am in Mixcoac
Letters rot
in the mailboxes
The bougainvillea
against the wall's white lime
flattened by the sun
a stain a purple
passionate calligraphy
written by the sun
I am walking back
back to what I left
or to what left me
Memory

inminencia de precipicio
                              balcón
sobre el vacío

                    Camino sin avanzar
estoy rodeado de ciudad
                    Me falta aire
me falta cuerpo
                    me faltan
la piedra que es almohada y losa
la yerba que es nube y agua
Se apaga el ánima
                    Mediodía
puño de luz que golpea y golpea
Caer en una oficina
                              o sobre el asfalto
ir a parar a un hospital
                              la pena de morir así
no vale la pena
                    Miro hacia atrás
ese pasante
                    ya no es sino bruma

Germinación de pesadillas
infestación de imágenes leprosas
en el vientre los sesos los pulmones
en el sexo del templo y del colegio
en los cines
                    impalpables poblaciones del deseo
en los sitios de convergencia del aquí y el allá
el esto y el aquello
                              en los telares del lenguaje
en la memoria y sus moradas
pululación de ideas con uñas y colmillos
multiplicación de razones en forma de cuchillos
en la plaza y en la catacumba
en el pozo del solitario
en la cama de espejos y en la cama de navajas
en los albañales sonámbulos
en los objetos del escaparate
sentados en un trono de miradas

edge of the cliff
                    balcony
over the void

                    I walk and do not move forward
I am surrounded by city
                    I lack air
lack body
          lack
the stone that is pillow and slab
the grass that is cloud and water
Spirit flickers
          Noon
pounding fist of light
To collapse in an office
                    or onto the pavement
to end up in a hospital
                    the pain of dying like that
isn't worth the pain
          I look back
that passerby
          nothing now but mist

Germination of nightmares
infestation of leprous images
in the belly brains lungs
in the genitals of the college and the temple
in the movie houses
                    the ghost populations of desire
in the meeting-places of here and there
this and that
          in the looms of language
in memory and its mansions
teeming clawed tusked ideas
swarms of reasons shaped like knives
in the catacombs in the plaza
in the hermit's well
in the bed of mirrors and in the bed of razors
in the sleepwalking sewers
in the objects in the store window
seated on their throne of glances

Madura en el subsuelo
la vegetación de los desastres
                            Queman
millones y millones de billetes viejos
en el Banco de México
                            En esquinas y plazas
sobre anchos zócalos de lugares comunes
los Padres de la Iglesia cívica
cónclave taciturno de Gigantes y Cabezudos
ni águilas ni jaguares
                            los licenciados zopilotes
los tapachiches
                    alas de tinta mandíbulas de sierra
los coyotes ventrílocuos
                            traficantes de sombra
los beneméritos
                    el cacomixtle ladrón de gallinas
el monumento al Cascabel y a su víbora
los altares al máuser y al machete
el mausoleo del caimán con charreteras
esculpida retórica de frases de cemento

Arquitecturas paralíticas
                            barrios encallados
jardines en descomposición
                            médanos de salitre
baldíos
            campamentos de nómadas urbanos
hormigueros gusaneras
                            ciudades de la ciudad
costurones de cicatrices
                            callejas en carne viva
Ante la vitrina de los ataúdes
                            Pompas Fúnebres
putas
        pilares de la noche vana
                            Al amanecer
en el bar a la deriva
                    el deshielo del enorme espejo
donde los bebedores solitarios

The vegetation of disaster
ripens beneath the ground
                    They are burning
millions and millions of old notes
in the Bank of Mexico
                    On corners and in plazas
on the wide pedestals of the public squares
the Fathers of the Civic Church
a silent conclave of puppet buffoons
neither eagles nor jaguars
                    buzzard lawyers
locusts
          wings of ink   sawing mandibles
ventriloquist coyotes
                    peddlers of shadows
beneficent satraps
                    the cacomistle   thief of hens
the monument to the Rattle and its snake
the altar to the mauser and the machete
the mausoleum of the epauletted cayman
rhetoric sculpted in phrases of cement

Paralytic architecture
                    stranded districts
rotting municipal gardens
                    mounds of saltpeter
deserted lots
               camps of urban nomads
ants' nests worm-farms
                    cities of the city
thoroughfares of scars
                    alleys of living flesh
Funeral Parlor
               by a window display of coffins
whores
          pillars of vain night
                    At dawn
in the drifting bar
                    the enormous mirror thaws
the solitary drinkers

contemplan la disolución de sus facciones
El sol se levanta de su lecho de huesos
El aire no es aire
                    ahoga sin brazos ni manos
El alba desgarra la cortina
                              Ciudad
montón de palabras rotas

                              El viento
en esquinas polvosas
                              hojea los periódicos
Noticias de ayer
                    más remotas
que una tablilla cuneiforme hecha pedazos
Escrituras hendidas
                    lenguajes en añicos
se quebraron los signos
                              , atl tlachinolli
                    se rompió
                              agua quemada
No hay centro
                    plaza de congregación y consagración
no hay eje
                    dispersión de los años
desbandada de los horizontes
                              Marcaron a la ciudad
en cada puerta
                    en cada frente
                              el signo $

Estamos rodeados
                    He vuelto adonde empecé
¿Gané o perdí?
                    (*Preguntas*
¿qué leyes rigen "éxito" y "fracaso"?
Flotan los cantos de los pescadores
ante la orilla inmóvil
                              Wang Wei al Prefecto Chang
desde su cabaña en el lago
                              Pero yo no quiero
una ermita intelectual

contemplate the dissolution of their faces
The sun rises from its bed of bones
The air is not air
                          it strangles without arms or hands
Dawn rips the curtains
                          City
heap of broken words

                          Wind
on the dusty corners
                          turns the papers
Yesterday's news
                          more remote
than a cuneiform tablet smashed to bits
Cracked scriptures
                          languages in pieces
the signs were broken
                          atl tlachinolli
                                            was split
                          burnt water
There is no center
                          plaza of congregation and consecration
there is no axis
                          the years dispersed
horizons disbanded
                          They have branded the city
on every door
                          on every forehead
                                            the $ sign

We are surrounded
                          I have gone back to where I began
Did I win or lose?
                          (*You ask*
what laws rule "success" and "failure"?
The songs of the fishermen float up
from the unmoving riverbank
                                            Wang Wei to the Prefect Chang
from his cabin on the lake
                          But I don't want
an intellectual hermitage

en San Ángel o en Coyoacán)
                              Todo es ganancia
si todo es pérdida
                    Camino hacia mí mismo
hacia la plazuela
                  El espacio está adentro
no es un *edén subvertido*
                              es un latido de tiempo
Los lugares son confluencias
                              aleteo de presencias
en un espacio instantáneo
                          Silba el viento
entre los fresnos
                  surtidores
luz y sombra casi líquidas
                          voces de agua
brillan   fluyen   se pierden
                              me dejan en las manos
un manojo de reflejos
                      Camino sin avanzar
Nunca llegamos
                Nunca estamos en donde estamos
No el pasado
            el presente es intocable

A LA MITAD DE ESTA FRASE . . .

No estoy en la cresta del mundo.
                                El instante
no es columna de estilita,
                          no sube
desde mis plantas el tiempo,
                            no estalla
en mi cráneo en una silenciosa explosión negra,
iluminación idéntica a la ceguera.
Estoy en un sexto piso,
                        estoy
en una jaula colgada del tiempo.

in San Angel or Coyoacán)
                              All is gain
if all is lost
            I walk toward myself
toward the plaza
                    Space is within
it is not a *subverted paradise*
                              it is a pulse-beat of time
Places are confluences
                    flutters of beings
in an instantaneous space
                              Wind whistles
in the ash trees
                  fountains
almost liquid light and shadow
                                   voices of water
shine   flow   are lost
                    a bundle of reflections
left in my hands
                  I walk without moving forward
We never arrive
                  Never reach where we are
Not the past
            the present is untouchable

IN THE MIDDLE OF THIS PHRASE . . .

I am not at the top of the world.
                              The moment
is not the stylite's pillar,
                    time
doesn't rise from my feet,
                        doesn't burst
in my skull with a silent black explosion,
an illumination identical to blindness.
I am on the sixth floor,
                  I am
in a cage dangling from time.

Sexto piso:
         marea y martilleo,
pelea de metales,
           despeñavidrierío,
motores con rabia ya humana.
              La noche
es un rumor que se desgaja,
            un cuerpo
que al abrazarse se desgarra.
             Ciega,
religa a tientas sus pedazos,
              junta
sus nombres rotos, los esparce.
Con las yemas cortadas
se palpa en sueños la ciudad.

No estoy en el crucero:
            elegir
es equivocarse.
        Estoy
en la mitad de esta frase.
            ¿Hacia dónde me lleva?
Retumba de tumbo en tumbo,
            hechos y fechas,
mi nacicaída:
          calendario que se desmiembra
por las concavidades de mi memoria.
Soy el costal de mis sombras.

             Declive
hacia los senos fláccidos de mi madre.
Colinas arrugadas,
           lavadas lavas,
llano de llanto,
          yantar de salitre.
Dos obreros abren el hoyo.
            Desmoronada
boca de ladrillo y cemento.
         Aparece
la caja desencajada:
          entre tablones hendidos

Sixth floor:
        clatter and surf,
battle of metals,
          glasshatter,
engines with a rage now human.
               The night
is a disjointed murmur,
          a body
caressing itself, tearing itself apart.
               Blind,
clumsily soldering its pieces,
             it collects
its broken names and scatters them.
With lopped fingers
the city touches itself in dreams.

I am not at a crossroads:
          to choose
is to go wrong.
        I am
in the middle of this phrase.
             Where will it take me?
Rumbling tumble,
          data and date,
my birthfall:
          calendar dismembered
in the hollows of my memory.
I am the sack of my shadows.

             Descent
to the slack breasts of my mother.
Wrinkled hills,
          swabbed lava,
sobbing fields,
          saltpeter meals.
Two workmen open the pit.
             Crumbled
mouth of cement and brick.
The wracked box appears:
             through the loose planks

el sombrero gris perla,
              el par de zapatos,
el traje negro de abogado.
                  Huesos, trapos, botones:
montón de polvo súbito
              a los pies de la luz.
Fría, *no usada luz,*
            casi dormida,
luz de la madrugada
              recién bajada del monte,
pastora de los muertos.
              Lo que fue mi padre
cabe en ese saco de lona
               que un obrero me tiende
mientras mi madre se persigna.
                Antes de terminarse
la visión se disipa:
            estoy en la mitad,
colgado en una jaula,
              colgado en una imagen.
El origen se aleja,
            el fin se desvanece.

No hay fin ni principio:
              estoy en la pausa,
no acabo ni comienzo,
            lo que digo
no tiene pies ni cabeza.
              Doy vueltas en mí mismo
y siempre encuentro
            los mismos nombres,
los mismos rostros
             y a mí mismo no me encuentro.
Mi historia no es mía:
            sílaba de esa frase rota
que en su delirio circular
             repite la ciudad, repite.
Ciudad, mi ciudad,
           estela afrentada,
piedra deshonrada,

the pearl-grey hat,
                the pair of shoes,
the lawyer's black suit.
                    Bones, buttons, rags:
sudden heap of dust
                at the light's feet.
Cold, *unused light,*
                almost sleeping,
dawn light,
            just down from the hills,
shepherdess of the dead.
                    That which was my father
fits in that canvas sack
                a workman hands me
as my mother crosses herself.
                    The vision scatters
before the end:
            I am in the middle,
dangling in a cage,
              dangling in an image.
The beginning drifts off,
                the end vanishes.

There is neither start nor finish:
                    I am in the pause,
I neither end nor begin,
            what I say
has neither hands nor feet.
                  I turn around within myself
and always find
              the same names,
the same faces,
              and never find myself.
My history is not mine:
                a syllable from that broken phrase
the city in its circular fever
                repeats and repeats.
City, my city,
            scorned stela,
dishonored stone,

                   nombre escupido.
Tu historia es la Historia:
                   destino
enmascarado de libertad,
                  estrella
errante y sin órbita,
              juego
que todos jugamos sin saber las reglas,
juego que nadie gana,
                juego sin reglas,
desvarío de un dios especulativo,
                    un hombre
vuelto dios tartamudo.
                Nuestros oráculos
son los discursos del afásico,
                 nuestros profetas
son videntes con anteojos.
              Historia:
ir y venir sin fin, sin comienzo.

Nadie ha ido allá,
            nadie
ha bebido en la fuente,
            nadie
ha abierto los párpados de piedra del tiempo,
                      nadie
ha oído la primera palabra,
              nadie oirá la última,
la boca que la dice habla a solas,
              nadie
ha bajado al hoyo de los universos,
              nadie
ha vuelto del muladar de soles.

                Historia:
basurero y arco iris.
              Escala
hacia las altas terrazas:
                siete notas
desvanecidas en la claridad.

name spat out.
Your story is History:
fate
masked as freedom,
errant,
orbitless star,
a game
we all play without knowing the rules,
a game that no one wins,
a game without rules,
the whim of a speculative god,
a man
turned into a stuttering god.
Our oracles
are aphasic,
our prophets
seers with glasses.
History:
a coming and going
with no beginning and no end.

No one has gone there,
no one
has drunk from the fountain,
no one
has opened the stone eyelids of time,
no one
has heard the first word,
no one will hear the last,
the mouth that speaks it talks only to itself,
no one
has gone down to the pit of the universes,
no one
has returned from the dungheap of the suns.

History:
dump and rainbow.
Scale
to the high terraces:
seven notes
dissolved in clarity.

Palabras sin sombra.
No las oímos, las negamos,
dijimos que no existían:
nos quedamos con el ruido.
Sexto piso:
estoy en la mitad de esta frase:
¿hacia
dónde me lleva?
Lenguaje despedazado.
Poeta: jardinero de epitafios.

PETRIFICADA PETRIFICANTE

Terramuerta
terrisombra nopaltorio temezquible
lodosa cenipolva pedrósea
fuego petrificado
cuenca vaciada
el sol no se bebió el lago
no lo sorbió la tierra
el agua no regresó al aire
los nombres fueron los ejecutores del polvo
el viento
se revuelca en la cama fría del fuego
el viento
en la tumba del agua
recita las letanías de la sequía
el viento
cuchillo roto en el cráter apagado
el viento
susurro de salitre

El sol
anicorazol centrotal caledadoro
se partió
la palabra que baja en lenguas de fuego
se quebró
el cuento y la cuenta de los años

                    Shadowless words.
We didn't hear them, we denied them,
                                        we said they don't exist:
we were content with noise.
                              Sixth floor:
I am in the middle of this phrase:
                                    where
will it take me?
                    Mangled language.
Poet: gardener of epitaphs.

THE PETRIFYING PETRIFIED

Deadland
            shadowland cactideous nopalopolis
rockboned mudded ashdust
                              empty socket
petrified fire
                the sun did not drink the lake
the earth did not absorb it
                              the water did not vanish into the air
men were the executors of the dust
wind
        swirled in the cold bed of fire
wind
        chanted litanies of drought
in the tomb of water
                        wind
broken knife in the worn crater
                                    wind
saltpeter whisper

                    The sun
solaortasoul centrotal soldonage
                                    split
the word that came down in tongues of fire
                                            smashed
the account and the count of the years

el canto de los días
                    fue lluvia de chatarra
pedregal de palabras
                    silabarios de arena
gritos machacados
                    talómordaz afrenoboz alrronzal
caídos caínes neblinosos
                    abeles en jirones
sectarios sicarios
                    idólatras letrados
ladinos ladrones
                    ladridos del can tuerto
el guía de los muertos
                    perdido
en los giros del Ombligo de la Luna

Valle de México
                    boca opaca
lava de bava
                    desmoronado trono de la Ira
obstinada obsidiana
                    petrificada
petrificante
            Ira
                    torre hendida
talla larga como un aullido
                    pechos embadurnados
frente enfoscada
                    mocosangre verdeseca
                                        Ira
fijeza clavada en una herida
                    iranavaja cuchimirada
sobre un país de espinas y de púas

                                        Circo de montes
teatro de las nubes
                    mesa del mediodía
estera de la luna

the chant of the days
                        was a rain of scrap iron
slagheap of words
                    sand primers
crushed screams
                    hoofmuz zlebridlehar nessbit
whining waning Cains
                        Abels in rubble
partisan assassins
                        pagan pedagogues
slick crooks
                    the woofs of the one-eyed dog
guide of the dead
                    lost
in the coils of the Navel of the Moon

Valley of Mexico
                        lips in eclipse
lava slobber
                    Rage's rotten throne
obstinate obsidian
                        petrified
petrifying
            Rage
                    broken tower
tall as a scream
                        smeared breasts
taut brow
                    greendry bloodsnot
                                Rage
nailed in a wound
                        ragerazor gazerblade
on a land of tines and spines

                            Circus of mountains
theater of clouds
                    table of noon
mat of the moon

         jardín de planetas
tambor de la lluvia
            balcón de las brisas
silla del sol
        juego de pelota de las constelaciones
Imágenes reventadas
         imágenes empaladas
salta la mano cortada
         salta la lengua arrancada
saltan los senos tronchados
         la verga guillotinada
tristrás en el polvo tristrás
         en el patio trasero
podan el árbol de sangre
         el árbol inteligente

Polvo de imágenes disecadas
         La Virgen
corona de culebras
        El Desollado
El Flechado
       El Crucificado
El Colibrí
        chispa con alas
tizónflor
       La Llama
que habla con palabras de agua
         La Señora
pechos de vino y vientre de pan
         horno
donde arden los muertos y se cuecen los vivos
La Araña
       hija del aire
en su casa de aire
         hila la luz
hila los días y los siglos
         El Conejo
viento
      esculpido en el espejo de la luna

              garden of planets
drum of rain
          balcony of breezes
seat of the sun
            ball-game of the constellations
Bursting images
           impaled images
the lopped hand leaps
            the torn tongue leaps
the sliced breasts leap
          the guillotined penis
over and over in the dust over and over
                 in the courtyard
they trim the tree of blood
          the intelligent tree

The dust of stuffed images
          The Virgin
crown of snakes
        The Flayed
The Felled-by-Arrows
         The Crucified
The Hummingbird
        winged spark
flowerbrand
       The Flame
who speaks with words of water
           Our Lady
breasts of wine and belly of bread
             oven
where the dead burn and the living bake
The Spider
       daughter of air
in her house of air
          spins light
spins centuries and days
         The Rabbit
wind
     carved in the mirror of the moon

                          Imágenes enterradas
en el ojo del perro de los muertos
                     caídas
en el pozo cegado del origen
                       torbellinos de reflejos
en el teatro de piedra de la memoria
                     imágenes
girantes en el circo del ojo vaciado
                     ideas
rojas verdes pardas
                     enjambre de moscas
las ideas se comieron a los dioses
                     los dioses
se volvieron ideas
                     grandes vejigas de bilis
las vejigas reventaron
                     los ídolos estallaron
pudrición de dioses
                     fue muladar el sagrario
el muladar fue criadero
                     brotaron ideas armadas
idearios ideodioses
                     silogismos afilados
caníbales endiosados
                     ideas estúpidas como dioses
perras rabiosas
                     perras enamoradas de su vómito

Hemos desenterrado a la Ira
El anfiteatro del sol genital es un muladar
La fuente del agua lunar es un muladar
El parque de los enamorados es un muladar
La biblioteca es una madriguera de ratas feroces
La universidad es el charco de las ranas
El altar es la tramoya de Chanfalla
Los cerebros están manchados de tinta
Los doctores discuten en la ladronera
Los hombres de negocios
manos rápidas pensamientos lentos

                                        Images buried
in the eye of the dog of the dead
                                    fallen
in the blind well of origins
                                whirlwinds of reflections
in the stone theater of memory
                                images
whirling in the circus of the empty eye
                                    ideas
of red brown and green
                        swarms of flies
ideas ate the deities
                    the deities
became ideas
                great bladders full of bile
the bladders burst
                    the idols exploded
putrefaction of deities
                            the sanctuary was a dungheap
the dungheap a nursery
                        armed ideas sprouted
ideolized ideodeities
                    sharpened syllogisms
cannibal deities
                ideas idotic as deities
rabid dogs
            dogs in love with their own vomit

We have dug up Rage
The amphitheater of the genital sun is a dungheap
The fountain of lunar water is a dungheap
The lovers' park is a dungheap
The library is a nest of killer rats
The university is a muck full of frogs
The altar is Chanfalla's swindle
The eggheads are stained with ink
The doctors dispute in a den of thieves
The businessmen
with fast hands and slow thoughts

ofician en el santuario
Los dialécticos exaltan la sutileza de la soga
Los casuistas hisopean a los sayones
Amamantan a la violencia con leche dogmática
La idea fija se emborracha con el contra
El ideólogo cubiletero
                          afilador de sofismas
en su casa de citas truncadas
trama edenes para eunucos aplicados
bosque de patíbulos   paraíso de jaulas
                Imágenes manchadas
            escupieron sobre el origen
carceleros del futuro   sanguijuelas del presente
        afrentaron el cuerpo vivo del tiempo
                Hemos desenterrado a la Ira

Sobre el pecho de México
                          tablas escritas por el sol
escalera de los siglos
                        terraza espiral del viento
baila la desenterrada
                    jadeo sed rabia
pelea de ciegos bajo el mediodía
                              rabia sed jadeo
se golpean con piedras
                    los ciegos se golpean
se rompen los hombres
                        las piedras se rompen
adentro hay un agua que bebemos
                                agua que amarga
agua que alarga más la sed

                        ¿Dónde está el agua otra?

negotiate in the graveyard
The dialecticians exalt the subtlety of the rope
The casuists sprinkle thugs with holy water
nursing violence with dogmatic milk
The fixed idea gets drunk with its opposite
The juggling ideologist
                          sharpener of sophisms
in his house of truncated quotations and assignations
plots Edens for industrious eunuchs
forest of gallows   paradise of cages
              Stained images
            spit on the origins
        future jailers   present leeches
        affront the living body of time
            We have dug up Rage

On the chest of Mexico
                          tablets written by the sun
stairway of the centuries
                          spiral terrace of wind
the disinterred dances
                          anger panting thirst
the blind in combat beneath the noon sun
                                    thirst panting anger
beating each other with rocks
                          the blind are beating each other
the men are crushing
                          the stones are crushing
within there is a water we drink
                          bitter water
water whetting thirst

              Where is the other water?

Confluencias

PIEL DEL MUNDO
SONIDO

> The skin of the world, the sound of the world.
> Robert Motherwell

Negro sobre blanco,
          azul,
                  el gigante grano de polen
estalla
       entre las grietas del tiempo,
entre las fallas de la conciencia.
                     Gruesas gotas
negras   blancas:
          lluvia de simientes.
El árbol semántico,
           planta pasional
mente sacudida,
           llueve hojas digitales:
río de manos
        sobre   hacia   entre.

Gotas de tinta mental.
          La lluvia roja
empapa hasta los huesos
         la palabra *España*,
palabra calcárea;
        el cisne de los signos,
el tintero de las transfiguraciones,
             lanza
dados de sombra sobre la tela;
la llamita roja de lengua azul,
         plantada
en la eminencia del pubis,
         dispara su kikirikí:

388

Confluences

"THE SKIN OF THE WORLD,
THE SOUND OF THE WORLD"
Robert Motherwell

Black on white,
   blue,
      the great grain of pollen
bursts
   in the cracks of time,
in the clefts of consciousness.
        Thick drops
black white:
     rain of seeds.
The semantic tree,
      passion plant,
seminal mind,
      rains finger-shaped leaves:
a river of hands
     over toward between.

Mental inkdrops.
    Red rain
drenching to the bone
      the word *España*,
calcareous word;
      swan of signs,
the inkwell of transfigurations
        tosses
shadow-dice against the canvas;
the red flame with a blue tongue
       planted
on the pubic hill
    crows *kikirikí:*

Je t'aime con pan y metáforas de pan,
                              Je t'aime
y te ato con interminables cintas de metonimias,
Je t'aime entre paréntesis imantados,
                              Je t'aime
caída en esta página,
                    isla
en el mar de las perplejidades.

La marea de los ocres,
                    su cresta verdeante,
su grito blanco,
                    el desmoronamiento del horizonte
sobre metros y metros de tela desierta,
                              el sol,
la traza de sus pasos en el cuadro,
                              colores-actos,
los hachazos del negro,
                    la espiral del verde,
el árbol amarilla que da frutos de lumbre,
                              el azul
y sus pájaros al asalto del blanco,
                              espacio
martirizado por la idea,
                    por la pasión tatuado.

Las líneas,
                    vehemencia y geometría,
cables de alta tensión:
                    la línea bisturí,
la línea fiel de la balanza,
                    la mirada-línea

que parte al mundo y lo reparte como un pan.

En un pedazo de tela,
                    lugar de la aparición,
el cuerpo a cuerpo:
                    la idea hecha acto.

Je t'aime with bread and metaphors for bread,
                                                    Je t'aime
I tie you with endless ribbons of metonymies,
Je t'aime between magnetic parentheses,
                                              Je t'aime
        fallen on this page,
                        island
in a sea of perplexities.

The ocher tide
                        its green crest,
its white cry,
                the collapse of the horizon
on yards and yards of deserted canvas,
                                              the sun,
track of its steps through the picture,
                                        color-acts,
axe-blows of black,
                        spiral of green,
yellow tree and its blazing fruit,
                                blue
and its birds assaulting the white,
                                        space
martyred by ideas,
                        tattooed by passion.

Lines,
        vehemence and geometry,
high-tension wires:
                        the scalpel line,
the pointer of a balance,
                                the sight line
that divides the world like a loaf of bread.

Place of apparitions
                        on a piece of canvas,
face to face:
                idea made act.

Chi ama crede:

el cuadro ^{lleno}_{vacío} plural   único   otro

respira igual a sí mismo ya:

espacio reconquistado.

CARA AL TIEMPO

A Manuel Álvarez Bravo

Fotos,

tiempo suspendido de un hilo verbal:

Montaña negra/nube blanca,

Muchacha viendo pájaros.

Los títulos de Manuel

no son cabos sueltos:

son flechas verbales,

señales encendidas.

El ojo piensa,

el pensamiento ve,

la mirada toca,

las palabras arden:

Dos pares de piernas,

Escala de escalas,

Un gorrión, ¡claro!,

Casa de lava.

Instantánea

y lenta mente:

lente de revelaciones

Del ojo a la imagen al lenguaje

(ida y vuelta)

Manuel fotografía

(nombra)

esa hendedura imperceptible

entre la imagen y su nombre,

la sensación y la percepción:

el tiempo.

La flecha del ojo

justo

Chi ama crede:

the picture $^{empty}_{full}$ plural unique another

breathes still equal to itself:

reconquered space.

FACING TIME
for Manuel Álvarez Bravo

Photos:
time dangling from a verbal thread:
Black mountain / white cloud,

Girl selling birds.

Manuel's titles
are not coincidences:
they are verbal arrows,

flaming signs.

The eye thinks,
thought sees,
glances touch,
words burn:
Two pairs of legs,

Scale of scales,
A sparrow, of course!,

House of lava.

Instantaneous
and methodical:
lens of revelations.
From eye to image to language
(there and back)

Manuel photographs
(names)
that imperceptible line
between the image and its name,
sensation and perception:

time.

The arrow of the eye
dead center

en el blanco del instante.
                              Cuatro blancos,
cuatro variaciones sobre un trapo blanco:
lo idéntico y lo diferente,
cuatro caras del mismo instante.
Las cuatro direcciones del espacio:
el ojo es el centro.
                              El punto de vista
es el punto de convergencia.

La cara de la realidad,
                              la cara de todos los días,
nunca es la misma cara.
                              Eclipse de sangre:
la cara del obrero asesinado,
planeta caído en el asfalto.
Bajo las sábanas de su risa
                              esconden la cara
Las lavanderas sobrentendidas,
grandes nubes colgadas de las azoteas.
¡Quieto, un momento!
                              El retrato de lo eterno:
en un cuarto obscuro
                              un racimo de chispas
sobre un torrente negro
                              (el peine de plata
electriza un pelo negro y lacio).

El tiempo no cesa de fluir,
                              el tiempo
no cesa de inventar,
                              no cesa el tiempo
de borrar sus invenciones,
                              no cesa
el manar de las apariciones.
                              Las bocas del río
dicen nubes,
                 las bocas humanas
dicen ríos.

in the target of the moment.
> Four targets,
four variations on a white cloth:
identical and different,
four faces of the same moment.
The four directions of space:
the eye is the center.
> Point of view
is the point of convergence.

The face of reality,
> the face of every day,
is never the same face.
> Blood eclipse:
the face of the murdered worker,
planet fallen on the pavement.
Hiding their faces
> behind the sheets of their smiles
The laundresses between the lines,
great clouds hanging from the roofs.
Quiet please!
> *Portrait of the eternal,*
in a dark room
> a cluster of sparks
on a downpour of black
> (the silver comb
electrifies the black straight hair).

Time never stops flowing,
> time
never stops creating,
> time never stops
erasing its creations,
> the spring
of visions never stops.
> *The mouths of the river*
speak clouds,
> human mouths
speak rivers.

          La realidad tiene siempre otra cara,
la cara de todos los días,
                 la que nunca vemos,
la otra cara del tiempo.

Manuel:
          préstame tu caballito de palo
para ir al otro lado de este lado.
La realidad es más real en blanco y negro.

POEMA CIRCULATORIO
(Para la desorientación general)
A Julián Ríos

Allá
       sobre el camino espiral
insurgencia hacia
              resurgencia
sube a convergencia
                 estalla en divergencia
recomienza en insurgencia
                   hacia resurgencia
allá
       sigue las pisadas del sol
sobre los pechos
              cascada sobre el vientre
terraza sobre la gruta
             negra rosa
de Guadalupe Tonantzin
             (tel. YWHW)
sigue los pasos del lucero que sube
                baja
cada alba y cada anochecer
             la escalera caracol
que da vueltas y vueltas
             serpientes entretejidas
sobre la mesa de lava de Yucatán
             (Guillaume

> Reality always has another face,
> the face of every day,
> > the one we never see,
> the other face of time.

Manuel:
> lend me your wooden horse
> to go off to the other side of this side.
> Reality is more real in black and white.

CIRCULATORY POEM
(for general disorientation)
for Julián Ríos

There
> over the spiral path
insurgence toward
> > resurgence
climbing to convergence
> > > exploding in divergence
beginning again in insurgence
> > > toward resurgence
there
> follow the footsteps of the sun
over the breasts
> > waterfall over the belly
terrace over the thighs
> > black rose
of Guadalupe Tonantzin
> > (tel. YWHW)
follow the steps of the star that rises
> > > and sets
every evening and dawn
> > the snail staircase
that turns and turns
> > snakes entangled
on the lava landing of the Yucatan
> > > (Guillaume

jamás conociste a los mayas
                              ((*Lettre-Océan*))
muchachas de Chapultepec
                              hijo de la çingada)
(Cravan en la panza de los tiburones del Golfo)

Sí

el surrealismo
                    pasó   pasará por México
espejo magnético
                    síguelo sin seguirlo
es llama y ama y llama
                        allá en México
no éste
          el otro enterrado siempre vivo
bajo tu mármomerengue
                        palacio de bellas artes
piedras sepulcrales
                    palacios
municipales   arzobispales   presidenciales

Por el subterráneo de la insurgencia
                                bajaron
subieron
          de la cueva de estalactitas
a la congelada explosión del cuarzo
                                Artaud
Breton Péret Buñuel Leonora Remedios Paalen
                                            Alice
Gerzo Frida Gironella
                    César Moro
convergencia de insurgencias
                            allá en las salas
la sal as sol a solas olas
                            allá
las alas abren las salas
                        el surrealismo
NO ESTÁ AQUÍ

you knew nothing about the Mayas
                                        ((*Lettre-Océan*))
Chapultepec girls
                    motherfuquer)
(Cravan in the belly of the Gulf sharks)

$$Sí$$

surrealism
                passed   will pass through Mexico
magnetic mirror
                    follow it without following
it is flame and loves and flames
                                        there in Mexico
not this
            the other buried always alive
under your marblemeringue
                            palace of fine arts
sepulchral stones
                    palaces
municipal   archdiocesal   presidential

They descended
                    to the underworld of the insurgence
they climbed
                from the cave of stalactites
to the frozen explosion of quartz
                            Artaud
Breton Péret Buñuel Leonora Remedios Paalen
                                        Alice
Gerzo Frida Gironella
                    César Moro
convergence of insurgences
                            there in the rooms
wings open
            surrealism
IS NOT HERE

                    allá afuera
                              al aire libre
        al teatro de los ojos libres
                              cuando lo cierras
        los abres
                    no hay adentro ni afuera
        en el bosque de las prohibiciones
                              lo maravilloso
        canta
              cógelo
                    está al alcance de tu mano
        es el momento en que el hombre
                                        es
        el cómplice del rayo
                          Cristalización
        aparición del deseo
                          deseo de la aparición.
        no aquí   no allá   sino entre
                              aquí/allá

JARDINES ERRANTES
A Jean Clarence Lambert, entre Suecia y México.

Entre la nieve y el terrón fusco,
el pino y el cacto,
                    entre
las palabras enterradas del poeta Ekelof
y las profecías desenterradas de Topiltzin,
el erizo de mar y la tuna tenochca,
                          el sol
de mediodía y el sol de medianoche,
                          Jean Clarence
tiende un hilo
                    sobre el que discurre
—del color al sonido,
                    del sonido al sentido,
del sentido a la línea,
                    de la línea
al color del sentido:

there outside
                    in the open air
in the theater of open eyes
                        when you shut it
you open them
                    there is no outside nor inside
in the forest of prohibitions
                            the marvelous
sings
      grab it
            it's within reach of your hand
it is the moment when man
                        is
the accomplice of lightning
                        Crystallization
the vision of desire
                    the desire for vision
not here   not there   but in-between
                                here/there

NOMADIC GARDENS

for Jean Clarence Lambert, between Sweden and Mexico

Between the snow and the brown earth,
the pine and the cactus,
                    between
the buried words of the poet Ekelof
and the unburied prophecies of Topiltzin,
the sea urchin and the prickly pear,
                            the sun
at noon and the midnight sun,
                        Jean Clarence
draws a thread
                through his rambles
—from color to sound,
                    from sound to meaning,
from meaning to the line,
                    from the line
to the color of meaning:

letras,
exclamaciones, pausas, interrogaciones
que deja caer
           desde su divagar vertiginoso
en nuestros ojos y oídos:
                  Jardines errantes.

PIEDRA BLANCA Y NEGRA

Sima
     siembra una piedra
en el aire
          La piedra asciende
Adentro
        hay un viejo dormido
Si abre los ojos
           la piedra estalla
remolino de alas y picos
                sobre una mujer
que fluye
          entre las barbas del otoño

La piedra desciende
               arde
en la plaza del ojo
            florece
en la palma de tu mano
              habla
suspendida
          entre tus pechos
lenguajes de agua

           La piedra madura
Adentro
       cantan las semillas
              Son siete
siete hermanas
         siete víboras
siete gotas de jade
          siete palabras

letters,
exclamations, pauses, questions,
he lets fall
             from his dizzying wandering
into our eyes and ears:
                          Nomadic gardens.

BLACK AND WHITE STONE

Sima
     seeds a stone
in the air
          The stone rises
Inside
     an old man is asleep
If his eyes open
               the stone explodes
whirlwind of wings and beaks
                          above a woman
who flows
          through the whiskers of autumn

The stone falls
               burning
in the eye's plaza
               flowering
in the palm of your hand
                          speaking
dangling
          between your breasts
languages of water

                     The stone ripens
Inside
     the seeds sing
                They are seven
seven sisters
               seven vipers
seven drops of jade
                    seven words

dormidas
en un lecho de vidrio
siete venas de agua
en el centro
de la piedra
abierta por la mirada

OBJETOS Y APARICIONES
A Joseph Cornell

Hexaedros de madera y de vidrio
apenas más grandes que una caja de zapatos.
En ellos caben la noche y sus lámparas.

Monumentos a cada momento
hechos con los desechos de cada momento:
jaulas de infinito.

Canicas, botones, dedales, dados,
alfileres, timbres, cuentas de vidrio:
cuentos del tiempo.

Memoria teje y destejo los ecos:
en las cuatro esquinas de la caja
juegan al aleleví damas sin sombra.

El fuego enterrado en el espejo,
el agua dormida en el ágata:
solos de Jenny Lind y Jenny Colon.

"Hay que hacer un cuadro", dijo Degas,
"como se comete un crimen". Pero tú construiste
cajas donde las cosas se aligeran de sus nombres.

Slot machine de visiones,
vaso de encuentro de las reminiscencias,
hotel de grillos y de constelaciones.

asleep
>   on a bed of glass
seven veins of water
>   in the center
of the stone
>   opened with a glance

OBJECTS & APPARITIONS
for Joseph Cornell

Hexahedrons of wood and glass,
scarcely bigger than a shoebox,
with room in them for night and all its lights.

Monuments to every moment,
refuse of every moment, used:
cages for infinity.

Marbles, buttons, thimbles, dice,
pins, stamps, and glass beads:
tales of the time.

Memory weaves, unweaves the echoes:
in the four corners of the box
shadowless ladies play at hide-and-seek.

Fire buried in the mirror,
water sleeping in the agate:
solos of Jenny Colonne and Jenny Lind.

"One has to commit a painting," said Degas,
"the way one commits a crime." But you constructed
boxes where things hurry away from their names.

Slot machine of visions,
condensation flask for conversations,
hotel of crickets and constellations.

Fragmentos mínimos, incoherentes:
al revés de la Historia, creadora de ruinas,
tú hiciste con tus ruinas creaciones.

Teatro de los espíritus:
los objetos juegan al aro
con las leyes de la identidad.

Grand Hotel Couronne: en una redoma
el tres de tréboles y, toda ojos,
Almendrita en los jardines de un reflejo.

Un peine es un harpa
pulsada por la mirada de una niña
muda de nacimiento.

El reflector del ojo mental
disipa el espectáculo:
dios solitario sobre un mundo extinto.

Las apariciones son patentes.
Sus cuerpos pesan menos que la luz.
Duran lo que dura esta frase.

Joseph Cornell: en el interior de tus cajas
mis palabras se volvieron visibles un instante.

TINTAS Y CALCOMANÍAS

Desde la ventana de un dudoso edificio oscilando sobre arenas movedizas,
Charles Tomlinson observa, en la estación del deshielo del calendario, la
     caída de los días:
Sin culpa, dice la gota de piedra de la clepsidra,
Sin culpa, repite el eco de la gruta de Willendorf,
Sin culpa, canta el glu-glu del pájaro submarino.

El tirabuzón Ptyx-Utile destapa la Cabeza-nube que inmediatamente se
     transforma en un geyser de proverbios,
Los peces se quedan dormidos enredados en la cabellera de la Vía Láctea,

Minimal, incoherent fragments:
the opposite of History, creator of ruins,
out of your ruins you have made creations.

Theater of the spirits:
objects putting the laws
of identity through hoops.

"Grand Hotel de la Couronne": in a vial,
the three of clubs and, very surprised,
Thumbelina in gardens of reflection.

A comb is a harp strummed by the glance
of a little girl
born dumb.

The reflector of the inner eye
scatters the spectacle:
God all alone above an extinct world.

The apparitions are manifest,
their bodies weigh less than light,
lasting as long as this phrase lasts.

Joseph Cornell: inside your boxes
my words became visible for a moment.   [E.B.]

INKS AND TRANSFERS

From the window of a dubious building wobbling on shifting sands,
Charles Tomlinson watches the day fall in the calendar's season of thaw:
Not guilty, says the stone drop of the water clock,
Not guilty, repeats the echo in the Willendorf grotto,
Not guilty, sings the coo coo of the underwater bird.

The corkscrew Ptyx-Utile uncorks the Cloudhead that immediately be-
        comes a geyser of proverbs,
Fish sleep entangled in the hair of the Milky Way,

Una mancha de tinta se levanta de la página y se echa a volar,

El océano se encoge y se seca hasta reducirse a unos cuantos milímetros de arena ondulada,

En la palma de la mano se abre el grano de maíz y aparece el león de llamas que tiene adentro,

En el tintero cae en gruesas gotas la leche del silencio,

La tribu multicolor de los poetas la bebe y sale a la caza de la palabra perdida.

Charles Tomlinson baila bajo la lluvia del maná de formas y come sus frutos cristalinos.

An inkstain lifts off the page and takes flight,
The ocean recedes till it is nothing but a few millimeters of rippling sand,
In the palm of a hand a grain of corn opens to reveal the flaming lion
    inside,
Fat drops of the milk of silence drip in the inkwell,
The multicolor tribe of poets drinks it and goes off to hunt the lost word.
Charles Tomlinson dances under the rain of the manna of forms and eats
    its crystal fruit.

Nocturno de San Ildefonso

1

Inventa la noche en mi ventana
                    otra noche,
otro espacio:
            fiesta convulsa
en un metro cuadrado de negrura.
                    Momentáneas
confederaciones de fuego,
                    nómadas geometrías,
números errantes.
                Del amarillo al verde al rojo
se desovilla la espiral.
            Ventana:
lámina imantada de llamadas y respuestas,
caligrafía de alto voltaje,
mentido cielo/infierno de la industria
sobre la piel cambiante del instante.

Signos-semillas:
                la noche los dispara,
suben,
        estallan allá arriba,
                    se precipitan,
ya quemados,
            en un cono de sombra,
                        reaparecen,
lumbres divagantes,
                racimos de sílabas,
incendios giratorios,
                se dispersan,
                        otra vez añicos.
La ciudad los inventa y los anula.

Estoy a la entrada de un túnel.

San Ildefonso nocturne

In my window night
                    invents another night,
another space:
                carnival convulsed
in a square yard of blackness.
                                Momentary
confederations of fire,
                        nomadic geometries,
errant numbers.
                From yellow to green to red,
the spiral unwinds.
                    Window:
magnetic plate of calls and answers,
high-voltage calligraphy,
false heaven/hell of industry
on the changing skin of the moment.

Sign-seeds:
            the night shoots them off,
they rise,
            bursting above,
                            fall
still burning
              in a cone of shadow,
                                    reappear,
rambling sparks,
                 syllable-clusters,
spinning flames
                that scatter,
                              smithereens once more.
The city invents and erases them.

I am at the entrance to a tunnel.

Estas frases perforan el tiempo.
Tal vez yo soy ese que espera al final del túnel.
Hablo con los ojos cerrados.
                                   Alguien
ha plantado en mis párpados
un bosque de agujas magnéticas,
                                        alguien
guía la hilera de estas palabras.
                                   La página
se ha vuelto un hormiguero.
                                   El vacío
se estableció en la boca de mi estómago.
                                        Caigo
interminablemente sobre ese vacío.
                                        Caigo sin caer.
Tengo las manos frías,
                         los pies fríos
—pero los alfabetos arden, arden.
                                   El espacio
se hace y se deshace.
                         La noche insiste,
la noche palpa mi frente,
                              palpa mis pensamientos.
¿Qué quiere?

                              2
Calles vacías, luces tuertas.
                              En una esquina,
el espectro de un perro.
                              Busca, en la basura,
un hueso fantasma.
                         Gallera alborotada:
patio de vecindad y su mitote.
                              México, hacia 1931.
Gorriones callejeros,
                         una bandada de niños
con los periódicos que no vendieron
                                   hace un nido.

These phrases drill through time.
Perhaps I am that which waits at the end of the tunnel.
I speak with eyes closed.
                              Someone
has planted
              a forest of magnetic needles
in my eyelids,
                    someone
guides the thread of these words.
                                  The page
has become an ants' nest.
                              The void
has settled at the pit of my stomach.
                                      I fall
endlessly through that void.
                                  I fall without falling.
My hands are cold,
                    my feet cold—
but the alphabets are burning, burning.
                                      Space
makes and unmakes itself.
                              The night insists,
the night touches my forehead,
                                  touches my thoughts.
What does it want?

                    2

Empty streets, squinting lights.
                              On a corner,
the ghost of a dog
                    searches the garbage
for a spectral bone.
                          Uproar in a nearby patio:
cacophonous cockpit.
                          Mexico, circa 1931.
Loitering sparrows,
                    a flock of children
builds a nest
              of unsold newspapers.

Los faroles inventan,
             en la soledumbre,
charcos irreales de luz amarillenta.
                       Apariciones,
el tiempo se abre:
             un taconeo lúgubre, lascivo:
bajo un *cielo de hollín*
               la llamarada de una falda.
C'est la mort—ou la morte . . .
                 El viento indiferente
arranca en las paredes anuncios lacerados.

A esta hora
         los muros rojos de San Ildefonso
son negros y respiran:
            sol hecho tiempo,
tiempo hecho piedra,
            piedra hecha cuerpo.
Estas calles fueron canales.
           Al sol,
las casas eran plata:
          ciudad de cal y canto,
luna caída en el lago.
         Los criollos levantaron,
sobre el canal cegado y el ídolo enterrado,
otra ciudad
      —no blanca: rosa y oro—
idea vuelta espacio, número tangible.
            La asentaron
en el cruce de las ocho direcciones,
           sus puertas
a lo invisible abiertas:
        el cielo y el infierno.

Barrio dormido.
       Andamos por galerías de ecos,
entre imágenes rotas:
         nuestra historia.
Callada nación de las piedras.

In the desolation
                the streetlights invent
unreal pools of yellowish light.
                      Apparitions:
time splits open:
                a lugubrious, lascivious clatter of heels,
beneath *a sky of soot*
                the flash of a skirt.
C'est la mort—ou la morte . . .
                    The indifferent wind
rips posters from the walls.

At this hour,
                the red walls of San Ildefonso
are black, and they breathe:
                    sun turned to time,
time turned to stone,
                  stone turned to body.
These streets were once canals.
                    In the sun,
the houses were silver:
                  city of mortar and stone,
moon fallen in the lake.
                  Over the filled canals
and the buried idols
              the *criollos* erected
another city
           —not white, but red and gold—
idea turned to space, tangible number.
                    They placed it
at the crossroads of eight directions,
                    its doors
open to the invisible:
                heaven and hell.

Sleeping district.
                We walk through galleries of echoes,
past broken images:
              our history.
Hushed nation of stones.

                                        Iglesias,
vegetación de cúpulas,
                        sus fachadas
petrificados jardines de símbolos.
                                        Embarrancados
en la proliferación rencorosa de casas enanas,
palacios humillados,
                        fuentes sin agua,
afrentados frontispicios.
                        Cúmulos,
madréporas insubstanciales:
                                se acumulan
sobre las graves moles,
                        vencidas
no por la pesadumbre de los años,
por el oprobio del presente.

                                Plaza del Zócalo,
vasta como firmamento:
                        espacio diáfano,
frontón de ecos.
                        Allí inventamos,
entre Aliocha K. y Julián S.,
                                sinos de relámpago
cara al siglo y sus camarillas.
                                Nos arrastra
el viento del pensamiento,
                        el viento verbal,
el viento que juega con espejos,
                                señor de reflejos,
constructor de ciudades de aire,
                                geometrías
suspendidas del hilo de la razón.

                                Gusanos gigantes:
amarillos tranvías apagados.
                        Eses y zetas:
un auto loco, insecto de ojos malignos.
                                Ideas,

Churches,
dome-growths,
their facades
petrified gardens of symbols.
Shipwrecked
in the spiteful proliferation of dwarf houses:
humiliated palaces,
fountains without water,
affronted frontispieces.
Cumuli,
insubstantial madrepore,
accumulate
over the ponderous bulks,
conquered
not by the weight of the years
but by the infamy of the present.

Zócalo Plaza,
vast as the heavens:
diaphanous space,
court of echoes.
There,
with Alyosha K and Julien S,
we devised bolts of lightning
against the century and its cliques.
The wind of thought
carried us away,
the verbal wind,
the wind that plays with mirrors,
master of reflections,
builder of cities of air,
geometries
hung from the thread of reason.

Shut down for the night,
the yellow trolleys,
giant worms.
S's and Z's:
a crazed auto, insect with malicious eyes.
Ideas,

frutos al alcance de la mano.

Frutos: astros.

Arden.

Arde, árbol de pólvora,

el diálogo adolescente,

súbito armazón chamuscado.

12 veces

golpea el puño de bronce de las torres.

La noche

estalla en pedazos,

los junta luego y a sí misma,

intacta, se une.

Nos dispersamos,

no allá en la plaza con sus trenes quemados,

aquí,

sobre esta página: letras petrificadas.

3

El muchacho que camina por este poema,

entre San Ildefonso y el Zócalo,

es el hombre que lo escribe:

esta página

también es una caminata nocturna.

Aquí encarnan

los espectros amigos,

las ideas se disipan.

El bien, quisimos el bien:

enderezar al mundo.

No nos faltó entereza:

nos faltó humildad.

Lo que quisimos no lo quisimos con inocencia.

Preceptos y conceptos,

soberbia de teólogos:

golpear con la cruz,

fundar con sangre,

levantar la casa con ladrillos de crimen,

decretar la comunión obligatoria.

Algunos

se convirtieron en secretarios de los secretarios

fruits within an arm's reach,
                like stars,
                        burning.
The girandola is burning,
                the adolescent dialogue,
the scorched hasty frame.
                  The bronze fist
of the towers beats
            12 times.
                Night
bursts into pieces,
            gathers them by itself,
and becomes one, intact.
              We disperse,
not there in the plaza with its dead trains,
                    but here,
on this page: petrified letters.

         3

The boy who walks through this poem,
between San Ildefonso and the Zócalo,
is the man who writes it:
              this page too
is a ramble through the night.
                  Here the friendly ghosts
become flesh,
        ideas dissolve.

Good, we wanted good:
              to set the world right.
We didn't lack integrity:
            we lacked humility.
What we wanted was not innocently wanted.
Precepts and concepts,
            the arrogance of theologians,
to beat with a cross,
            to institute with blood,
to build the house with bricks of crime,
to declare obligatory communion.
                Some
became secretaries to the secretary

del Secretario General del Infierno.

                          La rabia

se volvió filósofa,

                  su baba ha cubierto al planeta.

La razón descendió a la tierra,

tomó la forma del patíbulo

                     —y la adoran millones.

Enredo circular:

               todos hemos sido,

en el Gran Teatro del Inmundo;

jueces, verdugos, víctimas, testigos,

                        todos

hemos levantado falso testimonio

                    contra los otros

y contra nosotros mismos.

               Y lo más vil: fuimos

el público que aplaude o bosteza en su butaca.

La culpa que no se sabe culpa,

                la inocencia,

fue la culpa mayor.

             Cada año fue monte de huesos.

Conversiones, retractaciones, excomuniones,

reconciliaciones, apostasías, abjuraciones,

zig-zag de las demonolatrías y las androlatrías,

los embrujamientos y las desviaciones:

mi historia,

          ¿son las historias de un error?

La historia es el error.

            La verdad es aquello,

más allá de las fechas,

           más acá de los nombres,

que la historia desdeña:

            el cada día

—latido anónimo de todos,

           latido

único de cada uno—,

         el irrepetible

cada día idéntico a todos los días.

             La verdad

es el fondo del tiempo sin historia.

to the General Secretary of the Inferno.
                                                Rage
became philosophy,
                    its drivel has covered the planet.
Reason came down to earth,
took the form of a gallows
                        —and is worshiped by millions.
Circular plot:
                we have all been,
in the Grand Theater of Filth,
judge, executioner, victim, witness,
                                    we have all
given false testimony
                    against the others
and against ourselves.
                    And the most vile: we
were the public that applauded or yawned in its seats.
The guilt that knows no guilt,
                                innocence
was the greatest guilt.
                    Each year was a mountain of bones.

Conversions, retractions, excommunications,
reconciliations, apostasies, recantations,
the zigzag of the demonolatries and the androlatries,
bewitchments and aberrations:
my history.
                Are they the histories of an error?
History is the error.
                    Beyond dates,
before names,
                truth is that
which history scorns:
                    the everyday
—everyone's anonymous heartbeat,
                                the unique
beat of every one—
                    the unrepeatable
everyday, identical to all days.
                                Truth
is the base of a time without history.

                                    El peso
del instante que no pesa:
                         unas piedras con sol,
vistas hace ya mucho y que hoy regresan,
piedras de tiempo que son también de piedra
bajo este sol de tiempo,
sol que viene de un día sin fecha,
                                    sol
que ilumina estas palabras,
                         sol de palabras
que se apaga al nombrarlas.
                                    Arden y se apagan
soles, palabras, piedras:
                         el instante los quema
sin quemarse.
                    Oculto, inmóvil, intocable,
el presente—no sus presencias—está siempre.

Entre el hacer y el ver,
                         acción o contemplación,
escogí el acto de palabras:
                              hacerlas, habitarlas,
dar ojos al lenguaje.
                    La poesía no es la verdad:
es la resurrección de las presencias,
                              la historia
transfigurada en la verdad del tiempo no fechado.
La poesía,
         como la historia, se hace;
                              la poesía,
como la verdad, se ve.
                    La poesía:
                              encarnación
del sol-sobre-las-piedras en un nombre,
                              disolución
del nombre en un más allá de las piedras.
La poesía,
         puente colgante entre historia y verdad,
no es camino hacia esto o aquello:

The weight
of the weightless moment:
a few stones in the sun
seen long ago,
today return,
stones of time that are also stone
beneath this sun of time,
sun that comes from a dateless day,
sun
that lights up these words,
sun of words
that burns out when they are named.
Suns, words, stones,
burn and burn out:
the moment burns them
without burning.
Hidden, unmoving, untouchable,
the present—not its presences—is always.

Between seeing and making,
contemplation or action,
I chose the act of words:
to make them, to inhabit them,
to give eyes to the language.
Poetry is not truth:
it is the resurrection of presences,
history
transfigured in the truth of undated time.
Poetry,
like history, is made;
poetry,
like truth, is seen.
Poetry:
incarnation
of the-sun-on-the-stones in a name,
dissolution
of the name in a beyond of stones.
Poetry,
suspension bridge between history and truth,
is not a path toward this or that:

                                           es ver
la quietud en el movimiento,
                                   el tránsito
en la quietud.
                       La historia es el camino:
no va a ninguna parte,
                              todos lo caminamos,
la verdad es caminarlo.
                          No vamos ni venimos:
estamos en las manos del tiempo.
                                       La verdad:
sabernos,
              desde el origen,
                            suspendidos.
Fraternidad sobre el vacío.

                              4

Las ideas se disipan,
                          quedan los espectros:
verdad de lo vivido y padecido.
Queda un sabor casi vacío:
                                el tiempo
—furor compartido—
                                el tiempo
—olvido compartido—
                          al fin transfigurado
en la memoria y sus encarnaciones.
                                       Queda
el tiempo hecho cuerpo repartido: lenguaje.

En la ventana,
                  simulacro guerrero,
                                se enciende y apaga
el cielo comercial de los anuncios.
                                Atrás,
apenas visibles,
                          las constelaciones verdaderas.
Aparece,
              entre tinacos, antenas, azoteas,

it is to see
the stillness in motion,
change
in stillness.
History is the path:
it goes nowhere,
we all walk it,
truth is to walk it.
We neither go nor come:
we are in the hands of time.
Truth:
to know ourselves,
from the beginning,
hung.
Brotherhood over the void.

4

Ideas scatter,
the ghosts remain:
truth of the lived and suffered.
An almost empty taste remains:
time
—shared fury—
time
—shared oblivion—
in the end transfigured
in memory and its incarnations.
What remains is
time as portioned body: language.

In the window,
travesties of battle:
the commercial sky of advertisements
flares up, goes out.
Behind,
barely visible,
the true constellations.
Among the water towers, antennas, rooftops,

columna líquida,
            más mental que corpórea,
cascada de silencio:
            la luna.
                  Ni fantasma ni idea:
fue diosa y es hoy claridad errante.

Mi mujer está dormida.
                  También es luna,
claridad que transcurre
                  —no entre escollos de nubes,
entre las peñas y las penas de los sueños:
también es alma.
                  Fluye bajo sus ojos cerrados,
desde su frente se despeña,
                        torrente silencioso,
hasta sus pies,
            en sí misma se desploma
y de sí misma brota,
                  sus latidos la esculpen,
se inventa al recorrerse,
                  se copia al inventarse,
entre las islas de sus pechos
                        es un brazo de mar,
su vientre es la laguna
                  donde se desvanecen
la sombra y sus vegetaciones,
                        fluye por su talle,
sube,
      desciende,
                  en sí misma se esparce,
                              se ata
a su fluir,
            se dispersa en su forma:
también es cuerpo.

a liquid column,
more mental than corporeal,
a waterfall of silence:
the moon.
Neither phantom nor idea:
once a goddess,
today an errant clarity.

My wife sleeps.
She too is a moon,
a clarity that travels
not between the reefs of the clouds,
but between the rocks and wracks of dreams:
she too is a soul.
She flows below her closed eyes,
a silent torrent
rushing down
from her forehead to her feet,
she tumbles within,
bursts out from within,
her heartbeats sculpt her,
traveling through herself
she invents herself,
inventing herself
she copies it,
she is an arm of the sea
between the islands of her breasts,
her belly a lagoon
where darkness and its foliage
grow pale,
she flows through her shape,
rises,
falls,
scatters in herself,
ties
herself to her flowing,
disperses in her form:
she too is a body.

La verdad
es el oleaje de una respiración
y las visiones que miran unos ojos cerrados:
palpable misterio de la persona.

La noche está a punto de desbordarse.
                                    Clarea.
El horizonte se ha vuelto acuático.
                              Despeñarse
desde la altura de esta hora:
                              ¿morir
será caer o subir,
                    una sensación o una cesación?
Cierro los ojos,
              oigo en mi cráneo
los pasos de mi sangre,
                    oigo
pasar el tiempo por mis sienes.
                              Todavía estoy vivo.
El cuarto se ha enarenado de luna.
                              Mujer:
fuente en la noche.
              Yo me fío a su fluir sosegado.

Truth
is the swell of a breath
and the visions closed eyes see:
the palpable mystery of the person.

The night is at the point of running over.
                                    It grows light.
The horizon has become aquatic.
                        To rush down
from the heights of this hour:
                        will dying
be a falling or a rising,
                a sensation or a cessation?
I close my eyes,
                I hear in my skull
the footsteps of my blood,
                        I hear
time pass through my temples.
                        I am still alive.
The room is covered with moon.
                        Woman:
fountain in the night.
                I am bound to her quiet flowing.

PASADO EN CLARO

A DRAFT OF SHADOWS
1974

PASADO EN CLARO

Oídos con el alma,
pasos mentales más que sombras,
sombras del pensamiento más que pasos,
por el camino de ecos
que la memoria inventa y borra:
sin caminar caminan
sobre este ahora, puente
tendido entre una letra y otra.
Como llovizna sobre brasas
dentro de mí los pasos pasan
hacia lugares que se vuelven aire.
Nombres: en una pausa
desaparecen, entre dos palabras.
El sol camina sobre los escombros
de lo que digo, el sol arrasa los parajes
confusamente apenas
amaneciendo en esta página,
el sol abre mi frente,
                              balcón al voladero
dentro de mí.

                    Me alejo de mí mismo,
sigo los titubeos de esta frase,
senda de piedras y de cabras.
Relumbran las palabras en la sombra.
Y la negra marea de las sílabas
cubre el papel y entierra
sus raíces de tinta
en el subsuelo del lenguaje.
Desde mi frente salgo a un mediodía
del tamaño del tiempo.
El asalto de siglos del baniano
contra la vertical paciencia de la tapia
es menos largo que esta momentánea

A DRAFT OF SHADOWS

Heard by the soul, footsteps
in the mind more than shadows,
shadows of thought more than footsteps
through the path of echoes
that memory invents and erases:
without walking they walk
over this present, bridge
slung from one letter to the next.
Like drizzle on embers,
footsteps within me step
toward places that turn to air.
Names: they vanish
in a pause between two words.
The sun walks through the rubble
of what I'm saying; the sun
razes the places as they dawn,
hesitantly, on this page;
the sun opens my forehead,
      balcony
perched within me.

      I drift away from myself,
following this meandering phrase,
this path of rocks and goats.
Words glitter in the shadows,
and the black tide of syllables
covers the page, sinking
its ink roots
in the subsoil of language.
From my forehead I set out
toward a noon the size of time.
A banyan's centuries of assault
on the vertical patience of a wall
last less than this brief

bifurcación del pensamiento
entre lo presentido y lo sentido.
Ni allá ni aquí: por esa linde
de duda, transitada
sólo por espejeos y vislumbres,
donde el lenguaje se desdice,
voy al encuentro de mí mismo.
La hora es bola de cristal.
Entro en un patio abandonado:
aparición de un fresno.
Verdes exclamaciones
del viento entre las ramas.
Del otro lado está el vacío.
Patio inconcluso, amenazado
por la escritura y sus incertidumbres.
Ando entre las imágenes de un ojo
desmemoriado. Soy una de sus imágenes.
El fresno, sinuosa llama líquida,
es un rumor que se levanta
hasta volverse torre hablante.
Jardín ya matorral: su fiebre inventa bichos
que luego copian las mitologías.
Adobes, cal y tiempo:
entre ser y no ser los pardos muros.
Infinitesimales prodigios en sus grietas:
el hongo duende, vegetal Mitrídates,
la lagartija y sus exhalaciones.
Estoy dentro del ojo: el pozo
donde desde el principio un niño
está cayendo, el pozo donde cuento
lo que tardo en caer desde el principio,
el pozo de la cuenta de mi cuento
por donde sube el agua y baja
mi sombra.

El patio, el muro, el fresno, el pozo
en una claridad en forma de laguna
se desvanecen. Crece en sus orillas
una vegetación de transparencias.

bifurcation of thought:
the seen and the foreseen.
Neither here nor there,
through that frontier of doubt,
crossed only by glimmers and mirages,
where language recants,
I travel toward myself.
The hour is a crystal ball.
I enter an abandoned patio:
apparition of an ash tree.
Green exclamations,
wind in the branches.
On the other side, the void.
Inconclusive patio, threatened
by writing and its uncertainties.
I walk among the images
of an eye that has lost its memory.
I am one of its images.
The ash tree, sinuous liquid flame,
is a murmur rising
till it becomes a speaking tower.
Garden turned to scrub:
its fever invents creatures
the mythologies later copy.
Adobe, lime and time:
the dark walls that are and are not.
Infinitesimal wonders in their cracks:
the phantom mushroom, vegetable Mithridates,
the newt and its fiery breath.
I am inside the eye: the well where,
from the beginning, a boy is falling,
the well where I recount the time
spent falling from the beginning,
the well of the account of my account,
where the water rises
and my shadow falls.

                Patio, wall, ash tree, well,
dissolve into a clarity in the form of a lake.
A foliage of transparency

Rima feliz de montes y edificios,
se desdobla el paisaje en el abstracto
espejo de la arquitectura.
Apenas dibujada,
suerte de coma horizontal (⌣)
entre el cielo y la tierra,
una piragua solitaria.
Las olas hablan nahua.
Cruza un signo volante las alturas.
Tal vez es una fecha, conjunción de destinos:
el haz de cañas, prefiguracion del brasero.
El pedernal, la cruz, esas llaves de sangre
¿alguna vez abrieron las puertas de la muerte?
La luz poniente se demora,
alza sobre la alfombra simétricos incendios,
vuelve llama quimérica
este volumen lacre que hojeo
(estampas: los volcanes, los cúes y, tendido,
manto de plumas sobre el agua,
Tenochtitlán todo empapado en sangre).
Los libros del estante son ya brasas
que el sol atiza con sus manos rojas.
Se rebela mi lápiz a seguir el dictado.
En la escritura que la nombra
se eclipsa la laguna.
Doblo la hoja. Cuchicheos:
me espían entre los follajes
de las letras.

           Un charco es mi memoria.
Lodoso espejo: ¿dónde estuve?
Sin piedad y sin cólera mis ojos
me miran a los ojos
desde las aguas turbias de ese charco
que convocan ahora mis palabras.
No veo con los ojos: las palabras
son mis ojos. Vivimos entre nombres;

grows on its shore. Fortunate
rhyme of peaks and pyramids,
the landscape unfolds
in the abstract mirror of the architecture.
Scarcely drawn,
a kind of horizontal comma (◞)
between the earth and sky:
a solitary canoe.
The waves speak Nahuatl.
A sign flies across the heights.
Perhaps it is a date, conjunction of destinies:
bundle of reeds, the omen of the pyre.
The flint and the cross, keys of blood:
have they ever opened the doors of death?
The western light lingers,
raising symmetrical fires
across the rug, changing
this scarlet book I skim
(engravings: volcanoes, temples,
and the feathered cloak stretched over the water:
Tenochtitlán soaked in blood)
into a chimerical flame.
The books on the shelf now are embers
the sun stirs with its red hands.
My pencil rebels against dictation.
The lake is eclipsed
by the writing that names it.
I fold the page. Whispers:
they are watching me
from the foliage of the letters.

       My memory: a puddle.
A muddy mirror: where was I?
My eyes, without anger or pity,
look me in the eye
from the troubled waters
of the puddle my words evoke.
I don't see with my eyes: words
are my eyes. We live among names;

lo que no tiene nombre todavía
no existe: *Adán de lodo*,
no un muñeco de barro, una metáfora.
Ver al mundo es deletrearlo.
Espejo de palabras: ¿dónde estuve?
Mis palabras me miran desde el charco
de mi memoria. Brillan,
entre enramadas de reflejos,
nubes varadas y burbujas,
sobre un fondo del ocre al brasilado,
las sílabas de agua.
Ondulación de sombras, visos, ecos,
no escritura de signos: de rumores.
Mis ojos tienen sed. El charco es senequista:
el agua, aunque potable, no se bebe: se lee.
Al sol del altiplano se evaporan los charcos.
Queda un polvo desleal
y unos cuantos vestigios intestados.
¿Donde estuve?

              Yo estoy en donde estuve:
entre los muros indecisos
del mismo patio de palabras.
Abderramán, Pompeyo, Xicoténcatl,
batallas en el Oxus o en la barda
con Ernesto y Guillermo. Las mil hojas,
verdinegra escultura del murmullo,
jaula del sol y la centella
breve del chupamirto: la higuera primordial,
capilla vegetal de rituales
polimorfos, diversos y perversos.
Revelaciones y abominaciones:
el cuerpo y sus lenguajes
entretejidos, nudo de fantasmas
palpados por el pensamiento
y por el tacto disipados,
argolla de la sangre, idea fija
en mi frente clavada.
El deseo es señor de espectros,

that which has no name
still does not exist:
Adam of mud,
not a clay doll: a metaphor.
To see the world is to spell it.
Mirror of words: where was I?
My words watch me from the puddle
of my memory. Syllables of water
shine in a grove of reflections,
stranded clouds, bubbles above a bottom
that changes from gold to rust.
Rippling shadows, flashes, echoes,
the writing not of signs, but of murmurs.
My eyes are thirsty. The puddle is Stoic:
the water is for reading, not drinking.
In the sun of the high plains the puddles evaporate.
Only some faithless dust remains,
and a few intestate relics.
Where was I?

I am where I was:
within the indecisive walls
of that same patio of words.
Abd al-Rahman, Pompeii, Xicontencatl,
battles on the Oxus or on top of the wall
with Ernesto and Guillermo. Thousands of leaves,
dark green sculpture of whispers,
cage of the sun and the hummingbird's flash:
the primordial fig tree,
leafy chapel of polymorphous,
diverse and perverse rituals.
Revelations and abominations:
the body and its interwoven languages,
knot of phantoms touched by thought
and dissolved with a touch,
pillory of blood, fixed idea
nailed to my forehead.
Desire is the master of ghosts,

el deseo nos vuelve espectros:
somos enredaderas de aire
en árboles de viento,
manto de llamas inventado
y devorado por la llama.
La hendedura del tronco:
sexo, sello, pasaje serpentino
cerrado al sol y a mis miradas,
abierto a las hormigas.

La hendedura fue pórtico
del más allá de lo mirado y lo pensado:
allá dentro son verdes las mareas,
la sangre es verde, el fuego verde,
entre las yerbas negras arden estrellas verdes:
es la música verde de los élitros
en la prístina noche de la higuera;
—allá dentro son ojos las yemas de los dedos,
el tacto mira, palpan las miradas,
los ojos oyen los olores;
—allá dentro es afuera,
es todas partes y ninguna parte,
las cosas son las mismas y son otras,
encarcelado en un icosaedro
hay un insecto tejedor de música
y hay otro insecto que desteje
los silogismos que la araña teje
colgada de los hilos de la luna;
—allá dentro el espacio
es una mano abierta y una frente
que no piensa ideas sino formas
que respiran, caminan, hablan, cambian
y silenciosamente se evaporan;
—allá dentro país de entretejidos ecos,
se despeña la luz, lenta cascada,
entre los labios de las grietas:
la luz es agua, el agua tiempo diáfano
donde los ojos lavan sus imágenes;
—allá dentro los cables del deseo

desire turns us into ghosts.
We are vines of air on trees of wind,
a cape of flames
invented and devoured by flame.
The crack in the tree trunk:
sex, seal, serpentine passage
closed to the sun and to my eyes,
open to the ants.

That crack was the portico
of the furthest reaches of the seen and thought:
—there, inside, tides are green,
blood is green, fire green,
green stars burn in the black grass:
the green music of elytra
in the fig tree's pristine night;
—there, inside, fingertips are eyes,
to touch is to see, glances touch,
eyes hear smells;
—there, inside is outside,
it is everywhere and nowhere,
things are themselves and others,
imprisoned in an icosahedron
there is a music weaver beetle
and another insect unweaving
the syllogisms the spider weaves,
hanging from the threads of the moon;
—there, inside, space
is an open hand, a mind
that thinks shapes, not ideas,
shapes that breathe, walk, speak, transform
and silently evaporate;
—there, inside, land of woven echoes,
a slow cascade of light drops
between the lips of the crannies:
light is water; water, diaphanous time
where eyes wash their images;
—there, inside, cables of desire

fingen eternidades de un segundo
que la mental corriente eléctrica
enciende, apaga, enciende,
resurrecciones llameantes
del alfabeto calcinado;
—no hay escuela allá dentro,
siempre es el mismo día, la misma noche siempre,
no han inventado el tiempo todavía,
no ha envejecido el sol,
esta nieve es idéntica a la yerba,
siempre y nunca es lo mismo,
nunca ha llovido y llueve siempre,
todo está siendo y nunca ha sido,
pueblo sin nombre de las sensaciones,
nombres que buscan cuerpo,
impías transparencias,
jaulas de claridad donde se anulan
la identidad entre sus semejanzas,
la diferencia en sus contradicciones.
La higuera, sus falacias y su sabiduría:
prodigios de la tierra
—fidedignos, puntuales, redundantes—
y la conversación con los espectros.
Aprendizajes con la higuera:
hablar con vivos y con muertos.
También conmigo mismo.

                        La procesión del año:
cambios que son repeticiones.
El paso de las horas y su peso.
La madrugada: más que luz, un vaho
de claridad cambiada en gotas grávidas
sobre los vidrios y las hojas:
el mundo se atenúa
en esas oscilantes geometrías
hasta volverse el filo de un reflejo.
Brota el día, prorrumpe entre las hojas,
gira sobre sí mismo
y de la vacuidad en que se precipita
surge, otra vez corpóreo.

mimic the eternities of a second
the mind's electric current
turns on, turns off, turns on,
flaming resurrections
of a charred alphabet;
—there is no school there, inside,
it is always the same day, the same night always,
time has not yet been invented,
the sun has not grown old,
this snow is the same as grass,
always and never the same,
it has never rained, it always rains,
everything is being, and has never been,
a nameless people of sensations,
names that search for a body,
pitiless transparencies, cages of clarity
where identity cancels itself in its likenesses,
difference in its contradictions.
The fig tree, its lies and its wisdom:
wonders of the earth
—trustworthy, punctual, redundant—
and the conversations with ghosts.
An apprenticeship with the fig tree:
talking with the living and the dead.
And with myself.

                        The year's procession:
changes that are repetitions.
The way and the weight of time.
Dawn: more than light,
a vapor of clarity
changed into gravid drops
on the windowpanes and on the leaves:
the world grows thin in these vibrating geometries
until it becomes the edge of a reflection.
The day buds, breaking out among the leaves,
spinning over itself,
surging, again incarnate,
from the vacuum into which it falls.

El tiempo es luz filtrada.
Revienta el fruto negro
en encarnada florescencia,
la rota rama escurre savia lechosa y acre.
Metamorfosis de la higuera:
si el otoño la quema, su luz la transfigura.
Por los espacios diáfanos
se eleva descarnada virgen negra.
El cielo es giratorio lapizlázuli:
viran *au ralenti* sus continentes,
insubstanciales geografías.
Llamas entre las nieves de las nubes.
La tarde más y más de miel quemada.
Derrumbe silencioso de horizontes:
la luz se precipita de las cumbres,
la sombra se derrama por el llano.

A la luz de la lámpara—la noche
ya dueña de la casa y el fantasma
de mi abuelo ya dueño de la noche—
yo penetraba en el silencio,
cuerpo sin cuerpo, tiempo
sin horas. Cada noche,
máquinas transparentes del delirio,
dentro de mí los libros levantaban
arquitecturas sobre una sima edificadas.
Las alza un soplo del espíritu,
un parpadeo las deshace.
Yo junté leña con los otros
y lloré con el humo de la pira
del domador de potros;
vagué por la arboleda navegante
que arrastra el Tajo turbiamente verde:
la líquida espesura se encrespaba
tras de la fugitiva Galatea;
vi en racimos las sombras agolpadas
para beber la sangre de la zanja:
mejor quebrar terrones
por la ración de perro del labrador avaro

Time is filtered light.
The black fruit bursts
in the flesh-colored blossoms,
the broken branch leaks sour, milky sap.
The fig tree's metamorphosis:
burnt by autumn, transfigured by autumn's light.
It rises through diaphanous spaces,
a bare black virgin.
The sky is a revolving lapis lazuli:
its continents wheel *au ralenti*,
geographies without substance.
Flames in the snow of the clouds.
The afternoon turns to burnt honey.
Silent landslide of horizons:
light falls from the peaks,
shadow overflows the plain.

By the light of a lamp—night now
mistress of the house,
and the ghost of my grandfather
now master of the night—
I would penetrate silence,
bodiless body, time
without hours. Each night books,
transparent fever machines, raised within me
architectures built above an abyss.
A breath of the spirit creates them,
a blink of the eye tears them down.
I gathered wood with the others,
and wept from the smoke
of the horse-tamer's pyre;
I wandered on the floating grove
the turbulent green Tagus dragged along:
the liquid thicket curling
behind the fleeing Galatea;
I saw, in bunches of grapes, the shades clustered
to drink the blood in the pit:
better to live as a peasant,
breaking clods of dirt for a dog's ration,

que regir las naciones pálidas de los muertos;
tuve sed, vi demonios en el Gobi;
en la gruta nadé con la sirena
(y despúes, en el sueño purgativo,
fendendo i drappi, e mostravami 'l ventre,
quel mí svegliò col puzzo che n'uscia);
grabé sobre mi tumba imaginaria:
no muevas esta lápida,
soy rico sólo en huesos;
aquellas memorables
pecosas peras encontradas
en la cesta verbal de Villaurrutia;
Carlos Garrote, eterno medio hermano,
Dios te salve, me dijo al derribarme
y era, por los espejos del insomnio
repetido, yo mismo el que me hería;
Isis y el asno Lucio; el pulpo y Nemo;
y los libros marcados por las armas de Priapo,
leídos en las tardes diluviales
el cuerpo tenso, la mirada intensa.
Nombres anclados en el golfo
de mi frente: yo escribo porque el druida,
bajo el rumor de sílabas del himno,
encina bien plantada en una página,
me dió el gajo de muérdago, el conjuro
que hace brotar palabras de la peña.
Los nombres acumulan sus imágenes.
Las imágenes acumulan sus gaseosas,
conjeturales confederaciones.
Nubes y nubes, fantasmal galope
de las nubes sobre las crestas
de mi memoria. Adolescencia,
país de nubes.

       Casa grande,
encallada en un tiempo
azolvado. La plaza, los árboles enormes
donde anidaba el sol, la iglesia enana

than to rule this pale nation of the dead;
I was thirsty, I saw demons in the Gobi;
I swam in the grotto with the siren
(and later, in the cathartic dream,
fendendo i drappi, e mostravami 'l ventre,
quel mi svegliò col puzzo che n'uscia);
I engraved on my imaginary tomb:
Do not move this stone
My only riches are bones:
those memorable *freckled pears*
found in Villaurrutia's basket of words;
Carlos Garrote, eternal half-brother,
God save you, he cried, as he knocked me down,
and it was, in the mirrors of recurrent insomnia,
I myself who had wounded me;
Isis and Lucius the ass; Nemo and the squid;
and the books marked with the arms of Priapus,
read on diluvial afternoons,
body tense, eyes intent.
Names anchored in the bay
of my forehead: I write because the druid,
under the murmuring syllables of the hymn,
ilex planted deeply on the page,
gave me the branch of mistletoe, the spell
that makes words flow from stone.
Names accumulate their images,
images their vaporous
conjectural confederations.
Clouds and clouds, a phantom gallop
of clouds over the peaks
of my memory. Adolescence,
land of clouds.

               The big house,
stranded in clogged time.
The plaza, the great trees
where the sun nestled,
the tiny church: its belfry

—su torre les llegaba a las rodillas
pero su doble lengua de metal
a los difuntos despertaba.
Bajo la arcada, en garbas militares,
las cañas, lanzas verdes,
carabinas de azúcar;
en el portal, el tendejón magenta:
frescor de agua en penumbra,
ancestrales petates, luz trenzada,
y sobre el zinc del mostrador,
diminutos planetas desprendidos
del árbol meridiano,
los tejocotes y las mandarinas,
amarillos montones de dulzura.
Giran los años en la plaza,
rueda de Santa Catalina,
y no se mueven.

              Mis palabras,
al hablar de la casa, se agrietan.
Cuartos y cuartos, habitados
sólo por sus fantasmas,
sólo por el rencor de los mayores
habitados. Familias,
criaderos de alacranes:
como a los perros dan con la pitanza
vidrio molido, nos alimentan con sus odios
y la ambición dudosa de ser alguien.
También me dieron pan, me dieron tiempo,
claros en los recodos de los días,
remansos para estar solo conmigo.
Niño entre adultos taciturnos
y sus terribles niñerías,
niño por los pasillos de altas puertas,
habitaciones con retratos,
crepusculares cofradías de los ausentes,
niño sobreviviente
de los espejos sin memoria
y su pueblo de viento:

only reached their knees,
but its double tongue of metal
woke the dead.
Under the arcade, in military sheaves,
the cane, green lances,
sugar rifles;
at the portal, the magenta stall:
the coolness of water kept in the shade,
the ancestral palm-mats, knotted light,
and on the zinc counter
the miniature planets
fallen from the meridian tree,
sloes and mandarins,
yellow heaps of sweetness.
The years turn in the plaza,
a Catharine wheel,
and do not move.

       My words,
speaking of the house, split apart.
Rooms and rooms inhabited
only by their ghosts,
only by the rancor of the elderly
inhabited. Families,
breeding-grounds for scorpions:
as they give ground glass to dogs
with their pittance, so they nourish us with their hates
and the dubious ambition of being someone.
They also gave me bread, gave me time,
open spaces in the corners of the days,
backwaters to be alone with myself.
Child among taciturn adults
and their terrifying childishness,
child in passageways with tall doors,
rooms with portraits,
dim brotherhoods of the departed,
child survivor
of mirrors with no memory
and their people of wind:

el tiempo y sus encarnaciones
resuelto en simulacros de reflejos.
En mi casa los muertos eran más que los vivos.
Mi madre, niña de mil años,
madre del mundo, huérfana de mí,
abnegada, feroz, obtusa, providente,
jilguera, perra, hormiga, jabalina,
carta de amor con faltas de lenguaje,
mi madre: pan que yo cortaba
con su propio cuchillo cada día.
Los fresnos me enseñaron,
bajo la lluvia, la paciencia,
a cantar cara al viento vehemente.
Virgen somnílocua, una tía
me enseñó a ver con los ojos cerrados,
ver hacia dentro y a través del muro.
Mi abuelo a sonreír en la caída
y a repetir en los desastres: *al hecho, pecho*.
(Esto que digo es tierra
sobre tu nombre derramada: *blanda te sea*.)
Del vómito a la sed,
atado al potro del alcohol,
mi padre iba y venía entre las llamas.
Por los durmientes y los rieles
de una estación de moscas y de polvo
una tarde juntamos sus pedazos.
Yo nunca pude hablar con él.
Lo encuentro ahora en sueños,
esa borrosa patria de los muertos.
Hablamos siempre de otras cosas.
Mientras la casa se desmoronaba
yo crecía. Fui (soy) yerba, maleza
entre escombros anónimos.

                         Días
como una frente libre, un libro abierto.
No me multiplicaron los espejos
codiciosos que vuelven
cosas los hombres, número las cosas:

time and its incarnations
broken into travesties of reflections.
In my house there were more dead than living.
My mother, a thousand-year-old girl,
mother of the world, my orphan,
self-sacrificing, ferocious, stubborn, provident,
titmouse, bitch, ant, wild boar,
love letter with spelling mistakes;
my mother: bread I'd slice
with her own knife each day.
Under the rain,
the ash trees taught me patience,
to sing facing the violent wind.
A virgin who talked in her sleep, my aunt
taught me to see with eyes closed,
to see within, and through the wall;
my grandfather, to smile at defeat,
and for disasters: *in affliction, conviction.*
(This that I say is earth thrown over
your name: *let it rest softly.*)
Between vomit and thirst,
strapped to the rack of alcohol,
my father came and went through flames.
One evening of flies and dust,
we gathered, among the rails and crossties
of a railway station, his remains.
I could never talk to him.
I meet him now in dreams,
that blurred country of the dead.
We always speak of other things.
As the house crumbled, I grew.
I was (I am) grass,
weeds in anonymous trash.

Days,
like a free mind, an open book.
I was not multiplied by the envious mirrors
that turn men into things, things into numbers:

ni mando ni ganancia. La santidad tampoco:
el cielo para mí pronto fue un cielo
deshabitado, una hermosura hueca
y adorable. Presencia suficiente,
cambiante: el tiempo y sus epifanías.
No me habló dios entre las nubes;
entre las hojas de la higuera
me habló el cuerpo, los cuerpos de mi cuerpo.
Encarnaciones instantáneas:
tarde lavada por la lluvia,
luz recién salida del agua,
el vaho femenino de las plantas
piel a mi piel pegada: ¡súcubo!
—como si al fin el tiempo coincidiese
consigo mismo y yo con él,
como si el tiempo y sus dos tiempos
fuesen un solo tiempo
que ya no fuese tiempo, un tiempo
donde siempre es *ahora* y a todas horas *siempre*,
como si yo y mi doble fuesen uno
y yo no fuese ya.
Granada de la hora: bebí sol, comí tiempo.
Dedos de luz abrían los follajes.
Zumbar de abejas en mi sangre:
el blanco advenimiento.
Me arrojó la descarga
a la orilla más sola. Fui un extraño
entre las vastas ruinas de la tarde.
Vértigo abstracto: hablé conmigo,
fui doble, el tiempo se rompío.

Atónita en lo alto del minuto
la carne se hace verbo—y el verbo se despeña.
Saberse desterrado en la tierra, siendo tierra,
es saberse mortal. Secreto a voces
y también secreto vacío, sin nada adentro:
no hay muertos, sólo hay muerte, madre nuestra.
Lo sabía el azteca, lo adivinaba el griego:
el agua es fuego y en su tránsito

neither power nor gain. Nor sanctity either:
heaven for me soon became an uninhabited piece of sky,
an adorable and hollow beauty.
Sufficient and changing presence:
time and its epiphanies.
God did not talk to me from the clouds;
from the leaves of the fig tree
my body spoke to me, the bodies of my body.
Instantaneous incarnations:
afternoon washed by rain,
light just coming out from the water,
the feminine mist of plants,
skin stuck to my skin: succubus!
—as if time at last were to coincide
with itself, and I with it,
as if time and its two times
were one single time
that still was not time, a time
where always is *now* and anytime *always*,
as if I and my double were one
and I was no longer.
Pomegranate of the hour: I drank sun, I ate time.
Fingers of light would part the foliage.
Bees humming in my blood:
the white advent.
The shot flung me
to the loneliest shore. I was a stranger
in the vast ruins of the afternoon.
Abstract vertigo: I talked with myself,
I was double, time split apart.

Amazed at the moment's peak,
flesh became word—and the word fell.
To know exile on the earth, being earth,
is to know mortality. An open secret,
an empty secret with nothing inside:
there are no dead, there is only death, our mother.
The Aztecs knew it, the Greeks divined it:
water is fire, and in its passage

nosotros somos sólo llamaradas.
La muerte es madre de las formas . . .
El sonido, bastón de ciego del sentido:
escribo *muerte* y vivo en ella
por un instante. Habito su sonido:
es un cubo neumático de vidrio,
vibra sobre esta página,
desaparece entre sus ecos.
Paisajes de palabras:
los despueblan mis ojos al leerlos.
No importa: los propagan mis oídos.
Brotan allá, en las zonas indecisas
del lenguaje, palustres poblaciones.
Son criaturas anfibias, son palabras.
Pasan de un elemento a otro,
se bañan en el fuego, reposan en el aire.
Están del otro lado. No las oigo, ¿qué dicen?
No dicen: hablan, hablan.

                   Salto de un cuento a otro
por un puente colgante de once sílabas.
Un cuerpo vivo aunque intangible el aire,
en todas partes siempre y en ninguna.
Duerme con los ojos abiertos,
se acuesta entre las yerbas y amanece rocío,
se persigue a sí mismo y habla solo en los túneles,
es un tornillo que perfora montes,
nadador en la mar brava del fuego
es invisible surtidor de ayes,
levanta a pulso dos océanos,
anda perdido por las calles
palabra en pena en busca de sentido,
aire que se disipa en aire.
¿Y para qué digo todo esto?
Para decir que en pleno mediodía
el aire se poblaba de fantasmas,
sol acuñado en alas,
ingrávidas monedas, mariposas.

we are only flashes of flame.
Death is the mother of forms . . .
Sound, the blindman's cane of sense:
I write *death* and for a moment
I live within it. I inhabit its sound:
a pneumatic cube of glass,
vibrating on this page,
vanishing among its echoes.
Landscapes of words:
my eyes, reading, depopulate them.
It doesn't matter: my ears propagate them.
They breed there, in the indecisive
zones of language, the villages in the marsh.
They are amphibious creatures, they are words.
They pass from one element to another,
they bathe in fire, rest in the air.
They are from the other side.
I don't hear them: what do they say?
They don't say: they talk and talk.

       I leap from one story to another on a
suspension bridge of eleven syllables.
A body, living but intangible, the air
in all places always and in none.
It sleeps with open eyes,
it lies down in the grass and wakes up as dew,
it chases itself, talks to itself in tunnels,
is a bit that drills into mountains,
a swimmer in the rough seas of fire,
an invisible fountain of laments,
it lifts two oceans with a hand,
and walks through the streets, lost,
a word in limbo in search of meaning,
air that vanishes into air.
And why do I say all this?
To say that, at high noon,
the air was populated with phantoms,
sun coined into wings,
weightless change, butterflies.

Anochecer. En la terraza
oficiaba la luna silenciaria.
La *cabeza de muerto*, mensajera
de las ánimas, la fascinante fascinada
por las camelias y la luz eléctrica,
sobre nuestras cabezas era un revoloteo
de conjuros opacos. *¡Mátala!*
gritaban las mujeres
y la quemaban como bruja.
Después, con un suspiro feroz, se santiguaban.
Luz esparcida, Psiquis . . .

                              ¿Hay mensajeros? Sí,
cuerpo tatuado de señales
es el espacio, el aire es invisible
tejido de llamadas y respuestas.
Animales y cosas se hacen lenguas,
a través de nosotros habla consigo mismo
el universo. Somos un fragmento
—pero cabal en su inacabamiento—
de su discurso. Solipsismo
coherente y vacío:
desde el principio del principio
¿qué dice? Dice que nos dice.
Se lo dice a sí mismo. *Oh madness of discourse,
that cause sets up with and against itself!*

Desde lo alto del minuto
despeñado en la tarde de plantas fanerógamas
me descubrió la muerte.
Y yo en la muerte descubrí al lenguaje.
El universo habla solo
pero los hombres hablan con los hombres:
hay historia. Guillermo, Alfonso, Emilio:
el corral de los juegos era historia
y era historia jugar a morir juntos.
La polvareda, el grito, la caída:
algarabía, no discurso.

Night fell. On the terrace
the silenciary moon officiated.
A death's-head, messenger
of the souls, the enchanting
enchanted by the camelias
and the electric light, was,
over our heads, a fluttering
of opaque conjurations. *Kill it!*
the woman shouted
and burned it like a witch.
Then, with a fierce sigh, they crossed themselves.
Scattered light, Psyche . . .

Are there messengers? Yes,
space is a body tattooed with signs, the air
an invisible web of calls and answers.
Animals and things make languages,
through us the universe talks with itself.
We are a fragment—
accomplished in our unaccomplishment—
of its discourse. A coherent
and empty solipsism:
since the beginning of the beginning
what does it say? It says that it says us.
It says it to itself. *Oh madness of discourse,*
that cause sets up with and against itself!

From the moment's peak flung down
into an afternoon of sexual plants,
death discovered me.
And in death I discovered language.
The universe talks to itself,
but people talk to people:
there is history. Guillermo, Alfonso, Emilio:
the patio where we played was history,
it was history to play at death together.
The clouds of dust, the shouts, the tumbles:
gabble, not speech.

En el vaivén errante de las cosas,
por las revoluciones de las formas
y de los tiempos arrastradas,
cada una pelea con las otras,
cada una se alza, ciega, contra sí misma.
Así, según la hora cae desen-
lazada, su injusticia pagan. (Anaximandro.)
La injusticia de ser: las cosas sufren
unas con otras y consigo mismas
por ser un querer más, siempre ser más que más.
Ser tiempo es la condena, nuestra pena es la historia.
Pero también es el lugar de prueba:
reconocer en el borrón de sangre
del lienzo de Verónica la cara
del otro—siempre el otro es nuestra víctima.
Túneles, galerías de la historia
¿sólo la muerte es puerta de salida?
El escape, quizás, es hacia dentro.
Purgación del lenguaje, la historia se consume
en la disolución de los pronombres:
ni *yo soy* ni *yo más* sino más ser sin yo.
En el centro del tiempo ya no hay tiempo,
es movimiento hecho fijeza, círculo
anulado en sus giros.

               Mediodía:
llamas verdes los árboles del patio.
Crepitación de brasas últimas
entre la yerba: insectos obstinados.
Sobre los prados amarillos
claridades: los pasos de vidrio del otoño.
Una congregación fortuita de reflejos,
pájaro momentáneo,
entra por la enramada de estas letras.
El sol en mi escritura bebe sombra.
Entre muros—de piedra no:
por la memoria levantados—
transitoria arboleda:

In the aimless give-and-take of things,
carried along by the revolutions of forms and times,
everyone battles with the others,
everyone rebels, blindly, against himself.
Thus, returning to their origin,
they pay for their injustice. (Anaximander)
The injustice of being: things suffer
one with the other and with themselves
for to be is the desire to be more,
to always be more than more.
To be time is the sentence; history, our punishment.
But it is also the proving-ground:
to see, in the blot of blood
on Veronica's veil, the face
of another—always the other is our victim.
Tunnels, galleries of history:
is death the only exit?
The way out, perhaps, is toward within.
The purgation of language, history consuming itself
in the dissolution of pronouns:
not *I am* nor *I even more so*
but more being without I.
In the center of time, there is no more time,
but motion become fixity, a circle
canceled by its revolutions.

                    Noon:
the trees in the patio are green flames.
The crackling of the last embers
in the grass: stubborn insects.
Over the yellow meadows,
clarities: the glass footsteps of autumn.
A fortuitous meeting of reflections,
an ephemeral bird
enters the foliage of these letters.
The sun, in my writing, drinks the shadows.
Between the walls—not of stone,
but raised by memory—
a transitory grove:

luz reflexiva entre los troncos
y la respiración del viento.
El dios sin cuerpo, el dios sin nombre
que llamamos con nombres
vacíos—con los nombres del vacío—,
el dios del tiempo, el dios que es tiempo,
pasa entre los ramajes
que escribo. Dispersión de nubes
sobre un espejo neutro:
en la disipación de las imágenes
el alma es ya, vacante, espacio puro.
En quietud se resuelve el movimiento.
Insiste el sol, se clava
en la corola de la hora absorta.
Llama en el tallo de agua
de las palabras que la dicen,
la flor es otro sol.
La quietud en sí misma
se disuelve. Transcurre el tiempo
sin transcurrir. Pasa y se queda. Acaso,
aunque todos pasamos, ni pasa ni se queda:
hay un tercer estado.

Hay un estar tercero:
el ser sin ser, la plenitud vacía,
hora sin horas y otros nombres
con que se muestra y se dispersa
en las confluencias del lenguaje
no la presencia: su presentimiento.
Los nombres que la nombran dicen: *nada*,
palabra de dos filos, palabra entre dos huecos.
Su casa, edificada sobre el aire
con ladrillos de fuego y muros de agua,
se hace y se deshace y es la misma
desde el principio. Es dios:
habita nombres que lo niegan.
En las conversaciones con la higuera
o entre los blancos del discurso,
en la conjuración de las imágenes
contra mis párpados cerrados,

reflective light among the trunks
and the breathing of the wind.
The bodiless god, the nameless god
whom we call by empty names—
by the names of the emptiness—
the god of time, the god that is time,
passes through the branches
that I write. Dispersion of clouds
above a neutral mirror:
in the dissipation of the images,
the soul already is, vacant, pure space.
Motion resolves in tranquility.
The sun insists, fastened
in the corolla of the absorbed hour.
Flame on the water-stalk
of the words that say it,
the flower is another sun.
Tranquility dissolves in itself. Time
elapses without elapse. It passes and stays. Perhaps
although we all pass, it neither passes nor stays:
there is a third state.

A third state:
being without being, empty plenitude,
hour without hours and the other names
with which it appears and vanishes
in the confluences of language.
Not the presence: its presentiment.
The names that name it say: *nothing*,
double-edged word, word between two hollows.
Its house, built on air
with bricks of fire and walls of water,
constructs and deconstructs and is the same
from the beginning. It is god:
it inhabits the names that deny it.
In the conversations with the fig tree
or in the pauses of speech,
in the conjuration of the images
against my closed eyelids,

el desvarío de las simetrías,
los arenales del insomnio,
el dudoso jardín de la memoria
o en los senderos divagantes,
era el eclipse de las claridades.
Aparecía en cada forma
de desvanecimiento.

                    Dios sin cuerpo,
con lenguajes de cuerpo lo nombraban
mis sentidos. Quise nombrarlo
con un nombre solar,
una palabra sin revés.
Fatigué el cubilete y el *ars combinatoria*.
Una sonaja de semillas secas
las letras rotas de los nombres:
hemos quebrantado a los nombres,
hemos dispersado a los nombres,
hemos deshonrado a los nombres.
Ando en busca del nombre desde entonces.
Me fui tras un murmullo de lenguajes,
ríos entre los pedregales
color ferrigno de estos tiempos.
Pirámides de huesos, pudrideros verbales:
nuestros señores son gárrulos y feroces.
Alcé con las palabras y sus sombras
una casa ambulante de reflejos,
torre que anda, construcción de viento.
El tiempo y sus combinaciones:
los años y los muertos y las sílabas,
cuentos distintos de la misma cuenta.
Espiral de los ecos, el poema
es aire que se esculpe y se disipa,
fugaz alegoría de los nombres
verdaderos. A veces la página respira:
los enjambres de signos, las repúblicas
errantes de sonidos y sentidos,

in the delirium of the symmetries,
the quicksands of insomnia,
the dubious garden of memory,
or in the rambling paths,
it was the eclipse of the clarities.
It appeared in every form
of vanishing.

                    Bodiless god,
my senses named it
in the languages of the body.
I wanted to name it
with a solar name,
a word without reverse.
I exhausted the dice box and *ars combinatoria*.
A rattle of dried seeds,
the broken letters of names:
we have crushed names,
we have scattered names,
we have dishonored names.
Since then, I have been in search of the name.
I followed a murmur of languages,
rivers between rocks
color ferrigno of these times.
Pyramids of bones, rotting-places of words:
our masters are garrulous and bloodthirsty.
I built with words and their shadows
a movable house of reflections,
a walking tower, edifice of wind.
Time and its combinations:
the years and the dead and the syllables,
different accounts from the same account.
Spiral of echoes, the poem
is air that sculpts itself and dissolves,
a fleeting allegory of true names.
At times the page breathes:
the swarm of signs, the errant
republics of sounds and senses,

en rotación magnética se enlazan y dispersan
sobre el papel.

      Estoy en donde estuve:
voy detrás del murmullo,
pasos dentro de mí, oídos con los ojos,
el murmullo es mental, yo soy mis pasos,
oigo las voces que yo pienso,
las voces que me piensan al pensarlas.
Soy la sombra que arrojan mis palabras.

in magnetic rotation
link and scatter
on the page.

I am where I was:
I walk behind the murmur,
footsteps within me, heard with my eyes,
the murmur is in the mind, I am my footsteps,
I hear the voices that I think,
the voices that think me as I think them.
I am the shadow my words cast.

HIJOS DEL AIRE

AIRBORN
1979

Charles Tomlinson & Octavio Paz

for Brenda & Marie-José

In the spring of 1969 four friends—Charles Tomlinson, Jacques Roubaud, Edoardo Sanguineti, and I—met in Paris, for the space of a week, in order to write the first Western renga. Renga is the traditional Japanese name for a poem composed by several poets, three or four, who write successively stanzas of three and of two lines, without rhyme, but with a fixed syllabic measure. Our own renga was written by four poets in four tongues and the stanzaic pattern we followed was that of the sonnet, unrhymed and in free verse. After this experiment, Charles Tomlinson and I decided to explore yet another way of approach. We had the idea of writing two series of poems, each one around a theme. The chosen form was once more the sonnet, stricter than that of our renga, but still without rhyme. The real innovation consisted in writing the sonnets by correspondence. Renga in slow motion.

The themes we settled on were House and Day. Then, an exchange of letters: Charles wrote the first quatrain of House and sent it to me, I wrote the second, sent it to him and so on until four sonnets were completed. We followed the same procedure with Day which I began. The last sonnet of House was written entirely by me and the last of Day by Tomlinson: each of us brought to its end the series begun by the other.

In the first quatrain of House, Charles alludes, as a matter of course, to his cottage in Gloucestershire, a simple country structure of the eighteenth century which he, with his own hands, has set to rights. I replied, likewise as a matter of course, with a quatrain which alludes to the house of my childhood in Mixcoac, now destroyed, like the rest of the village, by the expansion of Mexico City. Two themes which arose spontaneously interweaved: the house set to rights and the one destroyed. Two kinds of poet, he who lives in a cottage in the country, though this is the civilized English countryside, and he who lives in an apartment in town, though this town is the urban jungle which makes up Mexico City.

It was my turn to begin Day, and I began it with an evocation of a spring day in Cambridge. Charles replied in perfect accord. Then, this English day changed to night, night was succeeded by dawn and dawn by a Mexican noonday fifteen years ago in whose light Charles and Brenda walked along la calle de Venustiano Carranza and discovered, among the traffic and the people, a source of quiet. Truces and mercies of time in that well of pure water within the poetic memory.

Once our little book was complete we looked around for a title. Brenda Tomlinson suggested *Airborn* to us. An exact title: our booklet was an offspring of air. Charles pointed out that the expression contained other meanings: airborne, every poem is made of air (Pound: "I made it out

of a mouthful of air") and an air is a song. But there's even more to it: the day I received Tomlinson's letter suggesting this title, I read a *loa* of Sor Juana in which Æolus, god of air, appears:

> I who am presiding god
> of the rarity of air,
> whose office is the government
> of the Birds' imperium where
> through transparencies of space
> in wandering varieties,
> animated rainbows, they,
> little vanities on wing,
> people and adorn its sway . . .

Airways are the most used today, as much by travelers as by post. Nevertheless, they have been and are also the traditional ways of poetry: across the thoroughfares of the air, "wandering varieties," the stanzas of the poem are propagated, "animated rainbows." Since its origin poetry has been the art of joining together the echoes of words: chains of air, impalpable but unbreakable. I will add that poetry is further, and above all, an art of breath, inspiration and expiration.

Octavio Paz

These collaborative poems were the result of a meeting, early one summer in Gloucestershire, when, out of the many words we had thought and spoken, we chose "house" and "day" as the words for a future postal meditation in sonnet form. "House" arose because the stone cottage in which Octavio Paz and his wife were our guests was a place we all felt affection for, and also because at that time the Pazes had no settled house of their own. "Day" was our last day together, when the sky took on a Constable-like activity, the breeze moving clouds swiftly through the blue and involving the landscape in a rapid succession of changes. I think time was at the back of all our minds, and that "day" (time passing) thus came into a natural relationship with "house" (time measured by place). We drove to the station through the green countryside, only to find that the train no longer ran. In the hour or so we had to wait we stole time from time and conceived our little work.

Charles Tomlinson

HOUSE/CASA

¡Oh bienaventurado
albergue a cualquier hora!
Luis de Góngora

I

One builds a house of what is there
(horsehair bonded the plaster when horses were)
and of what one brings (the rhyme concealed):
space into its time, time to its space.

Mas nacemos en casas que no hicimos.
(Vuelve la rima, puente entre líneas.)
El sol desenterradas imágenes revuelve
y me devuelve aquella casa en ruinas,

time and not I unmade—the rhyme revealed
only by the unheard pace of time,
and fragile yet dissonant against its space.

El tiempo la deshace y el tiempo la rehace;
la rima, sol que nace de eco en eco,
la ilumina: ya no es espacio sino tiempo.

II

Casa por la memoria edificada
—blancos intermitentes—, más pensada
que vivida y más dicha que pensada,
casa que dura el tiempo de decirla,

house, you began in milk, in warmth, in eating:
words must re-tongue your first solidities
and thought keep fresh your fragrace of bread baking
or drown in the stagnation of its memories:

casa en la conjunción de dos pasados
y de dos escrituras, construída
por un murmullo en busca de sentido,

HOUSE

Oh hermitage well found
Whatever hours it be . . . !
Luis de Góngora

I

One builds a house of what is there
(horsehair bonded the plaster when horses were)
and of what one brings (the rhyme concealed):
space into its time, time to its space.

Yet we are born in houses we did not make.
(The rhyme returns, a bridge between the lines.)
The sun revolves its buried images
to restore to mind that ruined house once more

time and not I unmade—the rhyme revealed
only by the unheard pace of time,
and fragile yet dissonant against its space.

Time unmakes and builds the house again:
and rhyme, a sun brought, echo by echo, to birth,
illuminates, unspaces it back to time.

II

House that memory makes out of itself
between the spaces of blank time—more thought
than lived and yet more said than thought,
house that lasts as long as its own sound takes:

house, you began in milk, in warmth, in eating:
words must re-tongue your first solidities
and thought keep fresh your fragrance of bread baking
or drown in the stagnation of its memories:

house in which two pasts conjoin and two
hands inscribe their separate histories,
a murmur in search of meaning builds you

where, in a hive of words, time's honeying
flavors and fills with momentary savor
this mouth and mind, this citadel of cells.

III

A self awakened in the press of things:
hacked into elm-bark there I left behind
initials, date: and the marks remain:
they fix a childhood and a war in Spain:

—la misma que grabó con su navaja
no en el tronco del olmo imaginario:
adentro de mi frente, la roja orografía
de sus escombros, su palabra rota.

So that to taste again my hope's true fragrance,
leaven of that miraculous first bread,
to hope, yet hope without extravagance,

tracé, no con ideas ni con piedras,
con aire y luz, la forma de mi tránsito:
las casas son encuentros, despedidas.

IV

Casas que van y vienen por mi frente,
semillas enterradas que maduran
bajo mis párpados, casas ya vueltas
un puñado de anécdotas y fotos,

fugaces construcciones de reflejos
en el agua del tiempo suspendidas
por ese largo instante en que unos ojos
recorren, distraídos, esta página:

yo camino por ellas en mí mismo,
lámpara soy en sus cuartos vacíos
y me enciendo y apago como un ánima.

La memoria es teatro del espíritu
pero afuera ya hay sol: resurrecciones.
En mí me planto, habito mi presente.

where, in a hive of words, time's honeying
flavors and fills with momentary savor
this mouth and mind, this citadel of cells.

III

A self awakened in the press of things:
hacked into elm-bark there I left behind
initials, date: and the marks remain:
they fix a childhood and a war in Spain:

it was the blade of that same war graved deep—
not on the trunk of an imagined elm—
but in my head the red map of the ranges
of its fallen debris and its broken word.

So that to taste again my hope's true fragrance,
leaven of that miraculous first bread,
to hope, yet hope without extravagance,

I traced, not with ideas nor with stones
but air and light, the due shape of my going:
houses are meetings and departures too.

IV

Houses that come and go within my head,
the buried seeds that lie there ripening
under my eyelids, houses turned already
to a handful of anecdotes and photographs;

unsteady structures of reflections
in the water of time hovering suspended
through this wide instant where a pair of eyes
travel distractedly across this page:

moving through them I enter my own self,
I am the lamp inside their empty rooms
and like a soul I kindle and extinguish.

Memory is the mind's own theater.
Outside: the resurrections of the sun:
myself I plant within myself: this present is my habitation.

DÍA/DAY

> Sweet day, so cool, so calm, so bright,
> The bridall of the earth and skie.
>   George Herbert

I

Árbol copioso cada día. Este
(cinco de Julio) hora a hora se vuelve
invisible: árbol que se borra
y en follajes futuros se vuelca.

Coming to terms with day—light, water, stone—
our words extend a world of objects
that remains itself: the new leaves
gladden us, but for no motive of their own—

sino por ser exclamaciones vegetales,
onomatopeyas de celebración
de la química resurrección anual,

where evening already stains the finished page
and shadow absorbing shadow, day
is going down in fire, in foliage.

II

Scholiasts of dreams, we are the heirs
of the rediscovery of night—return
to origins of the word, dark syllables
from leaves unseen, from selves unheard.

Rompe la madrugada en oleaje
promiscuo—consonantes y vocales—
golpeando los diques del lenguaje
y estalla sin llegar a ser palabra.

This presence is all absences until
we hear it wash against our panes, our walls
and shadows shape the architecture light must fill.

DAY

Sweet day, so cool, so calm, so bright,
The bridall of the earth and skie.
                                    George Herbert

I

Copious tree each day. This one
(July the fifth) grows hour by hour
invisible: a tree obliterated
to be freighted down with future leaves.

Coming to terms with day—light, water, stone—
our words extend a world of objects
that remains itself: the new leaves
gladden us, but for no motive of their own—

merely to be vegetable exclamations,
onomatopoeias of celebration
of the yearly chemical resurrection,

where evening already stains the finished page
and shadow absorbing shadow, day
is going down in fire, in foliage.

II

Scholiasts of dreams, we are the heirs
of the rediscovery of night—return
to origins of the word, dark syllables
from leaves unseen, from selves unheard.

Day dawns through a promiscuous succession
of waves—vowels and consonants—and breaks
down the dikes of language to explode
endlessly outward and become no word.

This presence is all absences until
we hear it wash against our panes, our walls
and shadows shape the architecture light must fill.

Amanece, con dedos impalpables
despega párpados la madrugada,
llueve, no afuera, adentro, en la memoria.

III

La ciudad amanece con ruido de cadenas,
la luz se rompe el pecho en las esquinas
y, ciega, en la memoria desarraiga
los árboles, los días, de follajes de sílabas:

crossing Bolivar and Carranza street
in search of the Fuente de la Rana
and the Turkish clock—postcard civilities—
under a sky of fifteen years ago:

entre la gente, el tráfago, los autos,
daba el reloj la hora, filósofo cortés,
no sin escepticismo pero exacto

true to the count and yet false to the fact
of that well within time—time's truces, time's mercies—
even, at this waste hour, still tasted here.

IV

Days that haunt the poem's single day
are like the air revisiting this house
of vocables that you and I designed:
its windows watch an ocean and a sky

to learn what portion of the other's mind
the jet-trails presage: letters are stones that fly
to settle in a wall of which the line
traces an hour, a where, a place of thought.

What is more palpable, the thing we saw
or the images its recollection brought
into the mind to ask us what we are?

It dawns: with fingerings impalpable
daybreak sets ajar the lidded eye:
raining, it rains into the space of memory.

III

The city wakens to a din of chains,
at the streetcorners light is torn apart
and blind, uproots within the memory
the trees—the days—their leaves of syllables:

crossing Bolivar and Carranza street
in search of the Fuente de la Rana
and the Turkish clock—postcard civilities—
under a sky of fifteen years ago:

through to-ing, fro-ing, passers-by and cars,
courteous philosopher, the clock strikes the hours
tactfully skeptical, always exact,

true to the count and yet false to the fact
of that well within time—time's truces, time's mercies—
even, at this waste hour, still tasted here.

IV

Days that haunt the poem's single day
are like the air revisiting this house
of vocables that you and I designed:
its windows watch an ocean and a sky

to learn what portion of the other's mind
the jet-trails presage: letters are stones that fly
to settle in a wall of which the line
traces an hour, a where, a place of thought.

What is more palpable, the thing we saw
or the images its recollection brought
into the mind to ask us what we are?

Friendship is more palpable than both,
the day that founded it, and time its confirmation:
we go and stay, knowing in that pulsation
we are the measure of its music flowing.

Hija fui del aire, ya
en él hoy me desvanezco
Pedro Calderón de la Barca

Friendship is more palpable than both,
the day that founded it, and time its confirmation:
we go and stay, knowing in that pulsation
we are the measure of its music flowing.

                    Daughter I was of air, already
                      I dissolve away in day
                    Pedro Calderón de la Barca   [c.t.]

ARBOL ADENTRO

A TREE WITHIN
1976-1987

PROEMA

A veces la poesía es el vértigo de los cuerpos y el vértigo de la dicha y el vértigo de la muerte;

el paseo con los ojos cerrados al borde del despeñadero y la verbena en los jardines submarinos;

la risa que incendia los preceptos y los santos mandamientos;

el descenso de las palabras paracaídas sobre los arenales de la página;

la desesperación que se embarca en un barco de papel y atraviesa,

durante cuarenta noches y cuarenta días, el mar de la angustia nocturna y el pedregal de la angustia diurna;

la idolatría al yo y la execración al yo y la disipación del yo;

la degollación de los epítetos, el entierro de los espejos;

la recolección de los pronombres acabados de cortar en el jardín de Epicuro y en el de Netzahualcoyotl;

el solo de flauta en la terraza de la memoria y el baile de llamas en la cueva del pensamiento;

las migraciones de miríadas de verbos, alas y garras, semillas y manos;

los substantivos óseos y llenos de raíces, plantados en las ondulaciones del lenguaje;

el amor a lo nunca visto y el amor a lo nunca oído y el amor a lo nunca dicho: el amor al amor.

Sílabas semillas.

PROEM

At times poetry is the vertigo of bodies and the vertigo of joy and the vertigo of death;

the walk with eyes closed along the edge of the cliff, and the verbena in submarine gardens;

the laughter that sets fire to rules and the holy commandments;

the descent of parachuting words onto the sands of the page;

the despair that boards a paper boat and crosses,

for forty nights and forty days, the night-sorrow sea and the day-sorrow desert;

the idolatry of the self and the desecration of the self and the dissipation of the self;

the beheading of epithets, the burial of mirrors;

the recollection of pronouns freshly cut in the garden of Epicurus, and the garden of Netzahualcoyotl;

the flute solo on the terrace of memory and the dance of flames in the cave of thought;

the migrations of millions of verbs, wings and claws, seeds and hands;

the nouns, bony and full of roots, planted on the waves of language;

the love unseen and the love unheard and the love unsaid: the love in love.

Syllables seeds.

Gavilla

ENTRE LO QUE VEO Y DIGO . . .
A Roman Jakobson

1

Entre lo que veo y digo,
entre lo que digo y callo,
entre lo que callo y sueño,
entre lo que sueño y olvido,
la poesía.
            Se desliza
entre el sí y el no:
                        dice
lo que callo,
                calla
lo que digo,
                sueña
lo que olvido.
                No es un decir:
es un hacer.
                Es un hacer
que es un decir.
                La poesía
se dice y se oye:
                es real.
Y apenas digo
                es real,
se disipa.
                ¿Así es más real?

2

Idea palpable,
                palabra
impalpable:
                la poesía
va y viene

484

Sheaf

BETWEEN WHAT I SEE AND WHAT I SAY . . .
for Roman Jakobson

1

Between what I see and what I say,
between what I say and what I keep silent,
between what I keep silent and what I dream,
between what I dream and what I forget:
poetry.
      It slips
between yes and no,
              says
what I keep silent,
                 keeps silent
what I say,
          dreams
what I forget.
           It is not speech:
it is an act.
           It is an act
of speech.
          Poetry
speaks and listens:
              it is real.
And as soon as I say
           it is real,
it vanishes.
           Is it then more real?

2

Tangible idea,
            intangible
word:
      poetry
comes and goes

entre lo que es
y lo que no es.
                    Teje reflejos
y los desteje.
                    La poesía
siembra ojos en la página,
siembra palabras en los ojos.
Los ojos hablan,
                    las palabras miran,
las miradas piensan.
                         Oír
los pensamientos,
                    ver
lo que decimos,
                    tocar
el cuerpo de la idea.
                    Los ojos
se cierran,
          las palabras se abren.

BASHO AN

El mundo cabe
en diecisiete sílabas:
tú en esta choza.

Troncos y paja:
por las rendijas entran
Budas e insectos.

Hecho de aire
entre pinos y rocas
brota el poema.

Entretejidas
vocales, consonantes:
casa del mundo.

                              between what is
          and what is not.
                              It weaves
          and unweaves reflections.
                                        Poetry
          scatters eyes on a page,
          scatters words on our eyes.
          Eyes speak,
                         words look,
          looks think.
                         To hear
          thoughts,
                     see
          what we say,
                         touch
          the body of an idea.
                              Eyes close,
          the words open.

BASHO AN

The whole world fits in-
to seventeen syllables,
and you in this hut.

Straw thatch and tree trunks:
they come in through the crannies:
Buddhas and insects.

Made out of thin air,
between the pines and the rocks
the poem sprouts up.

An interweaving
of vowels and the consonants:
the house of the world.

Huesos de siglos,
penas ya peñas, montes:
aquí no pesan.

Esto que digo
son apenas tres líneas:
choza de sílabas.

EJEMPLO

La mariposa volaba entre los autos.
Marie José me dijo: ha de ser Chuang Tzu,
de paso por Nueva York.
                    Pero la mariposa
no sabía que era una mariposa
que soñaba ser Chuang Tzu
                    o Chuang Tzu
que soñaba ser una mariposa.
La mariposa no dudaba:
                    volaba.

VIENTO Y NOCHE

Hora de viento,
noche contra la noche,
aquí, en mi noche.

El viento toro
corre, se para, gira,
¿va a alguna parte?

Viento ceñudo:
en las encrucijadas
se rompe el alma.

Como yo mismo,
acumulada cólera
sin desenlace.

Centuries of bones,
mountains: sorrow turned to stone:
here they are weightless.

What I am saying
barely fills up the three lines:
hut of syllables.

EXAMPLE

A butterfly flew between the cars.
Marie José said: it must be Chuang Tzu,
on a tour of New York.
                   But the butterfly
didn't know it was a butterfly
dreaming it was Chuang Tzu
                    or Chuang Tzu
dreaming he was a butterfly.
The butterfly never wondered:
                         it flew.

WIND AND NIGHT

Hour of wind,
night against night,
here, in my night.

The wind, a bull,
runs, stops, turns—
is it going anywhere?

Grim wind:
the soul is broken
on the crossroads.

Like me,
rage hoarded
with no release.

¿A dónde estoy?
El viento viene y va.
Ni aquí ni allá.

Espejo ciego.

AL VUELO (1)

NARANJA

Pequeño sol
quieto sobre la mesa,
fijo mediodía.
Algo le falta:
        noche.

ALBA

Sobre la arena
escritura de pájaros:
memorias del viento.

ESTRELLAS Y GRILLO

Es grande el cielo
y arriba siembran mundos.
Imperturbable,
prosigue en tanta noche
el grillo berbiquí.

NO-VISIÓN

Hora nula, cisterna
donde mi pensamiento
a sí mismo se bebe.

Por un instante inmenso
he olvidado mi nombre.
Poco a poco desnazco,
diáfano advenimiento.

Where am I?
The wind comes and goes.
Neither here nor there.

Mirror blinded.

ON THE WING (1)

ORANGE

Little sun
silent on the table,
permanent noon.
It lacks something:
                        night.

DAWN

On the sand,
bird-writing:
the memoirs of the wind.

STARS AND CRICKET

The sky's big.
Up there, worlds scatter.
Persistent,
unfazed by so much night,
a cricket: brace and bit.

NON-VISION

Barren hour, reservoir
where my thoughts
drink themselves.

For one enormous moment
I forgot my name.
Little by little I was unborn,
diaphanous arrival.

CALMA

Luna, reloj de arena:
la noche se vacía,
la hora se ilumina.

CUARTETO
A Alejandro y Olbeth Rossi

I
Paisaje familiar mas siempre extraño,
enigma de la palma de la mano.

El mar esculpe, terco, en cada ola,
el monumento en que se desmorona.

Contra el mar, voluntad petrificada,
la peña sin facciones se adelanta.

Nubes: inventan súbitas bahías
donde un avión es barca desleída.

Se disipa, impalpable abecedario,
la rápida escritura de los pájaros.

Camino entre la espuma y las arenas,
el sol posado sobre mi cabeza:

entre inmovilidad y movimiento
soy el teatro de los elementos.

II
Hay turistas también en este playa,
hay la muerte en bikini y alhajada,

nalgas, vientres, cecinas, lomos, bofes,
la cornucopia de fofos horrores,

plétora derramada que anticipa
el gusano y su cena de cenizas.

CALM

Sand-clock moon:
the night empties out,
the hour is lit.

QUARTET

for Alejandro and Olbeth Rossi

I

A landscape familiar yet always strange,
the enigma of a palm of a hand.

The sea stubbornly carves, with each wave,
the monument that it wears away.

Against the sea, will of stone,
the featureless rocks continue on.

The clouds inventing sudden bays
where an airplane is a ship that fades.

An intangible primer of air,
the hasty scrawl of the birds disappears.

I walk between the foam and the sand,
the sun perched upon my head:

fixed between immobility and movement,
I am the theater of the elements.

II

There are also tourists on this beach,
there's death in bikinis and fancy jewels,

thighs, bellies, flanks, ribs, lungs,
the cornucopia of spongy horrors,

an abundance of riches that awaits
the worm and its dinner of ashes.

Contiguos, separados por fronteras
rigurosas y tácitas, no expresas,

hay vendedores, puestos de fritangas,
alcahuetes, parásitos y parias:

el hueso, la basofea, el pringue, el podre . . .
Bajo un sol imparcial, ricos y pobres.

No los ama su Dios y ellos tampoco:
como a sí mismos odian a su prójimo.

III

Se suelta el viento y junta la arboleda,
la nación de las nubes se dispersa.

Es frágil lo real y es inconstante;
también, su ley el cambio, infatigable:

gira la rueda de las apariencias
sobre el eje del tiempo, su fijeza.

La luz dibuja todo y todo incendia,
clava en el mar puñales que son teas,

hace del mundo pira de reflejos:
nosotros sólo somos cabrilleos.

No es la luz de Plotino, es luz terrestre,
luz de aquí, pero es luz inteligente.

Ella me reconcilia con mi exilio:
patria es su vacuidad, errante asilo.

IV

Para esperar la noche me he tendido
a la sombra de un árbol de latidos.

El árbol es mujer y en su follaje
oigo rodar el mar bajo la tarde.

Nearby, separated by a boundary
strict and tacit, never expressed,

are the vendors, the stalls of frying stuff,
the pimps, the parasites and the pariahs:

bone, swill, grease, pus . . .
Under a neutral sun, the rich and the poor.

Their God does not love them, nor they themselves:
each does but hate his neighbor as himself.

III

The wind splits off and joins the grove,
the nation of clouds breaks up.

The real is fragile, and is inconstant:
its law is restless change:

the wheel of appearances turns and turns
over its fixed axis of time.

The light draws it all, and all is on fire,
it nails to the sea daggers that are torches,

it makes of the world a pyre of reflections:
we are only the whitecaps on the water.

It is not the light of Plotinus, it is earthly light,
the light of here, but intelligent light.

And it reconciles me with my exile:
its emptiness is home, a wandering asylum.

IV

To wait for night I have stretched out
in the shade of a tree of heartbeats.

The tree is a woman and in its leaves
I hear the sea rolling under the day.

Como sus frutos con sabor de tiempo,
frutos de olvido y de conocimiento.

Bajo el árbol se miran y se palpan
imágenes, ideas y palabras.

Por el cuerpo volvemos al comienzo,
espiral de quietud y movimiento.

Sabor, saber mortal, pausa finita,
tiene principio y fin—y es sin medida.

La noche entra y nos cubre su marea;
repite el mar sus sílabas, ya negras.

DÍSTICO Y VARIACIONES

Panteísta
La lengua y sus sagradas conjunciones:
riman constelaciones y escorpiones.

Cristiano
La lengua y sus perversas conjunciones:
riman constelaciones y escorpiones.

Escéptico
La lengua y sus absurdas conjunciones:
riman constelaciones y escorpiones.

Hermético
La lengua y sus arcanas conjunciones:
riman constelaciones y escorpiones.

Gnóstico
La lengua, abominables conjunciones:
riman constelaciones y escorpiones.

I eat its fruits with the taste of time,
fruits of forgetting and fruits of knowledge.

Under the tree they look and touch,
images, ideas and words.

We return through the body to the beginning,
spiral of stillness and motion.

Taste, mortal knowledge, finite pause,
has a beginning and end—and is measureless.

Night comes in and covers us with its tide;
the sea repeats its syllables, now black.

DISTICH AND VARIATIONS

Pantheist
Language and its sacred conjunctions:
constellations and crustaceans rhyme.

Christian
Language and its perverse conjunctions:
constellations and crustaceans rhyme.

Sceptic
Language and its absurd conjunctions:
constellations and crustaceans rhyme.

Hermeticist
Language and its arcane conjunctions:
constellations and crustaceans rhyme.

Gnostic
Language, abominable conjunctions:
constellations and crustaceans rhyme.

Dialéctico
La lengua, oposición y conjunciones:
riman constelaciones y escorpiones.
Etcétera

INSOMNE

Vigilia del espejo:
la luna lo acompaña.
Reflejo tras reflejo
urde tramas la araña.

Apenas parpadea
el pensamiento en vela:
no es fantasma ni idea
mi muerte centinela.

No estoy vivo ni muerto:
despierto estoy, despierto
en un ojo desierto.

ACERTIJO

Señor del vértigo,
     el gavilán
solitario en la altura
traza un signo,
    al punto
desvanecido en luz, en aire.
Obstinado, del alba al ocaso
lo repite.
    Dibuja, sin saberlo,
una pregunta:
     ¿poder es libertad,
libertad es destino?
      Luz y aire.

Dialectician
Language, opposition and conjunctions:
constellations and crustaceans rhyme.
Etc.

INSOMNIAC

Nightwatch of the mirror:
the moon keeps it company.
Reflection on reflection,
the spider spins its plots.

Hardly ever blinking,
thoughts are on guard:
neither ghost nor concept,
my death is a sentry.

Not alive, not dead:
awake, I am awake
in the desert of an eye.

RIDDLE

Lord of vertigo,
        the hawk,
hermit of the heights,
traces a sign
        that instantly
vanishes into light, into air.
Stubbornly, from dawn to dusk
he repeats it.
        Unknowingly, he draws
a question:
        is power freedom?
is freedom fate?
        Light and air.

PRUEBA

La piel es azafrán al sol tostado,
son de gacela los sedientos ojos.

—Ese dios que la hizo, ¿cómo pudo
dejar que lo dejase? ¿Estaba ciego?

—No es hechura de ciego este prodigio:
es mujer y es sinuosa enredadera.

La doctrina del Buda así se prueba:
nada en este universo fue creado.

(Dharmakirti, siglo VII)

AL VUELO (2)

EN DEFENSA DE PIRRÓN
A Juliano (Antología Palatina, VII, 576)

Juliano, me curaste
de espantos, no de dudas.
Contra Pirrón dijiste:
No sabía el escéptico
si estaba vivo o muerto.
La muerte lo sabía.
Y tú, ¿cómo lo sabes?

EPITAFIO DE UN DANDY

En un cementerio de corbatas
incineración de un retrato.
Fuego fatuo.

CONSTELACIÓN DE VIRGO

Hipatía, si miro luces puras
allá arriba, morada de la Virgen,

PROOF

Her skin, saffron toasted in the sun,
eyes darting like a gazelle.

—That god who made her, how could he
have let her go? Was he blind?

—This wonder is not the result of blindness:
she is a woman, and a sinuous vine.

The Buddha's doctrine thus is proven:
nothing in this world was created.

(Dharmakirti, 7th Century)

ON THE WING (2)

IN DEFENSE OF PYRRHO
for Julian (Palatine Anthology VII, 576)

Julian, you've cured
my fears, but not my doubts.
Against Pyrrho you said:
The sceptic didn't know
if he was alive or dead.
But death knew.
And you—how do you know?

EPITAPH FOR A DANDY

In a cemetery of neckties
a portrait aflame.
Ignis fatuus.

THE CONSTELLATION OF VIRGO

Hypatia, if I look at the pure lights
there up above, the Virgin's mansion,

no palabras, estrellas deletreo:
tu discurso son cláusulas de fuego.

(Pálades, Antología Palatina, IX, 400)

PAISAJE ANTIGUO

Sol alto. Duerme el llano.
Nada se mueve.
Entre las rocas, Eco espía.

PROVERBIO

Lodo del charco quieto:
mañana polvo
bailando en el camino.

POR EL ARROYO

—¡Qué raro, qué lindo!
La esposa de alguno
en el agua obscura
lava sus pies blancos.

Entre nubarrones
relumbra la luna,
tan lejos, tan lejos
que nadie la alcanza.

—¡Qué lindo, qué raro!
De alguna el esposo
por el río obscuro
pasa en blanca barca.

Iba a preguntarle
qué se le ofrecía
pero entre las nubes
se escondió la luna.

(Hsieh Ling-yün, 385–433)

I spell out, not words, but stars:
your discourse is clauses of fire.

(Palladas, Palatine Anthology IX, 400)

ANCIENT LANDSCAPE

High sun. The plain sleeps.
Nothing moves.
Between the rocks, Echo spies.

PROVERB

Mud in a still puddle:
tomorrow dust
dancing in the streets.

BY THE STREAM

—How rare, how lovely!
Somebody's wife
washing her white feet
in the dark water.

Moon shines
among the clouds,
so far, so far,
no one can reach it.

—How lovely, how rare!
Somebody's husband goes by
in a white boat
on the dark stream.

I was going to ask him
what he proposed,
but the moon hid
behind the clouds.

(Hsieh Ling-yün, 385–433)

VIENTO, AGUA, PIEDRA.
A Roger Caillois

El agua horada la piedra,
el viento dispersa el agua,
la piedra detiene al viento.
Agua, viento, piedra.

El viento esculpe la piedra,
la piedra es copa del agua,
el agua escapa y es viento.
Piedra, viento, agua.

El viento en sus giros canta,
el agua al andar murmura,
la piedra inmóvil se calla.
Viento, agua, piedra.

Uno es otro y es ninguno:
entre sus nombres vacíos
pasan y se desvanecen
agua, piedra, viento.

ESTE LADO
A Donald Sutherland

Hay luz. No la tocamos ni la vemos.
En sus vacías claridades
reposa lo que vemos y tocamos.
Yo veo con las yemas de mis dedos
lo que palpan mis ojos:
                              sombras, mundo.
Con las sombras dibujo mundos,
disipo mundos con las sombras.
Oigo latir la luz del otro lado.

WIND, WATER, STONE
for Roger Caillois

Water hollows stone,
wind scatters water,
stone stops the wind.
Water, wind, stone.

Wind carves stone,
stone's a cup of water,
water escapes and is wind.
Stone, wind, water.

Wind sings in its whirling,
water murmurs going by,
unmoving stone keeps still.
Wind, water, stone.

Each is another and no other:
crossing and vanishing
through their empty names:
water, stone, wind.

THIS SIDE
for Donald Sutherland

There is light. We neither see nor touch it.
In its empty clarities rests
what we touch and see.
I see with my fingertips
what my eyes touch:
                    shadows, the world.
With shadows I draw worlds,
I scatter worlds with shadows.
I hear the light beat on the other side.

INTERVALO

Arquitecturas instantáneas
sobre una pausa suspendidas,
apariciones no llamadas
ni pensadas, formas de viento,
insubstanciales como tiempo
y como tiempo disipadas.

Hechas de tiempo, no son tiempo;
son la hendedura, el intersticio,
el breve vértigo del *entre*
donde se abre la flor diáfana:
alta en el tallo de un reflejo
se desvanece mientras gira.

Nunca tocadas, claridades
con los ojos cerrados vistas:
el nacimiento transparente
y la caída cristalina
en este instante de este instante,
interminable todavía.

Tras la ventana: desoladas
azoteas y nubes rápidas.
El día se apaga, se enciende
la ciudad, próxima y remota.
Hora sin peso. Yo respiro
el instante vacío, eterno.

ENTRE IRSE Y QUEDARSE

Entre irse y quedarse duda el día,
enamorado de su transparencia.

La tarde circular es ya bahía:
en su quieto vaivén se mece el mundo.

INTERVAL

Instantaneous architectures
hanging over a pause,
apparitions neither named
nor thought, wind-forms,
insubstantial as time,
and, like time, dissolved.

Made of time, they are not time;
they are the cleft, the interstice,
the brief vertigo of *between*
where the diaphanous flower opens:
high on its stalk of a reflection
it vanishes as it turns.

Never touched, the clarities
seen with eyes closed:
the transparent birth
and the crystalline fall
in the instant of this instant
that forever is still here.

Outside the window, the desolate
rooftops and the hurrying clouds.
The day goes out, the city
lights up, remote and near.
Weightless hour. I breathe
the moment, empty and eternal.

BETWEEN GOING AND STAYING

Between going and staying the day wavers,
in love with its own transparency.

The circular afternoon is now a bay
where the world in stillness rocks.

Todo es visible y todo es elusivo,
todo está cerca y todo es intocable.

Los papeles, el libro, el vaso, el lápiz
reposan a la sombra de sus nombres.

Latir del tiempo que en mi sien repite
la misma terca sílaba de sangre.

La luz hace del muro indiferente
un espectral teatro de reflejos.

En el centro de un ojo me descubro;
no me mira, me miro en su mirada.

Se disipa el instante. Sin moverme,
yo me quedo y me voy: soy una pausa.

HERMANDAD
Homenaje a Claudio Ptolomeo

Soy hombre: duro poco
y es enorme la noche.
Pero miro hacia arriba:
las estrellas escriben.
Sin entender comprendo:
también soy escritura
y en este mismo instante
alguien me deletrea.

All is visible and all elusive,
all is near and can't be touched.

Paper, book, pencil, glass,
rest in the shade of their names.

Time throbbing in my temples repeats
the same unchanging syllable of blood.

The light turns the indifferent wall
into a ghostly theater of reflections.

I find myself in the middle of an eye,
watching myself in its blank stare.

The moment scatters. Motionless,
I stay and go: I am a pause.

BROTHERHOOD
Homage to Claudius Ptolemy

I am a man: little do I last
and the night is enormous.
But I look up:
the stars write.
Unknowing I understand:
I too am written,
and at this very moment
someone spells me out.

HABLO DE LA CIUDAD
A Eliot Weinberger

novedad de hoy y ruina de pasado mañana, enterrada y resucitada cada día,

convivida en calles, plazas, autobuses, taxis, cines, teatros, bares, hoteles, palomares, catacumbas,

la ciudad enorme que cabe en un cuarto de tres metros cuadrados inacabable como una galaxia,

la ciudad que nos sueña a todos y que todos hacemos y deshacemos y rehacemos mientras soñamos,

la ciudad que todos soñamos y que cambia sin cesar mientras la soñamos,

la ciudad que despierta cada cien años y se mira en el espejo de una palabra y no se reconoce y otra vez se echa a dormir,

la ciudad que brota de los párpados de la mujer que duerme a mi lado y se convierte,

con sus monumentos y sus estatuas, sus historias y sus leyendas,

en un manantial hecho de muchos ojos y cada ojo refleja el mismo paisaje detenido,

antes de las escuelas y las prisiones, los alfabetos y los números, el altar y la ley:

el río que es cuatro ríos, el huerto, el árbol, la Varona y el Varón vestidos de viento

—volver, volver, ser otra vez arcilla, bañarse en esa luz, dormir bajo esas luminarias,

flotar sobre las aguas del tiempo como la hoja llameante del arce que arrastra la corriente,

volver, ¿estamos dormidos o despiertos?, estamos, nada más estamos, amanece, es temprano,

estamos en la ciudad, no podemos salir de ella sin caer en otra, idéntica aunque sea distinta,

hablo de la ciudad inmensa, realidad diaria hecha de dos palabras: *los otros,*

y en cada uno de ellos hay un yo cercenado de un nosotros, un yo a la deriva,

I SPEAK OF THE CITY
for Eliot Weinberger

news today and tomorrow a ruin, buried and resurrected every day,

lived together in streets, plazas, buses, taxis, movie houses, theaters, bars, hotels, pigeon coops and catacombs,

the enormous city that fits in a room three yards square, and endless as a galaxy,

the city that dreams us all, that all of us build and unbuild and rebuild as we dream,

the city we all dream, that restlessly changes while we dream it,

the city that wakes every hundred years and looks at itself in the mirror of a word and doesn't recognize itself and goes back to sleep,

the city that sprouts from the eyelids of the woman who sleeps at my side, and is transformed,

with its monuments and statues, its histories and legends,

into a fountain made of countless eyes, and each eye reflects the same landscape, frozen in time,

before schools and prisons, alphabets and numbers, the altar and the law:

the river that is four rivers, the orchard, the tree, the Female and Male, dressed in wind—

to go back, go back, to be clay again, to bathe in that light, to sleep under those votive lights,

to float on the waters of time like the flaming maple leaf the current drags along,

to go back—are we asleep or awake?—we are, we are nothing more, day breaks, it's early,

we are in the city, we cannot leave except to fall into another city, different yet identical,

I speak of the immense city, that daily reality composed of two words: *the others,*

and in every one of them there is an I clipped from a we, an I adrift,

hablo de la ciudad construída por los muertos, habitada por sus tercos fantasmas, regida por su despótica memoria,

la ciudad con la que hablo cuando no hablo con nadie y que ahora me dicta estas palabras insomnes,

hablo de las torres, los puentes, los subterráneos, los hangares, maravillas y desastres,

el Estado abstracto y sus policías concretos, sus pedagogos, sus carceleros, sus predicadores,

las tiendas en donde hay de todo y gastamos todo y todo se vuelve humo,

los mercados y sus pirámides de frutos, rotación de las cuatro estaciones, las reses en canal colgando de los garfios, las colinas de especias y las torres de frascos y conservas,

todos los sabores y los colores, todos los olores y todas las materias, la marea de las voces—agua, metal, madera, barro-, el trajín, el regateo y el trapicheo desde el comienzo de los días,

hablo de los edificios de cantería y de mármol, de cemento, vidrio, hierro, del gentío en los vestíbulos y portales, de los elevadores que suben y bajan como el mercurio en los termómetros,

de los bancos y sus consejos de administración, de las fábricas y sus gerentes, de los obreros y sus máquinas incestuosas,

hablo del desfile inmemorial de la prostitución por calles largas como el deseo y como el aburrimiento,

del ir y venir de los autos, espejo de nuestros afanes, quehaceres y pasiones (¿por qué, para qué, hacia dónde?),

de los hospitales siempre repletos y en los que siempre morimos solos,

hablo de la penumbra de ciertas iglesias y de las llamas titubeantes de los cirios en los altares,

tímidas lenguas con las que los desamparados hablan con los santos y con las vírgenes en un lenguaje ardiente y entrecortado,

hablo de la cena bajo la luz tuerta en la mesa coja y los platos desportillados,

de las tribus inocentes que acampan en los baldíos con sus mujeres y sus hijos, sus animales y sus espectros,

de las ratas en el albañal y de los gorriones valientes que anidan en los alambres, en las cornisas y en los árboles martirizados,

de los gatos contemplativos y de sus novelas libertinas a la luz de la luna, diosa cruel de las azoteas,

de los perros errabundos, que son nuestros franciscanos y nuestros *bhikkus,* los perros que desentierran los huesos del sol,

I speak of the city built by the dead, inhabited by their stern ghosts, ruled by their despotic memory,

the city I talk to when I talk to nobody, the city that dictates these insomniac words,

I speak of towers, bridges, tunnels, hangars, wonders and disasters,

the abstract State and its concrete police, the schoolteachers, jailers, preachers,

the shops that have everything, where we spend everything, and it all turns to smoke,

the markets with their pyramids of fruit, the turn of the seasons, the sides of beef hanging from the hooks, the hills of spices and the towers of bottles and preserves,

all of the flavors and colors, all the smells and all the stuff, the tide of voices—water, metal, wood, clay—the bustle, the haggling and conniving as old as time,

I speak of the buildings of stone and marble, of cement, glass and steel, of the people in the lobbies and doorways, of the elevators that rise and fall like the mercury in thermometers,

of the banks and their boards of directors, of factories and their managers, of the workers and their incestuous machines,

I speak of the timeless parade of prostitution through streets long as desire and boredom,

of the coming and going of cars, mirrors of our anxieties, business, passions (why? toward what? for what?),

of the hospitals that are always full, and where we always die alone,

I speak of the half-light of certain churches and the flickering candles at the altars,

the timid voices with which the desolate talk to saints and virgins in a passionate, failing language,

I speak of dinner under a squinting light at a limping table with chipped plates,

of the innocent tribes that camp in the empty lots with their women and children, their animals and their ghosts,

of the rats in the sewers and the brave sparrows that nest in the wires, in the cornices and the martyred trees,

of the contemplative cats and their libertine novels in the light of the moon, cruel goddess of the rooftops,

of the stray dogs that are our Franciscans and *bhikkus*, the dogs that scratch up the bones of the sun,

hablo del anacoreta y de la fraternidad de los libertarios, de la conjura
de los justicieros y de la banda de los ladrones,

de la conspiración de los iguales y de la Sociedad de Amigos del
Crimen, del Club de los Suicidas y de Jack el Destripador,

del Amigo de los Hombres, afilador de la guillotina, y de César, Delicia
del Género Humano,

hablo del barrio paralítico, el muro llagado, la fuente seca, la estatua
pintarrajeada,

hablo de los basureros del tamaño de una montaña y del sol taciturno
que se filtra en el *polumo*,

de los vidrios rotos y del desierto de chatarra, del crimen de anoche
y del banquete del inmortal Trimalción,

de la luna entre las antenas de la televisión y de una mariposa sobre
un bote de inmundicias,

hablo de madrugadas como vuelo de garzas en la laguna y del sol de
alas transparentes que se posa en los follajes de piedra de las iglesias
y del gorjeo de la luz en los tallos de vidrio de los palacios,

hablo de algunos atardeceres al comienzo del otoño, cascadas de oro
incorpóreo, transfiguración de este mundo, todo pierde cuerpo, todo se
queda suspenso,

la luz piensa y cada uno de nosotros se siente pensado por esa luz
reflexiva, durante un largo instante el tiempo se disipa, somos aire otra
vez,

hablo del verano y de la noche pausada que crece en el horizonte como
un monte de humo que poco a poco se desmorona y cae sobre nosotros
como una ola,

reconciliación de los elementos, la noche se ha tendido y su cuerpo es
un río poderoso de pronto dormido, nos mecemos en el oleaje de su
respiración, la hora es palpable, la podemos tocar como un fruto,

han encendido las luces, arden las avenidas con el fulgor del deseo,
en los parques la luz eléctrica atraviesa los follajes y cae sobre nosotros
una llovizna verde y fosforescente que nos ilumina sin mojarnos, los
árboles murmuran, nos dicen algo,

hay calles en penumbra que son una insinuación sonriente, no sabemos
adonde van, tal vez al embarcadero de las islas perdidas,

hablo de las estrellas sobre las altas terrazas y de las frases indesci-
frables que escriben en la piedra del cielo,

hablo del chubasco rápido que azota los vidrios y humilla las arbo-
ledas, duró veinticinco minutos y ahora allá arriba hay agujeros azules
y chorros de luz, el vapor sube del asfalto, los coches relucen, hay
charcos donde navegan barcos de reflejos,

I speak of the anchorite and the libertarian brotherhood, of the secret plots of law enforcers and of bands of thieves,

of the conspiracies of levelers and the Society of Friends of Crime, of the Suicide Club, and of Jack the Ripper,

of the Friend of the People, sharpener of the guillotine, of Caesar, Delight of Humankind,

I speak of the paralytic slum, the cracked wall, the dry fountain, the graffitied statue,

I speak of garbage heaps the size of mountains, and of melancholy sunlight filtered by the smog,

of broken glass and the desert of scrap iron, of last night's crime, and of the banquet of the immortal Trimalchio,

of the moon in the television antennas, and a butterfly on a filthy jar,

I speak of dawns like a flight of herons on the lake, and the sun of transparent wings that lands on the rock foliage of the churches, and the twittering of light on the glass stalks of the palaces,

I speak of certain afternoons in early fall, waterfalls of immaterial gold, the transformation of this world, when everything loses its body, everything is held in suspense,

and the light thinks, and each one of us feels himself thought by that reflective light, and for one long moment time dissolves, we are air once more,

I speak of the summer, of the slow night that grows on the horizon like a mountain of smoke, and bit by bit it crumbles, falling over us like a wave,

the elements are reconciled, night has stretched out, and its body is a powerful river of sudden sleep, we rock in the waves of its breathing, the hour is tangible, we can touch it like a fruit,

they have lit the lights, and the avenues burn with the brilliancy of desire, in the parks electric light breaks through the branches and falls over us like a green and phosphorescent mist that illuminates but does not wet us, the trees murmur, they tell us something,

there are streets in the half-light that are a smiling insinuation, we don't know where they lead, perhaps to the ferry for the lost islands,

I speak of the stars over the high terraces and the indecipherable sentences they write on the stone of the sky,

I speak of the sudden downpour that lashes the windowpanes and bends the trees, that lasted twenty-five minutes and now, up above, there are blue slits and streams of light, steam rises from the asphalt, the cars glisten, there are puddles where ships of reflections sail,

hablo de nubes nómadas y de una música delgada que ilumina una habitación en un quinto piso y de un rumor de risas en mitad de la noche como agua remota que fluye entre raíces y yerbas,

hablo del encuentro esperado con esa forma inesperada en la que encarna lo desconocido y se manifiesta a cada uno:

ojos que son la noche que se entreabre y el día que despierta, el mar que se tiende y la llama que habla, pechos valientes: marea lunar,

labios que dicen *sésamo* y el tiempo se abre y el pequeño cuarto se vuelve jardín de metamorfosis y el aire y el fuego se enlazan, la tierra y el agua se confunden,

o es el advenimiento del instante en que allá, en aquel otro lado que es aquí mismo, la llave se cierra y el tiempo cesa de manar:

instante del *hasta aquí*, fin del hipo, del quejido y del ansia, el alma pierde cuerpo y se desploma por un agujero del piso, cae en sí misma, el tiempo se ha desfondado, caminamos por un corredor sin fin, jadeamos en un arenal,

¿esa música se aleja o se acerca, esas luces pálidas se encienden o apagan?, canta el espacio, el tiempo se disipa: es el boqueo, es la mirada que resbala por la lisa pared, es la pared que se calla, la pared,

hablo de nuestra historia pública y de nuestra historia secreta, la tuya y la mía,

hablo de la selva de piedra, el desierto del profeta, el hormiguero de almas, la congregación de tribus, la casa de los espejos, el laberinto de ecos,

hablo del gran rumor que viene del fondo de los tiempos, murmullo incoherente de naciones que se juntan o dispersan, rodar de multitudes y sus armas como peñascos que se despeñan, sordo sonar de huesos cayendo en el hoyo de la historia,

hablo de la ciudad, pastora de siglos, madre que nos engendra y nos devora, nos inventa y nos olvida.

ESTO Y ESTO Y ESTO

El surrealismo ha sido la manzana de fuego en el árbol de la sintaxis

El surrealismo ha sido la camelia de ceniza entre los pechos de la adolescente poseída por el espectro de Orestes

El surrealismo ha sido el plato de lentejas que la mirada del hijo pródigo transforma en festín humeante de rey caníbal

I speak of nomadic clouds, and of a thin music that lights a room on the fifth floor, and a murmur of laughter in the middle of the night like water that flows far-off through roots and grasses,

I speak of the longed-for encounter with that unexpected form with which the unknown is made flesh, and revealed to each of us:

eyes that are the night half-open and the day that wakes, the sea stretching out and the flame that speaks, powerful breasts: lunar tide,

lips that say *sesame*, and time opens, and the little room becomes a garden of change, air and fire entwine, earth and water mingle,

or the arrival of that moment there, on the other side that is really here, where the key locks and time ceases to flow:

the moment of *until now*, the last of the gasps, the moaning, the anguish, the soul loses its body and crashes through a hole in the floor, falling in itself, and time has run aground, and we walk through an endless corridor, panting in the sand,

is that music coming closer or receding, are those pale lights just lit or going out? space is singing, time has vanished: it is the gasp, it is the glance that slips through the blank wall, it is the wall that stays silent, the wall,

I speak of our public history, and of our secret history, yours and mine,

I speak of the forest of stone, the desert of the prophets, the ant-heap of souls, the congregation of tribes, the house of mirrors, the labyrinth of echoes,

I speak of the great murmur that comes from the depths of time, the incoherent whisper of nations uniting or splitting apart, the wheeling of multitudes and their weapons like boulders hurling down, the dull sound of bones falling into the pit of history,

I speak of the city, shepherd of the centuries, mother that gives birth to us and devours us, that creates us and forgets.

THIS AND THIS AND THIS

Surrealism has been the apple of fire on the tree of syntax

Surrealism has been the camellia of ash between the breasts of the girl possessed by the ghost of Orestes

Surrealism has been the dish of lentils that the glance of the prodigal son transforms into the smoking feast of the cannibal king

El surrealismo ha sido el bálsamo de Fierabrás que borra las señas del pecado original en el ombligo del lenguaje

El surrealismo ha sido el escupitajo en la hostia y el clavel de dinamita en el confesionario y el sésamo ábrete de las cajas de seguridad y de las rejas de los manicomios

El surrealismo ha sido la llama ebria que guía los pasos del sonámbulo que camina de puntillas sobre el filo de sombra que traza la hoja de la guillotina en el cuello de los ajusticiados

El surrealismo ha sido el clavo ardiente en la frente del geómetra y el viento fuerte que a media noche levanta las sábanas de las vírgenes

El surrealismo ha sido el pan salvaje que paraliza el vientre de la Compañía de Jesús hasta que la obliga a vomitar todos sus gatos y sus diablos encerrados

El surrealismo ha sido el puñado de sal que disuelve los tlaconetes del realismo socialista

El surrealismo ha sido la corona de cartón del crítico sin cabeza y la víbora que se desliza entre las piernas de la mujer del crítico

El surrealismo ha sido la lepra del Occidente cristiano y el látigo de nueve cuerdas que dibuja el camino de salida hacia otras tierras otras lenguas y otras almas sobre las espaldas del nacionalismo embrutecido y embrutecedor

El surrealismo ha sido el discurso del niño enterrado en cada hombre y la aspersión de sílabas de leche de leonas sobre los huesos calcinados de Giordano Bruno

El surrealismo ha sido las botas de siete leguas de los escapados de las prisiones de la razón dialéctica y el hacha de Pulgarcito que corta los nudos de la enredadera venenosa que cubre los muros de las revoluciones petrificadas del siglo XX

El surrealismo ha sido esto y esto y esto

1930: VISTAS FIJAS

¿Qué o quien me guiaba? No buscaba nada ni a nadie, buscaba todo y a todos:

vegetación de cúpulas azules y campanarios blancos, muros color de sangre seca, arquitecturas:

festín de formas, danza petrificada bajo las nubes que se hacen y se deshacen y no acaban de hacerse, siempre en tránsito hacia su forma venidera,

Surrealism has been the balm for Fierabras that erases the signs of original sin in the navel of language

Surrealism has been the spit on the host and the carnation of dynamite in the confessional and the open sesame to the bank vaults and the iron bars of asylums

Surrealism has been the drunken flame that guides the steps of the sleepwalker who tiptoes along the edge of the shadow that the blade of the guillotine casts on the neck of the condemned

Surrealism has been the burning nail in the geometer's forehead and the gust of wind at midnight that lifts the sheets from virgins

Surrealism has been the savage bread that cramps the belly of the Society of Jesus until it must vomit all the cats and devils it has inside

Surrealism has been the fistful of salt that eats away the slugs of social realism

Surrealism has been the cardboard crown on the headless critic and the viper that slips between the legs of the critic's wife

Surrealism has been the leprosy of the Christian West and the whip of nine cords that sketches the way out toward other lands other languages and other souls across the backs of brutish and brutalizing nationalism

Surrealism has been the speech of the child buried in every man and the sprinkling of syllables of milk on the charred bones of Giordano Bruno

Surrealism has been the seven-league boots of those who escaped from the prisons of dialectical reason and Tom Thumb's hatchet that chops through the knots of the poisonous vines that cover the walls of the petrified revolutions of the Twentieth Century

Surrealism has been this and this and this

1930: SCENIC VIEWS

Who or what guided me? I was not searching for anything or anyone, I was searching for everything, searching for everyone:

the vegetation of blue cupolas and the white belltowers, walls the color of dried blood, architectures:

a banquet of forms, a petrified dance under the clouds that make and unmake and never stop making themselves, always in transit toward their future forms,

piedras ocres tatuadas por un astro colérico, piedras lavadas por el agua de la luna;

los parques y las plazuelas, las graves poblaciones de álamos cantantes y lacónicos olmos, niños gorriones y cenzontles,

los corros de ancianos, ahuehuetes cuchicheantes, y los otros, apeñuscados en los bancos, costales de huesos, tiritando bajo el gran sol del altiplano, patena incandescente;

calles que no se acaban nunca, calles caminadas como se lee un libro o se recorre un cuerpo;

patios mínimos, con madreselvas y geranios generosos colgando de los barandales, ropa tendida, fantasma inocuo que el viento echa a volar entre las verdes interjecciones del loro de ojo sulfúreo y, de pronto, un delgado chorro de luz: el canto del canario;

los figones celeste y las cantinas solferino, el olor del aserrín sobre el piso de ladrillo, el mostrador espejeante, equívoco altar en donde genios de insidiosos poderes duermen encerrados en botellas multicolores;

la carpa, el ventrílocuo y sus muñecos procaces, la bailarina anémica, la tiple jamona, el galán carrasposo;

la feria y los puestos de fritangas donde hierofantas de ojos canela celebran, entre brasas y sahumerios, las nupcias de las substancias y la transfiguración de los olores y los sabores mientras destazan carnes, espolvorean sal y queso cándido sobre nopales verdeantes, asperjan lechugas donadoras del sueño sosegado, muelen maíz solar, bendicen manojos de chiles tornasoles;

las frutas y los dulces, montones dorados de mandarinas y tejocotes, plátanos aúreos, tunas sangrientas, ocres colinas de nueces y cacahuates, volcanes de azúcar, torreones de alegrías, pirámides transparentes de biznagas, cocadas, diminuta orografía de las dulzuras terrestres, el campamento militar de las cañas, las jícamas blancas arrebujadas en túnicas color de tierra, las limas y los limones: frescura súbita de risas de mujeres que se bañan en un río verde;

las guirnaldas de papel y las banderitas tricolores, arcoiris de juguetería, las estampas de la Guadalupe y las de los santos, los mártires, los héroes, los campeones, las estrellas;

el enorme cartel del próximo estreno y la ancha sonrisa, bahía extática, de la actriz en cueros y redonda como la luna que rueda por las azoteas, se desliza entre las sábanas y enciende las visiones rijosas;

las tropillas y vacadas de adolescentes, palomas y cuervos, las tribus dominicales, los náufragos solitarios y los viejos y viejas, ramas desgajadas del árbol del siglo;

ocher stones tattooed by an angry star, stones washed by the water of the moon;

the parks and the plazas, the somber populations of singing poplars and laconic elms, the sparrow and mockingbird boys,

the ring of elders, *ahuehuete* trees whispering, and the others, pressed together on the benches, the sacks of bones, shivering under the high plains sun, that incandescent paten;

streets that never ended, streets walked as one reads a book or travels over a body;

the tiny patios, thick with honeysuckle and geraniums that hang from the railings, the clothes on the line, innocuous ghosts the wind sets flying between the green interjections of the parrot with a sulfurous eye, and suddenly, a slender stream of light: a canary singing;

the azure of the lunch-stops and the solferino of the cantinas, the smell of sawdust on the brick floor, the mirrored bar, ambiguous altar where genies with insidious powers sleep captive in the multicolored bottles;

the traveling tent-shows, the ventriloquist and his impudent dummies, the anemic ballerina, the buxom soprano, the hoarse leading man;

the fair and its stalls of frying foods where, amidst the coals and the aromatic smoke, the hierophants with cinnamon eyes celebrate the marriage of substances and the transformation of smells and flavors while they slice up the meat, sprinkle salt and snowflakes of cheese over bright-green nopals, shred lettuce, bearer of tranquil sleep, grind the solar corn, and consecrate bunches of iridescent chilies;

the fruits and the sweets, gilded mountains of mandarins and sloes, the golden bananas, blood-colored prickly pears, ocher hills of walnuts and peanuts, volcanoes of sugar, towers of amaranth seed cakes, transparent pyramids of *biznagas*, nougats, the tiny orography of earthly sweetness, the fortress of sugarcane, the white *jicamas* huddled together in tunics the color of earth, the limes and the lemons: the sudden freshness of the laughter of women bathing in a green river;

the paper wreaths and the tricolored banners, the toyshop rainbow, the prints of Guadalupe and the saints, martyrs, heroes, champions and stars;

the enormous poster for the coming attraction, and the wide smile, that ecstatic bay, of the naked actress, plump as the moon wheeling over the rooftops, who slips between the sheets and incites restless visions;

the separate herds of boys and girls, colts and calves, doves and crows, the dominical tribes, the solitary shipwreck survivors, and the old men and women, branches lopped from the tree of the century;

la musiquita rechinante de los caballitos, la musiquita que da vueltas
y vueltas en el cráneo como un verso incompleto en busca de una rima;

y al cruzar la calle, sin razón, porque sí, como un golpe de mar o el
ondear súbito de un campo de maíz, como el sol que rompe entre nubar-
rones: la alegría, el surtidor de la dicha instantánea, ¡ah, estar vivo,
desgranar la granada de esta hora y comerla grano a grano!

el atardecer como una barca que se aleja y no acaba de perderse en el
horizonte indeciso;

la luz anclada en el atrio del templo y el lento oleaje de la hora vencida
puliendo cada piedra, cada arista, cada pensamiento hasta que todo no
es sino una transparencia insensiblemente disipada;

la vieja cicatriz que, sin aviso, se abre, la gota que taladra, el surco
quemado que deja el tiempo en la memoria, el tiempo sin cara: presenti-
miento de vómito y caída, el tiempo que se ha ido y regresa, el tiempo
que nunca se ha ido y está aquí desde el principio, el par de ojos agaza-
pados en un rincón del ser: la seña de nacimiento;

el rápido desplome de la noche que borra las caras y las casas, la tinta
negra de donde salen las trompas y los colmillos, el tentáculo y el dardo,
la ventosa y la lanceta, el rosario de las cacofonías;

la noche poblada de cuchicheos y allá lejos un rumor de voces de
mujeres, vagos follajes movidos por el viento;

la luz brusca de los faros del auto sobre la pared afrentada, la luz
navajazo, la luz escupitajo, la reliquia escupida;

el rostro terrible de la vieja al cerrar la ventana santiguándose, el
ladrido del alma en pena del perro en el callejón como una herida que
se encona;

las parejas en las bancas de los parques o de pie en los repliegues de
los quicios, los cuatro brazos anudados, árboles incandescentes sobre los
que reposa la noche,

las parejas, bosques de febriles columnas envueltas por la respiración
del animal deseante de mil ojos y mil manos y una sola imagen clavada
en la frente,

las quietas parejas que avanzan sin moverse con los ojos cerrados y
caen interminablemente en sí mismas;

el vértigo inmóvil del adolescente desenterrado que rompe por mi
frente mientras escribo

y camina de nuevo, multisolo en su soledumbre, por calles y plazas
desmoronadas apenas las digo

y se pierde de nuevo en busca de todo y de todos, de nada y de nadie

the grating tune of the merry-go-round, the tune that turns and turns in the skull like an unfinished line in search of a rhyme;

and crossing the street for no particular reason, because it is, like a surge of the sea or the sudden ripple in a field of corn, like a sun breaking through a thick layer of cloud: happiness, fountain of instantaneous joy—to be alive, to crack open the pomegranate of the hour and eat it seed by seed!

the late afternoon like a boat that drifts off, losing itself in the blurred horizon;

the light anchored on the steps of the temple and the slow wave of the conquered hour that polishes each stone, each arista, each thought until everything is nothing but transparency imperceptibly scattered;

the old scar that, without warning, opens, the drop that drills away a hole, the burnt furrow time leaves in memory, faceless time: a presentiment of falling and vomit, time that has gone off and now returns, time that has never left, that has been here since the beginning, the pair of eyes that crouches in a corner of being: the mark from birth;

the sudden collapse of the night that erases the houses and faces, the black ink where the horns and tusks, the tentacle and the stinger, the sucker and the spine, the rosary of cacophanies all come out;

the night full of whispers, and there, far-off, a murmur of women's voices, restless leaves shaken by the wind;

the harsh headlights on the violated wall, the knife-light, the spittle light, the spat-upon relic;

the terrifying face of the old woman who closes the window crossing herself, the howling like a grieving soul of the dog in the alley like a festering wound;

the couples on the benches in the parks or standing in the nooks of doorways, the four knotted arms, glowing trees on which the night rests,

the couples, forests of feverish columns, wrapped in the breath of animal desire, with a thousand eyes and a thousand hands and one single image nailed in their heads,

the quiet couples that walk without moving with eyes closed, falling endlessly into themselves;

the motionless vertigo of the disinterred adolescent who breaks through my forehead as I write

and walks again, alone together in the solitude of the crowd, through streets and plazas that crumble as soon as I say them

and is lost again in search of everything and everyone, nothing and no one

AUNQUE ES DE NOCHE

I

La noche, a un tiempo sólida y vacía,
vasta demolición que se acumula
y sobre la erosión en que se anula
se edifica: la noche, lejanía
que se nos echa encima, epifanía
al revés. Ciego, el ojo capitula
y se interna hacia dentro, hacia otra nula
noche mental. Acidia, no agonía.

Afuera, perforada de motores
y de faros, la sombra pesa menos
que este puño de sílabas, Azores
que suscito en la página. Los frenos
de un auto. La ciudad, rota en mi frente,
despeña su discurso incoherente.

II

Mientras yo leo en México, ¿qué hora
es en Moscú? Ya es tarde, siempre es tarde,
siempre en la historia es noche y es deshora.
Solyenitzin escribe, el papel arde,
avanza su escritura, cruel aurora
sobre llanos de huesos.

                              Fui cobarde,
no vi de frente al mal y hoy corrobora
al filósofo el siglo:
                              ¿El mal? Un par de
ojos sin cara, un repleto vacío.

El mal: un alguien nadie, un algo nada.

¿Stalin tuvo cara? La sospecha
le comió cara y alma y albedrío.

Pobló el miedo su noche desalmada,
su insomnio despobló Rusia deshecha.

ALTHOUGH IT IS NIGHT

I

The night, at once both solid and empty,
that vast demolition heaping up,
building itself on top of erosions
that wear it away: the night, distance
cast above us, epiphany inverted.
Blind, the eye declares defeat, withdrawing
inward, another barren night of the mind.
Sloth, and not the pains of death.

Outside, drilled by headlights and motors,
the darkness weighs less than this fistful
of syllables, Azores I rouse up on the page.
Brakes slam. The city, breaking over my head,
hurls down its babbling speech.

II

While I am reading in Mexico City,
what time is it now in Moscow?
It's late, it's always late,
in history it is always night,
always the wrong time.
                    Solzhenitsyn writes,
the paper is burning, his writing goes on,
a cruel dawn on a plain of bones.

I was a coward, I did not face evil,
and now the century confirms the philosopher:
Evil? A pair of eyes with no face,
an abundant void.
                    Evil:
a nobody somebody, a nothing something.

Did Stalin have a face?
                    Suspicion
ate his face and soul and will.
Fear populated his soulless night,
his insomnia decimated Russia.

III

El partido siempre tiene razón
León Trotski

Alma no tuvo Stalin: tuvo historia.
Deshabitado Mariscal sin cara,
servidor de la nada. Se enmascara
el mal: la larva es César ya. Victoria
de un fantasma: designa su memoria
una oquedad. La nada es gran avara
de nadies. ¿Y los otros? Se descara
el mal: la misma irreal combinatoria
baraja a todos. Circular la pena,
la culpa circular: desdevanado
el carrete, la historia los despena.
Discurso en un cuchillo congelado:

Dialéctica, sangriento solipsismo
que inventó el enemigo de sí mismo.

IV

Donde con voz de cañas en el viento
hablaban acopladas agua y llama
hoy urde el doctrinario su amalgama.
La impostura se erige monumento.

Cháchara y vacuidad. El pensamiento
borra, dibuja y borra un ideograma:
el mal enamorado de su trama.
Estatua, con mordaza, del lamento.

Todo lo que pensamos se deshace,
en los Campos encarna la utopía,
la historia es espiral sin desenlace.

No hay sentido: hay piedad, hay ironía,
hay el pronombre que se transfigura:
yo soy tu yo, verdad de la escritura.

III

The party is always right
Leon Trotsky

Stalin had no soul:
                    he had history.
Uninhabited Marshal without a face,
servant of nothing. Evil enmasked:
the maggot becomes Caesar. A ghost's
triumph: his memorial marks a pit.
Nothingness is the great hoarder of nobodies.
And as for the others: evil takes away their faces
in the same unreal game that shuffles us all.
Circular suffering, circular guilt: the spool
unwound, history relieves their pain
by killing them off. Discourse in a frozen knife:

Dialectic, the bloody solipsism
that invented the enemy from itself.

IV

Where with a voice of reeds in the wind
water and fire coupled once spoke,
the doctrinarian now concocts his amalgam,
and fraud erects its monument.

Emptiness and idle chat. Thought erases,
draws and erases an ideogram:
evil in love with its own plots.
A muzzled statue of lamentation.

All that we dreamt comes undone,
Utopia comes to earth in the Camps,
history is a spiral that never ends.

There is no meaning: there's irony
and pity, and the pronoun transformed:
I am your I, the truth of writing.

FUEGOS LÚDRICOS
A un juglar

Hicieron fuego ludiendo dos palos secos el uno contra el otro
Cervantes (*Persiles*)

Como juega el tiempo con nosotros
al borde del gran hoyo,
al filo de la noche
lude dos, tres, cuatro, seis
                    ¡palabras!
y las echa a volar en ese lado de allá.
Soles, lunas, planetas,
giran, brillan, cantan,
                    desaparecen
como este mundo en el otro.
                    Han de volver,
esta noche o la otra,
                    música
dormida en el caracol de la memoria.

BRINDIS
A Fernando Ferreira de Loanda

En San Juan de los Lagos
me encontré un sombrero rojo;
lo escondí en el mar,
lo enterré en el monte,
lo guardé en mi frente.
Hoy brota en esta mesa,
chorro de palabras
y el mantel se cubre
de miradas.

LA CASA GIRATORIA
A Ivar y Astrid

Hay una casa de madera
en la llanura de Oklahoma.

FIRE BY FRICTION
for a juggler

They made fire by rubbing two dry sticks, one against the other
Cervantes (*Persiles*)

As time plays with us
at the edge of the great pit,
on the fringe of night
rub two, three, four, six,
                    words!
and let them fly off on that other side.
Suns, moons, planets,
whirl, shine, sing,
                    disappear
like this world into the other.
                    They will return,
this night or another,
                    music
asleep in the shell of memory.

TOAST
for Fernando Ferreira de Loanda

In San Juan de los Lagos
I found a red hat;
I lost it in the sea,
I buried it in the mountain,
I kept it on my head.
Today at this table
a stream of words bursts
and the tablecloth's
covered with glances.

THE REVOLVING HOUSE
for Ivar and Astrid

There is a wooden house
on the plains in Oklahoma.

Cada noche la casa se vuelve
una isla del mar Báltico,
piedra caída del cielo de la fábula.
Pulida por las miradas de Astrid,
encendida por la voz de Ivar,
la piedra gira lentamente en la sombra:
es un girasol y arde.
                    Un gato,
oriundo de Saturno,
atraviesa la pared y desaparece
entre las páginas de un libro.
La hierba se ha vuelto noche,
la noche se ha vuelto arena,
la arena se ha vuelto agua.
                         Entonces
Ivar y Astrid levantan arquitecturas
—cubos de ecos, formas sin peso—
que a veces se llaman poemas,
otras dibujos, otras conversaciones
con amigos de Málaga, México
y otros planetas.
                    Esas formas
caminan y no tienen pies,
miran y no tienen ojos,
hablan y no tienen boca.
                         El girasol
gira y no se mueve,
                    la isla
se enciende y se apaga,
                         la piedra
florece,
        la noche se cierra,
el cielo se abre.
                    El alba
moja los párpados del llano.

IMPRÓLOGO

Me han pedido un prólogo.
Corto, me dijeron, pocas palabras

Each night the house becomes
an island in the Baltic Sea,
stone fallen from the sky of fables.
Polished by Astrid's glances,
lit by Ivar's voice,
the stone turns slowly in the shadows:
it is a sunflower, and it burns.

A cat,

a native of Saturn,
crosses the wall and vanishes
in the pages of a book.
Grass turns to night,
night turns to sand,
sand turns to water.

Then

Ivar and Astrid raise architectures
—cubes of echoes, weightless forms—
some they call poems,
others drawings, others conversations
with friends from Málaga, Mexico,
and other planets.

These forms

walk and have no feet,
they see and have no eyes,
they speak and have no mouth.

The sunflower

turns and doesn't move,
the island
lights up and goes out,
the stone
flowers,
night shuts,
the sky opens.
Dawn
dampens the eyelids of the plain.

IMPREFACE

They have asked me for a preface.
Short, they said, only a few words,

pero que abran lejanías.
Una perspectiva más que una escenografía.
Al fondo, entre las contumaces confusiones
—breñas conceptuales, paradojas, espinas—
al pie de un farallón tatuado
por la paciencia de las estaciones:
Vasko Popa,
                    cazador de reflejos errantes.

Me siento y comienzo mi prosa
una, dos, tres, cuatro, cien veces.
Entre mi cabeza y la pluma,
entre la pluma y esta página,
se interpone siempre la misma escena:
un atardecer de piel translúcida
y bajo el farallón que rompe el viento:
Vasko.
            El sol poniente baila
sobre la mira de su infalible escopeta.
No hay nadie a la vista
pero Vasko empuña el arma y dispara.
Cada disparo inventa un blanco,
ideas que, apenas tocadas,
vuelan como exclamaciones.

Anoto para mi prólogo:
la escopeta de Vasko no mata,
es dadora de imágenes.
Mientras escribo estas palabras
un humo acre cubre mi escritura.
Hay una danza de chispas entre las letras,
una fuga de vocales en fuego,
un confuso rumor de consonantes
corriendo sobre cenizas calcinadas,
¡arde el extremo norte de la página!

Me repliego hacia el sur.
Pero allá, en los márgenes blancos,
llueve, interminablemente llueve.
Cielo hidrópico, truenos y puñetazos.

but ones that will open vistas.
A perspective more than a whole scenography.
In the distance, among the stubborn confusions
—conceptual brambles, paradoxes, thorns—
at the foot of a cliff tattooed
by the patience of the seasons:
Vasko Popa,
                        hunter of wandering reflections.

I begin to write my piece of prose
one, two, three, four, a hundred times.
Between my head and the pen,
between the pen and this page,
the same scene keeps interposing itself:
the translucent skin of a late afternoon,
and beneath the cliffs where the wind breaks up:
Vasko.
                The setting sun dances
in the sight of his unerring rifle.
There's no one to be seen
but Vasko grabs the gun and fires.
Each shot invents a target,
ideas that, barely grazed,
fly up like exclamations.

I note for my preface:
Vasko's rifle does not kill,
it is a maker of images.
As I write these words
an acrid smoke covers my writing.
There is a dance of sparks among the letters,
a rush of flaming vowels,
a confused din of consonants
running over cinders and ash—
the far north of the page is on fire!

I retreat to the south.
But there, in the white margins,
it is raining, it is endlessly raining.
Dropsical sky, thunder and fists,

Sordo redoble:
                    sobre el tambor terrestre,
rajado por el rayo, baila el chubasco.
Esto que escribo ya es un pantano.
De pronto, un sol violento rompe entre nubes.
Súbito escampado:
                    un llano hirsuto,
tres peñascos lampiños, marismas,
circo de la malaria:
lianas, fantasmas, fiebres, púas,
una vegetación rencorosa y armada
en marcha al asalto de la página.

Muerte por agua o muerte por llama:
la prosa o se quema o se ahoga.
Desisto.
          No un prólogo,
tú mereces un poema épico,
una novela de aventuras por entregas.
Digan lo que digan los críticos
no te pareces a Kafka el dispéptico
ni al anémico Beckett.
Vienes del poema de Ariosto,
sales de un cuento grotesco de Ramón.
Eres una conseja contada por una abuela,
una inscripción sobre una piedra caída,
un dibujo y un nombre sobre una pared.

Eres el lobo que guerreó mil años
y ahora lleva a la luna de la mano
por el corredor sin fin del invierno
hasta la plaza de mayo:
                    ya floreció el peral
y a su sombra los hombres beben en rueda
un licor de sol destilado.
El viento se detiene para oírlos
y repite ese son por las colinas.
Mientras tanto te has fugado con la luna.

Eres lobo y eres niño y tienes cien años.
Tu risa celebra al mundo y dice Sí

Muffled roll:
> on the drum of the earth,
cracked by lightning, the downpour dances.
What I am writing is now a swamp.
Then a violent sun breaks through the clouds.
Sudden clearing:
> a hairy plain,
three beardless boulders, marshes,
the circus of malaria:
tendrils, phantoms, fevers, thorns,
an angry and armed vegetation
on the march against the page.

Death by water or death by fire:
the prose either burns or drowns.
I give up.
> Not a preface,
you deserve an epic poem,
a serialized adventure novel.
The critics may say what they like:
you are not in the least like dyspeptic Kafka
or anemic Beckett.
You come from a poem by Ariosto,
you go out in one of Gómez de la Serna's grotesque stories.
You're a fairy tale a grandmother tells,
an inscription on a fallen stone,
a drawing and a name on a wall.

You're the wolf that fought for a thousand years
and now carries the moon in its hand
through the endless corridor of winter
to the plaza of May:
> the pear has blossomed
and in its shade the circle of men
drink a liquor distilled from the sun.
The wind stops to listen to them
and repeats that sound in the hills.
In the meantime you've slipped off with the moon.

You're a wolf and a boy and a hundred years old.
Your laughter celebrates the world and says Yes

a todo lo que nace, crece y muere.
Tu risa reconforta a los muertos.

Eres jardinero y cortas la *flor de niebla*
que nace en la memoria de la vieja
y la conviertes en el clavel de llamas
que se ha puesto en el seno la muchacha.

Eres minero—*he bajado allá abajo,*
dices—y tu sonrisa pone pensativa
a la vehemente primavera.

Eres mecánico electricista
y lo mismo iluminas una conciencia
que calientas los huesos del invierno.

Eres alfarero y eres carpintero,
tus vasijas cantan y nos dan de beber,
por tus escaleras subimos y bajamos
en el interior de nosotros mismos,
tus mesas, sillas y camas nos sirven
para viajar sin movernos,
para amar y morir con entereza.

En mitad de esta página me planto
y digo: Vasko Popa.
Me responde un geiser de soles.

KOSTAS PAPAIOANNOU (1925–1981)
A Nitsa y Reia

In this monody the author bewails a learned friend, unfortunately drowned in
his passage from Chester on the Irish Seas, 1637. And by occasion foretells
the ruin of our corrupted clergy.

John Milton, *Lycidas* (1638)

Yo tenía treinta años, venía de América y buscaba entre las pavesas
de 1946 el huevo del Fénix,
    tú tenías veinte años, venías de Grecia, de la insurrección y la cárcel,

to all that is born and grows and dies.
Your laughter comforts the dead.

You're a gardener and you clip the *flower of mist*
that is born in the memory of an old woman
and you turn it into a flaming carnation
a girl has placed between her breasts.

You're a miner—*I have gone down there,*
you say—and your smile makes thoughtful
the exuberant spring.

You're an electrical mechanic,
and you light up the mind
as you warm the bones of winter.

You're a potter and a carpenter,
your pitchers sing and give us a drink,
on your stairs we climb and descend
in the interior of ourselves,
your tables, chairs and beds
let us travel without moving,
love and die with integrity.

In the middle of this page
I plant myself and say: Vasko Popa.
A geyser of suns responds.

KOSTAS PAPAIOANNOU (1925–1981)
for Nitsa and Reia

In this monody the author bewails a learned friend, unfortunately drowned in
his passage from Chester on the Irish Seas, 1637. And by occasion foretells
the ruin of our corrupted clergy . . .
—John Milton, *Lycidas* (1638)

I was 30, came from America, and was searching in the ashes of 1946
for the Phoenix' egg,
you were 20, came from Greece, from the uprising, from jail,

nos encontramos en un café lleno de humo, voces y literatura,

pequeña fogata que había encendido el entusiasmo contra el frío y la penuria de aquel Febrero,

nos encontramos y hablamos de Zapata y su caballo, de la cubierta Demeter, piedra negra, cabeza de yegua,

y al recordar a la linda hechicera de Tesalia que convirtió a Lucio en asno y filósofo

la oleada de tu risa cubrió las conversaciones y el ruido de las cucharillas en las tazas,

hubo un rumor de cabras blanquinegras trepando en tropel un país de colinas quemadas,

la pareja vecina dejó de decirse cosas al oído y se quedó suspensa con la mirada vacía

como si la realidad se hubiese desnudado y no quedase ya sino el girar silencioso de los átomos y las moléculas,

hubo un aleteo sobre la onda azul y blanca, un centelleo de sol sobre las rocas,

oímos el rumor de las pisadas de las aguas nómadas sobre las lajas color de brasa,

vimos una mariposa posarse sobre la cabeza de la cajera, abrir las alas de llama y dispersarse en reflejos,

tocamos los pensamientos que pensábamos y vimos las palabras que decíamos,

después volvió el ruido de las cucharillas, creció la marejada, el ir y venir de las gentes,

pero tú estabas a la orilla del acantilado, era una ancha sonrisa la bahía

y allá arriba pactaban luz y viento: Psiquis sopló sobre tu frente.

No fuiste Licidas ni te ahogaste en un naufragio en el mar de Irlanda,

fuiste Kostas Papaioannou, un griego universal de París, con un pie en Bactriana y el otro en Delfos,

y por eso escribo en tu memoria estos versos en la medida irregular de la sístole y la díastole,

prosodia del corazón que hace breves las sílabas largas y largas las breves,

versos largos y cortos como tus pasos subiendo del Puente Nuevo al león de Belfort recitando el poema de Proclo,

versos para seguir sobre esta página el rastro de tus palabras que son cabras que son ménades

we met in a café full of smoke and voices and literature,

a little fire of enthusiasm in the cold and poverty of that February,

we met and talked of Zapata and his horse, of winedark Demeter, black stone, head of a mare,

and remembering the beautiful sorceress of Thessaly who turned Lucius into an ass and a philosopher,

the wave of your laughter surged over the chatting and the rattle of the cups and spoons,

it was the sound of spotted goats clambering in a rush over a land of burnt hills,

the couple at the next table stopped talking and froze with blank stares,

as if reality had become naked and nothing remained except the silent spinning of atoms and molecules,

it was a flapping of wings over blue and white waves, a sparkle of sun on the rocks,

we heard the sound of the footsteps of the nomadic waters on slabs the color of embers,

we saw a butterfly land on the cashier's head, open its wings of flame and shatter into reflections,

we touched the thoughts we thought and saw the words we said, and then the clatter of the spoons returned, the tide swelled, the people came and went,

but you were on the edge of the cliff, the bay was a broad smile, and above, the light and the wind conspired: Psyche blew across your forehead.

You were not Lycidas nor did you drown in a shipwreck on the Irish Seas,

you were Kostas Papaioannou, a universal Greek from Paris, with one foot in Bactriana and the other in Delphi,

and for that reason I write these lines to your memory in the irregular meter of the systole and diastole,

a prosody of the heart that makes the long syllables short and the short long,

lines long and short as your footsteps climbing the Pont Neuf to the lion of Belfort, reciting a poem by Proclus,

lines to follow on this page the tracks of your words that are goats that are Maenads

saltando a la luz de la luna en un valle de piedra y sólidos de vidrio inventados por ellas,

mientras tú hablas de Marx y de Teócrito y ríes y las miras bailar entre tus libros y papeles

—es verano y estamos en un *atelier* que da a un jardincillo en el callejón Daguerre,

hay un emparrado del que cuelgan racimos de uvas, condensaciones de la noche: adentro duerme un fuego,

tesoros quemantes, ¿así serían las que vió y tocó Nerval entre el oro de la trenza divina?—

tu conversación caudalosa avanza entre obeliscos y arcos rotos, inscripciones mutiladas, cementerios de nombres,

abres un largo paréntesis donde arden y brillan archipiélagos mentales, sin cerrarlo prosigues,

persigues una idea, te divides en meandros, te inmovilizas en golfos y deltas, tu idea se ha vuelto piedra,

la rodeas, regresas, te adelgazas en un hilillo de frías agujas, la horadas

y entras—no, no entras ni sales, no hay adentro ni afuera, sólo hay tiempo sin puertas

y tú te detienes y miras callado al dios de la historia: cabras, ménades y palabras se disipan.

Fuiste a la India, de donde salió Dionisos y adonde fue rey el general Meneandro, que allá llaman Milinda,

y como el rey tú te maravillaste al ver las diferencias entre el Uno y la Vacuidad resultas en identidad,

y fue mayor maravilla—porque tu genio bebía no sólo en la luz de la idea sino en el manantial de las formas—

ver en Mahabalipuram a una adolescente caminar descalza sobre la tierra negra, su vestido era un relámpago,

y dijiste: ¡Ah, la belleza como en tiempos de Pericles! y te reíste y Marie José y yo nos reímos contigo

y con nosotros tres se rieron todos los dioses y los héroes del Mahabarata y todos los Bodisatvas de los sutras,

rayaban el espacio naciones vehementes: una tribu de cuervos y, verde tiroteo, una banda de loros,

el sol se hundía y hasta la piedra del ídolo y la espuma del mar eran una vibración rosada;

leaping in the light of the moon in a valley of stone and crystals they have invented,

while you talk of Marx and Theocritus and laugh and watch them dance among your books and papers,

—it is summer and we are in an *atelier* that looks out on a little garden in the rue Daguerre,

there is an arbor where we gather clusters of grapes, condensations of night: a fire sleeps within them,

burning treasures: are these the ones that Nerval touched and saw in the gold of the divine tresses?

your talk overflows obelisks and broken arches, mutilated inscriptions, cemeteries of names,

you open a long parenthesis where mental archipelagos burn and glitter, and without closing it you go on,

you follow an idea, split into meanders, become immobilized in gulfs and deltas, your idea has become stone,

you surround it, go back, draw yourself out into a fine thread for cold needles, pierce it,

enter—no, you neither enter nor leave, there is no inside or out, there is only time with no exits

and you stop and look quietly at the god of history: goats, maenads and words scatter.

You went to India, where Dionysius came from, and where the general Menander was king, and was known there as Milinda,

and like the king you marveled to find that the difference between the One and the Void resolves in their identicalness,

and it was a greater marvel—for your genius drank not only the light of ideas but also from the fountain of forms—

to see in Mahabalipuram a girl walking barefoot over the black earth, her dress a bolt of lightning,

and you said: Ah, beauty as in the time of Pericles! and you laughed and Marie José and I laughed with you,

and with us three laughed all the gods and the heroes of the Mahabharata and all the Boddhisattvas of the sutras,

angry nations streaked through space: a tribe of crows and, in a green skirmish, a band of parrots,

the sun sank and everything from the stone of the carvings to the foam of the sea was a rose-colored vibration;

otra noche, en el patio del hotelito de Trichi, mientras servías *whiskey*
al *bearer* atónito que nos servía:

¿Hay puertas? Hay tierra y en nosotros la tierra se hace tiempo y el
tiempo en nosotros se piensa y se entierra,

pero—señalando a las constelaciones babilonias—podemos contemplar
a este mundo y los otros y regocijarnos,

la contemplación abre otras puertas: es una transfiguración y es una
reconciliación,

también podemos reírnos de los ogros y sonreír ante el inicuo con la
sonrisa de Pirrón o con la de Cristo,

son distintos pero la sonrisa es la misma, hay corredores invisibles
entre la duda y la fe,

la libertad es decir *para siempre* cuando decimos *ahora,* es un jura-
mento y es el arte del enigma transparente:

es la sonrisa—y es desatar al prisionero y al decir *no* al monstruo decir
sí al sol de este instante, la libertad es

—y no terminaste: sonreíste al beber el vaso de *whiskey.* El agua del
alba borraba las constelaciones.

El hombre es sus visiones: una tarde, después de una tormenta, viste o
soñaste o inventaste, es lo mismo,

caer sobre la doble cima del monte Parnaso la luz cenital en un torrente
inmóvil, intangible y callado,

árboles, piedras y yerbas chorreaban luz líquida, el agua resplandecía,
el aire podía tocarse, cuerpo sin cuerpo,

los elementos y las cosas obedecían a la luz apacible y reposaban en sí
mismos, contentos con ser lo que eran,

poco a poco salieron de sus refugios y madrigueras los toros y las
vacas, las cabras, las serpientes, los perros,

bajaron la tórtola, el águila y el tordo, llegaron caballos, asnos, un
jabalí, un gato y un lince,

y todos, los animales salvajes y los domados por el hombre, en círculo
pacífico bebían el agua de la lluvia.

Kostas, entre las cenizas heladas de Europa yo no encontré el huevo de
la resurrección:

encontré, al pie de la cruel Quimera empapada de sangre, tu risa de
reconciliación.

another night, on the porch of a small hotel in Trichy, while you poured whiskey for the astonished *bearer* who served us:

Are there doors? There is earth and within us the earth creates time and time within us thinks and is buried,

but—pointing to the Babylonian constellations—we can contemplate this world and the others and delight in them,

and contemplation opens other doors: it is a transfiguration and a reconciliation,

we can laugh at the monsters and smile at the iniquities with the smile of Pyrrho or Christ,

they are different but the smile is the same, there are invisible passage-ways between doubt and faith,

freedom is to say *forever* when we say *now*, it is an oath and it is the art of the transparent enigma:

it is the smile—and it unchains the prisoner, says *no* to the monstrous, says *yes* to the sun of this moment, freedom is

—and you never finished: you smiled and drank your whiskey. The waters of the dawn washed out the constellations.

Man is his visions: one afternoon, after a storm, you saw or dreamed or invented (it's the same)

the zenithal light falling on the double peak of Mount Parnassus in an unmoving torrent, intangible, silent,

trees, stones, grasses gushed liquid light, the water dazzled, the air was touchable, body without body,

the elements and the things obeyed the gentle light and rested in their selves, happy to be what they are,

one by one the bulls and cows, the goats, the snakes, the dogs came out from their shelters and hiding places,

the tortoise came down, the eagle and the thrush, horses came, don-keys, a wild boar, a cat and a lynx,

and all of them, the wild animals and those domesticated by man, drank the rainwater in a peaceful circle.

Kostas, among the frozen ashes of Europe I did not find the egg of rebirth:

I found, at the foot of the cruel Chimera, drenched with blood, your laugh of reconciliation.

Un sol más vivo

desde el ocaso, sol más vivo
Luis de Sandoval y Zapata

CONVERSAR

En un poema leo:
conversar es divino.
Pero los dioses no hablan:
hacen, deshacen mundos
mientras los hombres hablan.
Los dioses, sin palabras,
juegan juegos terribles.

El espíritu baja
y desata las lenguas
pero no habla palabras:
habla lumbre. El lenguaje,
por el dios encendido,
es una profecía
de llamas y un desplome
de sílabas quemadas:
ceniza sin sentido.

La palabra del hombre
es hija de la muerte.
Hablamos porque somos
mortales: las palabras
no son signos, son años.
Al decir lo que dicen
los nombres que decimos
dicen tiempo: nos dicen,
somos nombres del tiempo.
Conversar es humano.

A sun more alive

Sun more alive in the west
Luis de Sandoval y Zapata

TO TALK

I read in a poem:
to talk is divine.
But gods don't speak:
they create and destroy worlds
while men do the talking.
Gods, without words,
play terrifying games.

The spirit descends,
untying tongues,
but it doesn't speak words:
it speaks flames.
Language, lit by a god
is a prophecy
of flames and a crash
of burnt syllables:
meaningless ash.

Man's word
is the daughter of death.
We talk because we are
mortal: words
are not signs, they are years.
Saying what they say,
the names we speak
say time: they say us,
we are the names of time.
To talk is human.

UN DESPERTAR

Dentro de un sueño estaba emparedado.
Sus muros no tenían consistencia
ni peso: su vacío era su peso.
Los muros eran horas y las horas
fija y acumulada pesadumbre.
El tiempo de esas horas no era tiempo.

Salté por una brecha: eran las cuatro
en este mundo. El cuarto era mi cuarto
y en cada cosa estaba mi fantasma.
Yo no estaba. Miré por la ventana:
bajo la luz eléctrica ni un alma.
Reverberos en vela, nieve sucia,
casas y autos dormidos, el insomnio
de una lámpara, el roble que habla solo,
el viento y sus navajas, la escritura
de las constelaciones, ilegible.

En sí mismas las cosas se abismaban
y mis ojos de carne las veían
abrumadas de estar, realidades
desnudas de sus nombres. Mis dos ojos
eran almas en pena por el mundo.
En la calle sin nadie la presencia
pasaba sin pasar, desvanecida
en sus hechuras, fija en sus mudanzas,
ya vuelta casas, robles, nieve, tiempo.
Vida y muerte fluían confundidas.

Mirar deshabitado, la presencia
con los ojos de nadie me miraba:
haz de reflejos sobre precipicios.
Miré hacia adentro: el cuarto era mi cuarto
y yo no estaba. Al ser nada le falta
—siempre lleno de sí, jamás el mismo—
aunque nosotros ya no estemos . . . Fuera,
todavía indecisas, claridades:
el alba entre confusas azoteas.
Ya las constelaciones se borraban.

A WAKING

I was walled inside a dream.
Its walls had no consistency,
no weight: its emptiness was its weight.
The walls were hours and the hours
sorrow, hoarded forever.
The time of those hours was not time.

I leapt through a breach: in this world
it was four o'clock. The room was my room
and my ghost was in each thing.
I wasn't there. I looked out the window:
not a soul under the electric light.
Vigilant streetlamps, dirty snow,
houses and cars asleep, the insomnia
of a lamp, the oak that talks to itself,
the wind and its knives, the illegible
writing of the constellations.

The things were buried deep in themselves
and my eyes of flesh saw them
weary of being, realities
stripped of their names. My two eyes
were souls grieving for the world.
On the empty street the presence
passed without passing, vanishing
into its forms, fixed in its changes,
and turned now into houses, oaks, snow, time.
Life and death flowed on, blurred together.

Uninhabited sight, the presence
looked at me with nobody's eyes:
a bundle of reflections over the cliffs.
I looked inside: the room was my room
and I wasn't there. Being lacks nothing
—always full of itself, always the same—
even though we are not there . . . Outside,
the clarities, still uncertain:
dawn in the jumble of the rooftops.
The constellations were being erased.

PEQUEÑA VARIACIÓN

Como una música resucitada
—¿quién la despierta allá, del otro lado,
quién la conduce por las espirales
del oído mental?—,
como el desvanecido
momento que regresa
y es otra vez la misma
disipada inminencia,
sonaron sin sonar
las sílabas desenterradas:
y en la hora de nuestra muerte, amén.

En la capilla del colegio
las dije muchas veces
sin convicción. Las oigo ahora
dichas por una voz sin labios,
rumor de arena que se desmorona,
mientras las horas doblan en mi cráneo
y el tiempo da otra vuelta hacia mi noche.
No soy el primer hombre
—me digo, a la Epitecto—
que va a morir sobre la tierra.
Y el mundo se desploma por mi sangre
al tiempo que lo digo.

                    El desconsuelo
de Gilgamesh cuando volvía
del país sin crepúsculo:
mi desconsuelo. En nuestra tierra opaca
cada hombre es Adán:
                    con él comienza el mundo,
con él acaba.
              Entre el después y el antes,
paréntesis de piedra,
seré por un instante sin regreso
el primer hombre y seré el último.
Y al decirlo, el instante
—intangible, impalpable—

LITTLE VARIATION

Like a piece of music brought back to life—
who wakes it, there, on the other side,
who leads it through the spirals
of the mind's ear?—
like the vanished
moment that comes back
and once again is the same
scattered imminence,
the unburied syllables
soundlessly sound:
and at the hour of our death, amen.

In the school chapel
I said them so many times
without conviction. Now I hear them
said by a voice with no lips,
a whisper of collapsing sand,
while the hours chime in my skull
and time takes another turn around my night.
I am not the first man—
I say to myself, like Epictetus—
who's going to die on this earth.
And the world tumbles down through my blood
as I say it.

    The sorrow
of Gilgamesh when he came back
from the land without twilight:
my sorrow. On our dim earth
each man is Adam:
          with him the world begins,
with him it ends.
          Between after and before,
a parenthesis of stone,
I will be, for an instant that will never return,
the first man and the last.
And, as I say it, the intangible,
impalpable instant

bajo mis pies se abre
y sobre mí se cierra, tiempo puro.

EPITAFIO SOBRE NINGUNA PIEDRA

Mixcoac fue mi pueblo: tres sílabas nocturnas,
un antifaz de sombra sobre un rostro solar.
Vino Nuestra Señora, la Tolvanera Madre.
Vino y se lo comió. Yo andaba por el mundo.
Mi casa fueron mis palabras, mi tumba el aire.

EJERCICIO PREPARATORIO
(Díptico con tablilla votiva)

MEDITACIÓN
(Primer tablero)

La préméditation de la mort est préméditation de la liberté.
Qui a apris à mourir, il a desapris à servir.
                                    Michel de Montaigne

La hora se vacía.
Me cansa el libro y lo cierro.
Miro, sin mirar, por la ventana.
Me espían mis pensamientos.
                        Pienso que no pienso.
Alguien, al otro lado, abre una puerta.
Tal vez, tras esa puerta,
no hay otro lado.
                        Pasos en el pasillo.
Pasos de nadie: es sólo el aire
buscando su camino.
                        Nunca sabemos
si entramos o salimos.
                        Yo, sin moverme,
también busco—no mi camino:
el rastro de los pasos
que por años diezmados me han traído
a este instante sin nombre, sin cara.

opens under my feet
and closes over me, pure time.

EPITAPH FOR NO STONE

Mixcoac was my village: three nocturnal syllables,
a half-mask of shadow across a face of sun.
Our Lady, Mother Dustcloud, came,
came and ate it. I went out in the world.
My words were my house, air my tomb.

PREPARATORY EXERCISE
(Diptych with votive tablet)

MEDITATION
(First panel)

La préméditation de la mort est préméditation de la liberté.
Qui a apris à mourir, il a desapris à servir.

Michel de Montaigne

The hour empties out.
The book tires me, and I close it.
I look, without looking, out the window.
My thoughts spy on me.
                        I think I'm not thinking.
Someone, on the other side, opens a door.
Perhaps, behind that door,
there is no other side.
                        Footsteps in the hall.
Nobody's footsteps: it is only the air
finding its way.
                    We never know
if we're entering or leaving.
                            Without moving
I too am trying to find—not my way:
the tracks of the steps
that have brought me through the decimated years
to this moment with no name, no face.

Sin cara, sin nombre.
Hora deshabitada.
La mesa, el libro, la ventana:
cada cosa es irrefutable.
Sí,
la realidad es real.
Y flota
—enorme, sólida, palpable—
sobre este instante hueco.
La realidad
está al borde del hoyo siempre.
Pienso que no pienso.
Me confundo
con el aire que anda por el pasillo.
El aire sin cara, sin nombre.

Sin nombre, sin cara,
sin decir: he llegado,
llega.
Interminablemente está llegando,
inminencia que se desvanece
en un aquí mismo
más allá siempre.
Un siempre nunca.
Presencia sin sombra,
disipación de las presencias,
Señora de las reticencias
que dice todo cuando dice nada,
Señora sin nombre, sin cara.

Sin cara, sin nombre:
miro
—sin mirar;
pienso
—y me despueblo.
Es obsceno,
dije en una hora como esta,
morir en su cama.
Me arrepiento:
no quiero muerte de fuera,

With no face, no name.
                    Deserted hour.
The table, the book, the window:
each thing is irrefutable.
                    Yes,
reality is real.
                And it floats
—enormous, solid, tangible—
over this hollow moment.
                    Reality
is always at the edge of the pit.
I think I'm not thinking.
                    I am blurred
with the air that walks in the hall.
The air with no face, no name.

With no name, no face,
without saying: I've come,
                        it comes.
It is interminably coming,
an imminence that vanishes
in a here
            forever beyond, out there.
A forever never.
                A shadowless presence,
a scattering of presences,
Lady of reticence
who says it all, saying nothing,
Lady with no name, no face.

With no face, no name:
I look
        —without looking;
I think
        —and am deserted.
It's obscene
I once said, in an hour like this,
to die in one's bed.
                    I regret it:
I don't want to die outside,

quiero morir sabiendo que muero.
Este siglo está poseído.
En su frente, signo y clavo,
arde una idea fija:
todos los días nos sirve
el mismo plato de sangre.
En una esquina cualquiera
—justo, omnisciente y armado—
aguarda el dogmático sin cara, sin nombre.

Sin nombre, sin cara:
la muerte que yo quiero
lleva mi nombre,
                    tiene mi cara.
Es mi espejo y es mi sombra,
la voz sin sonido que dice mi nombre,
la oreja que escucha cuando callo,
la pared impalpable que me cierra el paso,
el piso que de pronto se abre.
Es mi creación y soy su criatura.
Poco a poco, sin saber lo que hago,
la esculpo, escultura de aire.
Pero no la toco, pero no me habla.
Todavía no aprendo a ver,
en la cara del muerto, mi cara.

REMEMORACIÓN
(Segundo tablero)

. . . querría hacerla de tal modo que diese a entender que no había sido mi vida
tan mala que dejase nombre de loco; puesto que lo he sido, no querría con-
firmar esta verdad con mi muerte.

Miguel de Cervantes

Con la cabeza lo sabía,
no con saber de sangre:
es un acorde ser y otro acorde no ser.
La misma vibración, el mismo instante
ya sin nombre, sin cara.

I want to die knowing that I'm dying.
This century is possessed.
In its forehead, nail and sign,
a fixed idea burns:
each day it serves us
the same platter of blood.
On some corner he waits
—pious, omniscient, and armed—
the dogmatist with no face, no name.

With no name, no face:
the death I want
bears my name,
                it has my face.
It is my mirror and it is my shadow,
the soundless voice that speaks my name,
the ear that listens when I am silent,
the intangible wall that blocks my way,
the floor that suddenly opens.
It is my creation and I am its creature.
Little by little, without knowing what I'm making,
I sculpt it, this sculpture of air.
But I never touch it, and it never speaks.
I still have not learned to see
my face in the face of the dead.

REMEMBRANCE
(Second panel)

. . . I would have it remembered that though in my life I was reputed a madman, yet in my death this opinion was not confirmed.

                                Miguel de Cervantes

With my head I knew it,
not in my blood:
being is one harmony and non-being another.
The same vibration, the same moment,
still with no name, no face.

El tiempo,
que se come las caras y los nombres,
a sí mismo se come.
El tiempo es una máscara sin cara.

No me enseñó a morir el Buda.
Nos dijo que las caras se disipan
y sonido vacío son los nombres.
Pero al morir tenemos una cara,
morimos con un nombre.
En la frontera cenicienta
¿quien abrirá mis ojos?

Vuelvo a mis escrituras,
al libro del hidalgo mal leído
en una adolescencia soleada,
con plurales violencias compartida:
el llano acuchillado,
las peleas del viento con el polvo,
el pirú, surtidor verde de sombra,
el testuz obstinado de la sierra
contra la nube encinta de quimeras,
la rigurosa luz que parte y distribuye
el cuerpo vivo del espacio:
geometría y sacrificio.

Yo me abismaba en mi lectura
rodeado de prodigios y desastres:
al sur los dos volcanes
hechos de tiempo, nieve y lejanía;
sobre las páginas de piedra
los caracteres bárbaros del fuego;
las terrazas del vértigo;
los cerros casi azules apenas dibujados
con manos impalpables por el aire;
el mediodía imaginero
que todo lo que toca hace escultura
y las distancias donde el ojo aprende
los oficios de pájaro y arquitecto-poeta.

Time,
that devours faces and names,
devours itself.
Time is a mask with no face.

The Buddha did not teach me how to die.
He tells us that faces dissolve,
that names are empty sounds.
But at death we have a face,
and we die with a name.
In the borderland of ashes
who will open my eyes?

I go back to my scriptures,
to the book of the knight read badly
in a sunlit youth
that shared much of its violence:
the gashed plains,
the battles of wind and dust,
the wild pear tree, green fountain of shadow,
the nape of the sierra, stubborn
against clouds pregnant with chimeras,
the rigorous light that portioned out
the living body of space:
geometry and sacrifice.

I buried myself in my reading,
surrounded by wonders and disasters:
to the south, the two volcanoes
made of time, distance, and snow;
the barbarian characters of fire
on the pages of stone;
the terraces of vertigo;
the hills, almost blue and scarcely drawn
with invisible hands by the air;
noon, the icon-maker
making sculpture out of all that it touches,
and the distances where the eye learns
the duties of birds and architect-poets.

Altiplano, terraza del zodíaco,
circo del sol y sus planetas,
espejo de la luna,
alta marea vuelta piedra,
inmensidad escalonada
que sube apenas luz la madrugada
y desciende la grave anochecida,
jardín de lava, casa de los ecos,
tambor del trueno, caracol del viento,
teatro de la lluvia,
hangar de nubes, palomar de estrellas.

Giran las estaciones y los días,
giran los cielos, rápidos o lentos,
las fábulas errantes de las nubes,
campos de juego y campos de batalla
de inestables naciones de reflejos,
reinos de viento que disipa el viento:
en los días serenos el espacio palpita,
los sonidos son cuerpos transparentes,
los ecos son visibles, se oyen los silencios.
Manantial de presencias,
el día fluye desvanecido en sus ficciones.

En los llanos el polvo está dormido.
Huesos de siglos por el sol molidos,
tiempo hecho sed y luz, polvo fantasma
que se levanta de su lecho pétreo
en pardas y rojizas espirales,
polvo danzante enmascarado
bajo los domos diáfanos del cielo.
Eternidades de un instante,
eternidades suficientes,
vastas pausas sin tiempo:
cada hora es palpable,
las formas piensan, la quietud es danza.

Páginas más vividas que leídas
en las tardes fluviales:
el horizonte fijo y cambiante;

High plains, terrace of the zodiac,
circus of the sun and its planets,
mirror of the moon,
high tide turned to stone,
stepped immensity
that the dawn, barely light, climbs,
and solemn evening descends,
lava garden, house of echoes,
thunder drum, shell of the wind,
theater of rain,
hangar of clouds, pigeon coop of the stars.

Seasons turn and days turn,
the heavens turn, fast or slow,
the wandering fables of the clouds,
the fields of play and the fields of battle
for unfounded nations of reflections,
the kingdoms of wind dissolved by the wind:
on peaceful days space is throbbing,
sounds are transparent bodies,
echoes are visible, silence listens to itself.
Source of presences,
the day flows vanished in its fictions.

On the plains the dust is asleep.
Bones of centuries ground by the sun,
time turned to thirst and light, ghostly dust
that rises from its stony bed
in brown and reddish spirals,
dust, masked and dancing,
under the diaphanous domes of the sky.
Eternities in an instant,
eternities enough,
vast, timeless pauses:
each hour is tangible,
forms think, stillness is dance.

Pages more lived than read
in the fluvial afternoons:
the horizon, fixed and changing;

el temporal que se despeña, cárdeno,
desde el Ajusco por los llanos
con un ruido de piedras y pezuñas
resuelto en un pacífico oleaje;
los pies descalzos de la lluvia
sobre aquel patio de ladrillos rojos;
la buganvilla en el jardín decrépito,
morada vehemencia . . .
Mis sentidos en guerra con el mundo:
fue frágil armisticio la lectura.

Inventa la memoria otro presente.
Así me inventa.
                    Se confunde
el hoy con lo vivido.
Con los ojos cerrados leo el libro:
al regresar del desvarío
el hidalgo a su nombre regresa y se contempla
en el agua estancada de un instante sin tiempo.
Despunta, sol dudoso,
entre la niebla del espejo, un rostro.
Es la cara del muerto.
                    En tales trances,
dice, no ha de burlar al alma el hombre.
Y se mira a la cara:
                    deshielo de reflejos.

DEPRECACIÓN
(Tablilla)

Debemur morti nos nostraque.
                    Horacio

No he sido Don Quijote,
no deshice ningún entuerto
                    (aunque a veces
me han apedreado los galeotes)
                    pero quiero,
como él, morir con los ojos abiertos.

from Ajusco the purple storm
hurled down to the plains
with a crash of stones and hoofs
and broke up into peaceful waves;
the bare feet of the rain
on that red-brick patio;
the bougainvillaea in the decrepit garden,
crimson ardor . . .
My feelings at war with the world:
reading was a fragile truce.

Memory invents another present.
As it invents myself.
                    What has been lived
blurs with today.
With eyes closed I read the book:
returning from his madness
the knight returns to his name and studies himself
in the still water of a timeless moment.
It dawns, a dubious sun
in the mist of the mirror, a face.
It is the face of death.
                    In such trances,
he says, man must not mock the soul.
And he looks himself in the face:
                                    thaw of reflections.

P R A Y E R
(Tablet)

Debemur morti nos nostraque.
                    Horace

I have not been Don Quixote,
I have never undone any wrong
                            (though at times
I've been stoned by galley slaves)
                            but I want,
    as he did, to die with eyes open.

                                        Morir
sabiendo que morir es regresar
adonde no sabemos,
                        adonde,
sin esperanza, lo esperamos.
                                Morir
reconciliado con los tres tiempos
y las cinco direcciones,
                        el alma
—o lo que así llamamos—
vuelta una transparencia.
                                Pido
no la iluminación:
                        abrir los ojos,
mirar, tocar al mundo
con mirada de sol que se retira;
pido ser la quietud del vértigo,
la conciencia del tiempo
apenas lo que dure un parpadeo
del ánima sitiada;
                        pido
frente a la tos, el vómito, la mueca,
ser día despejado,
                        luz mojada
sobre tierra recién llovida
y que tu voz, mujer, sobre mi frente sea
el manso soliloquio de algún río;
pido ser breve centelleo,
repentina fijeza de un reflejo
sobre el oleaje de esa hora:
memoria y olvido,
                        al fin,
una misma claridad instantánea.

To die
knowing that to die is to return
to the place we don't know,
the place
we hopelessly await.
To die
at one with the three states of time
and the five directions,
the soul
—or however we name it—
turned to transparency.
I ask
not for illumination:
to open my eyes,
to see, to touch the world
with the gaze of a sun that's receding;
I ask to be the stillness of vertigo,
the consciousness of time
that lasts barely as long as a blink
of the soul besieged;
I ask
facing the coughing, the vomit, the grimace,
for a perfect day,
damp light
on earth fresh with rain,
that your voice, woman, on my forehead may be
the soft soliloquy of some river;
I ask for a brief flash,
the sudden glint of a reflection
on the wave of that moment:
memory and forgetting,
in the end,
the same instantaneous clarity.

LA CARA Y EL VIENTO

Bajo un sol inflexible
llanos ocres, colinas leonadas.
Trepé por un breñal una cuesta de cabras
hacia un lugar de escombros:
pilastras desgajadas, dioses decapitados.
A veces, centelleos subrepticios:
una culebra, alguna lagartija.
Agazapados en las piedras,
color de tinta ponzoñosa,
pueblos de bichos quebradizos.
Un patio circular, un muro hendido.
Agarrada a la tierra—nudo ciego,
árbol todo raíces—la higuera religiosa.
Lluvia de luz. Un bulto gris: el Buda.
Una masa borrosa sus facciones,
por las escarpaduras de su cara
subían y bajaban las hormigas.
Intacta todavía,
todavía sonrisa, la sonrisa:
golfo de claridad pacífica.
Y fui por un instante diáfano
viento que se detiene,
gira sobre sí mismo y se disipa.

THE FACE AND THE WIND

Beneath an unrelenting sun:
ocher plains, lion-colored hills.
I struggled up a craggy slope of goats
to a place of rubble:
lopped columns, headless gods.
Surreptitious flashes of light:
a snake, or some small lizard.
Hidden in the rocks,
the color of toxic ink,
colonies of brittle beetles.
A circular courtyard, a wall full of cracks.
Clutching the earth—blind knot,
tree all roots—a pipal, the religious fig.
Rain of light. A grey hulk: the Buddha,
its features a blurred mass.
Ants climbed and descended
the slopes of its face.
Still intact,
the smile, that smile:
a gulf of pacific clarity.
And I was, for a moment, diaphanous,
a wind that stops
turns on itself and is gone.

FÁBULA DE JOAN MIRÓ

El azul estaba inmovilizado entre el rojo y el negro.
El viento iba y venía por la página del llano,
encendía pequeñas fogatas, se revolcaba en la ceniza,
salía con la cara tiznada gritando por las esquinas,
el viento iba venía abriendo y cerrando puertas y ventanas,
iba y venía por los crepusculares corredores del cráneo,
el viento con mala letra y las manos manchadas de tinta
escribía y borraba lo que había escrito sobre la pared del día.
El sol no era sino el presentimiento del color amarillo,
una insinuación de plumas, el grito futuro del gallo.
La nieve se había extraviado, el mar había perdido el habla,
era un rumor errante, unas vocales en busca de una palabra.

El azul estaba inmovilizado, nadie lo miraba, nadie lo oía:
el rojo era un ciego, el negro un sordomudo.
El viento iba y venía preguntando ¿por dónde anda Joan Miró?
Estaba ahí desde el principio pero el viento no lo veía:
inmovilizado entre el azul y el rojo, el negro y el amarillo,
Miró era una mirada transparente, una mirada de siete manos.
Siete manos en forma de orejas para oír a los siete colores,
siete manos en forma de pies para subir los siete escalones del arco iris,
siete manos en forma de raíces para estar en todas partes y a la vez en
  Barcelona.

Miró era una mirada de siete manos.
Con la primera mano golpeaba el tambor de la luna,
con la segunda sembraba pájaros en el jardín del viento,
con la tercera agitaba el cubilete de las constelaciones,
con la cuarta escribía la leyenda de los siglos de los caracoles,
con la quinta plantaba islas en el pecho del verde,
con la sexta hacía una mujer mezclando noche y agua, música y electri-
  cidad,

A FABLE OF JOAN MIRÓ

Blue was immobilized between red and black.
The wind came and went over the page of the plains,
lighting small fires, wallowing in the ashes,
went off with its face sooty, shouting on the corners,
the wind came and went, opening, closing windows and doors,
came and went through the twilit corridors of the skull,
the wind in a scrawl, with ink-stained hands
wrote and erased what it had written on the wall of the day.
The sun was no more than an omen of the color yellow,
a hint of feathers, a cock's future crow.
The snow had gone astray, the sea had lost its speech
and was a wandering murmur, a few vowels in search of a word.

Blue was immobilized, no one saw it, no one heard:
red was a blind man, black a deaf mute.
The wind came and went, asking, Where's Joan Miró gone?
He had been here from the beginning, but the wind hadn't seen him:
immobilized between blue and red, black and yellow,
Miró was a transparent mirage, a mirage with seven hands.
Seven hands in the form of ears, to hear the seven colors,
seven hands in the form of feet, to climb the seven steps of the rainbow,
seven hands in the form of roots, to be everywhere and in Barcelona at
    the same time.

Miró was a mirage with seven hands.
With the first hand, he beat the drum of the moon,
with the second, he scattered birds in the garden of the wind,
with the third, he rattled the dice-cup of the stars,
with the fourth, he wrote The Legend of the Centuries of Snails,
with the fifth, he planted islands in the chest of green,
with the sixth, he created a woman by mixing night and water, music
    and electricity,

567

con la séptima borraba todo lo que había hecho y comenzaba de nuevo.

El rojo abrió los ojos, el negro dijo algo incomprensible y el azul se
  levantó.
Ninguno de los tres podía creer lo que veía:
¿eran ocho gavilanes o eran ocho paraguas?
Los ocho abrieron las alas, se echaron a volar y desaparecieron por un
  vidrio roto.

Miró empezo a quemar sus telas.
Ardían los leones y las arañas, las mujeres y las estrellas,
el cielo se pobló de triángulos, esferas, discos, hexaedros en llamas,
el fuego consumió enteramente a la granjera planetaria plantada en el
  centro del espacio,
del montón de cenizas brotaron mariposas, peces voladores, roncos fonó-
  grafos,
pero entre los agujeros de los cuadros chamuscados
volvían el espacio azul y la raya de la golondrina, el follaje de nubes y el
  bastón florido:
era la primavera que insistía, insistía con ademanes verdes.
Ante tanta obstinación luminosa Miró se rascó la cabeza con su quinta
  mano,
murmurando para sí mismo: *Trabajo como un jardinero.*

¿Jardín de piedras o de barcas? ¿Jardín de poleas o de bailarinas?
El azul, el negro y el rojo corrían por los prados,
las estrellas andaban desnudas pero las friolentas colinas se habían
  metido debajo de las sábanas,
había volcanes portátiles y fuegos de artificio a domicilio.
Las dos señoritas que guardan la entrada a la puerta de las percepciones,
  Geometría y Perspectiva,
se habían ido a tomar el fresco del brazo de Miró, cantando *Une étoile
  caresse le sein d'une négresse.*

El viento dio la vuelta a la página del llano, alzó la cara y dijo ¿pero
  dónde anda Joan Miró?
Estaba ahí desde el principio y el viento no lo veía:
Miró era una mirada transparente por donde entraban y salían atareados
  abecedarios.
No eran letras las que entraban y salían por los túneles del ojo:

with the seventh, he erased everything he had made and started over
  again.

Red opened its eyes, black mumbled something incoherent, and blue
  got up.
None of them could believe what it saw:
were those eight hawks or eight umbrellas?
The eight spread their wings and flew off, disappearing through a broken
  windowpane.

Miró set fire to his canvases.
Lions and spiders burned, women and stars,
the sky filled with triangles, spheres, discs, hexahedrons in flames,
the blaze consumed the planetary farmer planted in the middle of space,
butterflies, flying fish, wheezing phonographs sprouted from the ash-
  heap,
but between the holes in the charred paintings
blue space came back, and the swallow's flash, the foliage of the clouds,
  and the flowering rod:
it was spring insisting, insisting with its green airs.
In the face of such luminous stubbornness, Miró scratched his head with
  his fifth hand,
muttering to himself, *I work like a gardener.*

A garden of stones or of boats? Pulleys or ballerinas?
Blue, black and red ran through the meadows,
the stars were walking naked, but the shivering hills snuggled under the
  sheets,
there were portable volcanoes and artificial fires at home.
The two ladies who guard the entrance to the doors of perception,
  Geometry and Perspective,
had taken Miró's arm and gone for a bit of air, singing *Une étoile caresse
  le sein d'une négresse.*

The wind turned around on the page of the plains, lifted its head and
  said, But where's Joan Miró gone?
He had been here from the beginning and the wind hadn't seen him:
Miró was a transparent mirage where hectic alphabets came and went.
These were not letters coming and going through the tunnels of his eyes:

eran cosas vivas que se juntaban y se dividían, se abrazaban y se mordían
   y se dispersaban,
corrían por toda la página en hileras animadas y multicolores, tenían
   cuernos y rabos,
unas estaban cubiertas de escamas, otras de plumas, otras andaban en
   cueros,
y las palabras que formaban eran palpables, audibles y comestibles pero
   impronunciables:
no eran letras sino sensaciones, no eran sensaciones sino transfigura-
   ciones.

¿Y todo esto para qué? Para trazar una línea en la celda de un solitario,
para iluminar con un girasol la cabeza de luna del campesino,
para recibir a la noche que viene con personajes azules y pájaros de fiesta,
para saludar a la muerte con una salva de geranios,
para decirle *buenos días* al día que llega sin jamás preguntarle de dónde
   viene y adónde va,
para recordar que la cascada es una muchacha que baja las escaleras
   muerta de risa,
para ver al sol y a sus planetas meciéndose en el trapecio del horizonte,
para aprender a mirar y para que las cosas nos miren y entren y salgan
   por nuestras miradas,
abecedarios vivientes que echan raíces, suben, florecen, estallan, vuelan,
   se disipan, caen.

Las miradas son semillas, mirar es sembrar, Miró trabaja como un
   jardinero
y con sus siete manos traza incansable—círculo y rabo, ¡oh! y ¡ah!—
la gran exclamación con que todos los días comienza el mundo.

LA DULCINEA DE MARCEL DUCHAMP
A Eulalio Ferrer

—*Metafísica estáis.*
　　　　　—*Hago striptease.*

Ardua pero plausible, la pintura
cambia la blanca tela en pardo llano

they were living things that joined and split apart, embraced, gnawed
    on each other and scattered,
running over the page in frantic, multicolored rows, they had tails and
    horns,
some were covered with scales, others with feathers, others were stark
    naked,
and the words they formed were palpable, audible, edible, but unpro-
    nounceable,
these were not letters but sensations, these were not sensations but trans-
    figurations.

And for what? To scratch a line in the hermit's cell,
to light the moon-head of a peasant with a sunflower,
to welcome the night that comes with its blue characters and festival
    birds,
to hail death with a round of geraniums,
to say *good morning* to morning when it comes without ever asking
    where it comes from or where it goes,
to remember that a waterfall is a girl coming down the stairs dying of
    laughter,
to see the sun and its planets swinging on the trapeze of the horizon,
to learn to see so that things will see us and come and go through our
    seeing,
living alphabets that send out roots, shoot up, bud, flower, fly off, scatter,
    fall.

Sight is seed, to see is to sow, Miró works like a gardener
and with his seven hands endlessly sketches—circle and tail, oh! and
    ah!—
that great exclamation with which the world begins each day.

THE DULCINEA OF MARCEL DUCHAMP
for Eulalio Ferrer

—You must be a metaphysician.
           —I do striptease.

    Arduous yet plausible, the painting
    turns the white canvas into a brown plain,

y en Dulcinea al polvo castellano,
torbellino resuelto en escultura.

Transeúnte de París, en su figura
—molino de ficciones, inhumano
rigor y geometría—Eros tirano
desnuda en cinco chorros su estatura.

Mujer en rotación que se disgrega
en surtidor de sesgos y reflejos:
mientras más se desviste, más se niega.

La mente es una cámara de espejos;
invisible en el cuadro, Dulcinea
perdura: fue mujer y ya es idea.

10 LÍNEAS PARA ANTONI TÀPIES

Sobre las superficies ciudadanas,
las deshojadas hojas de los días,
sobre los muros desollados, trazas
signos carbones, números en llamas.
Escritura indeleble del incendio,
sus testamentos y sus profecías
vueltos ya taciturnos resplandores.
Encarnaciones, desencarnaciones:
tu pintura es el lienzo de Verónica
de ese Cristo sin rostro que es el tiempo.

LA VISTA, EL TACTO
A Balthus

La luz sostiene—ingrávidos, reales—
el cerro blanco y las encinas negras,
el sendero que avanza,
el árbol que se queda;

Spanish dust into the Dulcinea,
a whirlwind that breaks into sculpture.

A Parisian passer-by, in her figure
—mill of fictions, inhuman
rigor and geometry—tyrannical Eros
reveals his stature with five streams.

Rotating woman dispersed
in a fountain of slopes and reflections:
the more you undress, the more you hide.

The mind is a hall of mirrors;
invisible in the picture, the Dulcinea
endures: she was a woman, and is now an idea.

10 LINES FOR ANTONI TÀPIES

On the municipal facades,
the fallen leaves of every day,
on the flayed walls you trace
charcoal signs, numbers in flames.
Indelible scriptures of the blaze,
its testaments and prophecies
now turned into melancholy splendors.
Incarnations, disincarnations:
your painting is the veil of Veronica
with that faceless Christ that is time.

SIGHT AND TOUCH
for Balthus

The light holds them—weightless, real—
the white hill and the black oaks,
the path that runs on,
the tree that remains;

la luz naciente busca su camino,
río titubeante que dibuja
sus dudas y las vuelve certidumbres,
río del alba sobre unos párpados cerrados;

la luz esculpe al viento en la cortina,
hace de cada hora un cuerpo vivo,
entra en el cuarto y se desliza,
descalza, sobre el filo del cuchillo;

la luz nace mujer en un espejo,
desnuda bajo diáfanos follajes
una mirada la encadena,
la desvanece un parpadeo;

la luz palpa los frutos y palpa lo invisible,
cántaro donde beben claridades los ojos,
llama cortada en flor y vela en vela
donde la mariposa de alas negras se quema:

la luz abre los pliegues de la sábana
y los repliegues de la pubescencia,
arde en la chimenea, sus llamas vueltas sombras
trepan los muros, yedra deseosa;

la luz no absuelve ni condena,
no es justa ni es injusta,
la luz con manos invisibles alza
los edificios de la simetría;

la luz se va por un pasaje de reflejos
y regresa a sí misma:
es una mano que se inventa,
un ojo que se mira en sus inventos.

La luz es tiempo que se piensa.

the rising light seeks its way,
a wavering river that sketches
its doubts and turns them to certainties,
a river of dawn across closed eyes;

the light sculpts the wind in the curtains,
makes each hour a living body,
comes into the room and slips off,
slipperless, along the edge of a knife;

the light creates a woman in a mirror,
naked under the diaphanous leaves,
a glance can enchain her,
she vanishes with a blink;

the light touches the fruit, touches the invisible,
a pitcher for the eyes to drink clarity,
a clipped flower of flame, a sleepless candle
where the butterfly with black wings burns:

the light smoothes the creases in the sheets
and the folds of puberty,
it smolders in the fireplace, its flames shadows
that climb the walls like yearning ivy;

the light does not absolve or condemn,
it is neither just nor unjust,
the light with invisible hands constructs
the buildings of symmetry;

the light goes off through a path of reflections
and comes back to itself:
a hand that invents itself, an eye
that sees itself in its own inventions.

Light is time thinking about itself.

UN VIENTO LLAMADO BOB RAUSCHENBERG

Paisaje caído de Saturno,
paisaje del desamparo,
llanuras de tuercas y ruedas y palancas,
turbinas asmáticas, hélices rotas,
cicatrices de la electricidad,
paisaje desconsolado:
los objetos duermen unos al lado de los otros,
vastos rebaños de cosas y cosas y cosas,
los objetos duermen con los ojos abiertos
y caen pausadamente en sí mismos,
caen sin moverse,
su caída es la quietud del llano bajo la luna,
su sueño es un caer sin regreso,
un descenso hacia el espacio sin comienzo,
los objetos caen,
                    están cayendo,
caen desde mi frente que los piensa,
caen desde mis ojos que no los miran,
caen desde mi pensamiento que los dice,
caen como letras, letras, letras,
lluvia de letras sobre el paisaje del desamparo.

Paisaje caído,
sobre sí mismo echado, buey inmenso,
buey crepuscular como este siglo que acaba,
las cosas duermen unas al lado de las otras
—el hierro y el algodón la seda y el carbón,
las fibras sintéticas y los granos de trigo,
los tornillos y los huesos del ala del gorrión,
la grúa, la colcha de lana y el retrato de familia,
el reflector, el manubrio y la pluma del colibrí—
las cosas duermen y hablan en sueños,
el viento ha soplado sobre las cosas
y lo que hablan las cosas en su sueño
lo dice el viento lunar al rozarlas,
lo dice con reflejos y colores que arden y estallan,
el viento profiere formas que respiran y giran,

A WIND CALLED BOB RAUSCHENBERG

Landscape fallen from Saturn,
abandoned landscape,
plains of nuts and wheels and bars,
asthmatic turbines, broken propellers,
electrical scars,
desolate landscape:
the objects sleep side by side,
great flocks of things and things and things,
the objects sleep with eyes open
and slowly fall within themselves,
they fall without moving,
their fall is the stillness of a plain under the moon,
their sleep is a falling with no return,
a descent toward a space with no beginning,
the objects fall,
                objects are falling,
they fall from my mind that thinks them,
they fall from my eyes that don't see them,
they fall from my thoughts that speak them,
they fall like letters, letters, letters,
a rain of letters on a derelict landscape.

Fallen landscape,
strewn over itself, a great ox,
an ox crepuscular as this century that ends,
things sleep side by side—
iron and cotton, silk and coal,
synthetic fibers and grains of wheat,
screws and the wing-bones of a sparrow,
the crane, the woolen quilt, the family portrait,
the headlight, the crank and the hummingbird feather—
things sleep and talk in their sleep,
the wind blows over the things,
and what the things say in their sleep
the lunar wind says brushing past them,
it says it with reflections and colors that burn and sparkle,
the wind speaks forms that breathe and whirl,

las cosas se oyen hablar y se asombran al oírse,
eran mudas de nacimiento y ahora cantan y ríen,
eran paralíticas y ahora bailan,
el viento las une y las separa y las une,
juega con ellas, las deshace y las rehace,
inventa otras cosas nunca vistas ni oídas,
sus ayuntamientos y sus disyunciones
son racimos de enigmas palpitantes,
formas insólitas y cambiantes de las pasiones,
constelaciones del deseo, la cólera, el amor,
figuras de los encuentros y las despedidas.

El paisaje abre los ojos y se incorpora,
se echa a andar y su sombra lo sigue,
es una estela de rumores obscuros,
son los lenguajes de las substancias caídas,
el viento se detiene y oye el clamor de los elementos,
a la arena y al agua hablando en voz baja,
el gemido de las maderas del muelle que combate la sal,
las confidencias temerarias del fuego,
el soliloquio de las cenizas,
la conversación interminable del universo.
Al hablar con las cosas y con nosotros
el universo habla consigo mismo:
somos su lengua y su oreja, sus palabras y sus silencios.
El viento oye lo que dice el universo
y nosotros oímos lo que dice el viento
al mover los follajes submarinos del lenguaje
y las vegetaciones secretas del subsuelo y el subcielo:
los sueños de las cosas el hombre los sueña,
los sueños de los hombres el tiempo los piensa.

CENTRAL PARK

Verdes y negras espesuras, parajes pelados,
río vegetal en sí mismo anudado:
entre plomizos edificios transcurre sin moverse
y allá, donde la misma luz se vuelve duda
y la piedra quiere ser sombra, se disipa.
Don't cross Central Park at night.

the things hear them talking, and take fright at the sound,
they were born mute, and now they sing and laugh,
they were paralytic, and now they dance,
the wind joins them and separates and joins them,
plays with them, unmakes and remakes them,
invents other things, never seen nor heard,
their unions and disjunctions
are clusters of tangible enigmas,
strange and changing forms of passion,
constellations of desire, rage, love,
figures of encounters and goodbyes.

The landscape opens its eyes and sits up,
sets out walking followed by its shadow,
it is a stela of dark murmurs
that are the languages of fallen matter,
the wind stops and hears the clamor of the elements,
sand and water talking in low voices,
the howl of pilings as they battle the salt,
the rash confidence of fire,
the soliloquy of ashes,
the interminable conversation of the universe.
Talking with the things and with ourselves
the universe talks to itself:
we are its tongue and ears, its words and silences.
The wind hears what the universe says
and we hear what the wind says,
rustling the submarine foliage of language,
the secret vegetation of the underworld and the undersky:
man dreams the dream of things,
time thinks the dreams of men.

CENTRAL PARK

Green and black thickets, bare spots,
leafy river knotting into itself:
it runs motionless through the leaden buildings
and there, where light turns to doubt
and stone wants to be shadow, it vanishes.
Don't cross Central Park at night.

Cae el día, la noche se enciende,
Alechinsky traza un rectángulo imantado,
trampa de líneas, corral de tinta:
adentro hay una bestia caída,
dos ojos y una rabia enroscada.
Don't cross Central Park at night.

No hay puertas de entrada y salida,
encerrada en un anillo de luz
la bestia de yerba duerme con los ojos abiertos,
la luna desentierra navajas,
el agua de la sombra se ha vuelto un fuego verde.
Don't cross Central Park at night.

No hay puertas de entrada pero todos,
en mitad de la frase colgada del teléfono,
de lo alto del chorro del silencio o de la risa,
de la jaula de vidrio del ojo que nos mira,
todos, vamos cayendo en el espejo.
Don't cross Central Park at night.

El espejo es de piedra y la piedra ya es sombra,
hay dos ojos del color de la cólera,
un anillo de frío, un cinturón de sangre,
hay el viento que esparce los reflejos
de Alicia desmembrada en el estanque.
Don't cross Central Park at night.

Abre los ojos: ya estás adentro de ti mismo,
en un barco de monosílabos navegas
por el estanque-espejo y desembarcas
en el muelle de Cobra: es un taxi amarillo
que te lleva al país de las llamas
a través de Central Park en la noche.

Day falls, night flares up,
Alechinsky draws a magnetic rectangle,
a trap of lines, a corral of ink:
inside there is a fallen beast,
two eyes and a twisting rage.
Don't cross Central Park at night.

There are no exits or entrances,
enclosed in a ring of light
the grass beast sleeps with eyes open,
the moon exhumes razors,
the water in the shadows has become green fire.
Don't cross Central Park at night.

There are no entrances but everyone,
in the middle of a phrase dangling from the telephone,
from the top of the fountain of silence or laughter,
from the glass cage of the eye that watches us,
everyone, all of us are falling in the mirror.
Don't cross Central Park at night.

The mirror is made of stone and the stone now is shadow,
there are two eyes the color of anger,
a ring of cold, a belt of blood,
there is a wind that scatters the reflections
of Alice, dismembered in the pond.
Don't cross Central Park at night.

Open your eyes: now you are inside yourself,
you sail in a boat of monosyllables
across the mirror-pond, you disembark
at the Cobra dock: it is a yellow taxi
that carries you to the land of flames
across Central Park at night.

PARAJE

A Denise Esteban

El camino sin nombre,
                sin nadie,
fluye entre peñas desgastadas,
dados de esa partida inmemorial
que juegan sin cesar los elementos,
prosigue por un llano,
              cada paso
una leyenda de la geología,
se pierde en una duna de reflejos
que no es agua ni arena sino tiempo.
Hay un árbol rosado, yerbas negras,
sal en las yemas de la luz.
               El camino
lleva al sol en los hombros.
El cielo ha acumulado lejanías
sobre esta realidad que dura poco.
Un charco: surtidor de resplandores.
Ojos por todas partes.
La hora se detiene
para verse pasar entre unas piedras.
El camino no acaba de llegar.

CUATRO CHOPOS

Como tras de sí misma va esta línea
por los horizontales confines persiguiéndose
y en el poniente siempre fugitivo
en que se busca se disipa

—como esta misma línea
por la mirada levantada
vuelve todas sus letras
una columna diáfana
resuelta en una no tocada
ni oída ni gustada mas pensada
flor de vocales y de consonantes

PLACE
for Denise Esteban

The road with no name,
               no people,
flows past weathered rocks,
dice from that ancient game
the elements endlessly play,
it goes on through a plain,
                  each step
a legend from geology,
and is lost in a dune of reflections,
not water or sand, but time.
A crimson tree, black grass,
salt on the first shoots of light.
                   The road
carries the sun on its back.
The sky has piled distances
over this reality that will barely last.
A puddle: fountain of splendor.
Eyes everywhere.
The hour pauses
to watch itself pass between a few stones.
The road never stops arriving.

FOUR POPLARS

As if it were behind itself this line runs
chasing itself through the horizontal confines
west, forever fugitive
where it tracks itself it scatters

—as this same line
raised in a glance
transforms all of its letters
into a diaphanous column
breaking into an untouched
unheard, untasted, yet imagined
flower of vowels and consonants

—como esta línea que no acaba de escribirse
y antes de consumarse se incorpora
sin cesar de fluír pero hacia arriba:

los cuatro chopos.

     Aspirados
por la altura vacía y allá abajo,
en un charco hecho cielo, duplicados,
los cuatro son un solo chopo
y son ninguno.

     Atrás, frondas en llamas
que se apagan—la tarde a la deriva—
otros chopos ya andrajos espectrales
interminablemente ondulan
interminablemente inmóviles.

El amarillo se desliza al rosa,
se insinúa la noche en el violeta.

Entre el cielo y el agua
hay una franja azul y verde:
sol y plantas acuáticas,
caligrafía llameante
escrita por el viento.
Es un reflejo suspendido en otro.

Tránsitos: parpadeos del instante.
El mundo pierde cuerpo,
es una aparición, es cuatro chopos,
cuatro moradas melodías.

Frágiles ramas trepan por los troncos.
Son un poco de luz y otro poco de viento.
Vaivén inmóvil. Con los ojos
las oigo murmurar palabras de aire.

El silencio se va con el arroyo,
regresa con el cielo.

—as this line that never stops writing itself
and before completion gathers itself
never ceasing to flow, but flowing upward:

the four poplars.

Drawing breath
from the empty heights and there below,
doubled in a pond turned sky,
the four are a single poplar
and are none.

Behind, a flaming foliage
dies out—the afternoon's adrift—
other poplars, now ghostly tatters,
interminably undulate,
interminably keep still.

Yellow slips into pink,
night insinuates itself in the violet.

Between the sky and the water
there is a blue and green band:
sun and aquatic plants,
a calligraphy of flames
written by the wind.
It is a reflection suspended in another.

Passages: a moment's blink.
The world loses shape,
it is an apparition, it is four poplars,
four purple melodies.

Fragile branches creep up the trunks.
They are a bit of light and a bit of wind.
A motionless shimmer. With my eyes
I hear them murmur words of air.

Silence runs off with the creek,
comes back with the sky.

Es real lo que veo:
cuatro chopos sin peso
plantados sobre un vértigo.
Una fijeza que se precipita
hacia abajo, hacia arriba,
hacia el agua del cielo del remanso
en un esbelto afán sin desenlace
mientras el mundo zarpa hacia lo obscuro.

Latir de claridades últimas:
quince minutos sitiados
que ve Claudio Monet desde una barca.

En el agua se abisma el cielo,
en sí misma se anega el agua,
el chopo es un disparo cárdeno:
este mundo no es sólido.

Entre ser y no ser la yerba titubea,
los elementos se aligeran,
los contornos se esfuman,
visos, reflejos, reverberaciones,
centellear de formas y presencias,
niebla de imágenes, eclipses,
esto que veo somos: espejeos.

LA CASA DE LA MIRADA
A Roberto Matta

Caminas adentro de ti mismo, y el tenue reflejo serpeante que te conduce
no es la última mirada de tus ojos al cerrarse ni es el sol tímido golpeando tus párpados:
es un arroyo secreto, no de agua sino de latidos: llamadas, respuestas, llamadas,
hilo de claridades entre las altas yerbas y las bestias agazapadas de la conciencia a obscuras.

What I see is real:
four weightless poplars
planted in vertigo.
Fixed points that rush
down, rush up,
rush to the water of the sky of the marsh
in a wispy, tenuous travail
while the world sails into darkness.

Pulse-beat of last light:
fifteen beleaguered minutes
Claude Monet watches from a boat.

The sky immerses itself in the water,
the water drowns,
the poplar is an opal thrust:
this world is not solid.

Between being and non-being the grass wavers,
the elements become lighter,
outlines shade over,
glimmers, reflections, reverberations,
flashes of forms and presences,
image mist, eclipse:
what I see, we are: mirages.

THE HOUSE OF GLANCES
for Roberto Matta

   You walk inside yourself, and the tenuous, meandering reflection that guides you
   is not the last glance of your eyes before closing, nor the timid sun that beats at your lids:
   it is a secret stream, not of water but of pulse-beats: calls and answers and calls,
   a thread of clarities among the tall grasses and the beasts of the mind that crouch in the darkness.

Sigues el rumor de tu sangre por el país desconocido que inventan tus ojos
y subes por una escalera de vidrio y agua hasta una terraza.

Hecha de la misma materia impalpable de los ecos y los tintineos,
la terraza, suspendida en el aire, es un cuadrilátero de luz, un ring magnético
que se enrolla en sí mismo, se levanta, anda y se planta en el circo del ojo,
géiser lunar, tallo de vapor, follaje de chispas, gran árbol que se enciende y apaga y enciende:
estás en el interior de los reflejos, estás en la casa de la mirada,
has cerrado los ojos y entras y sales de ti mismo a ti mismo por un puente de latidos:
EL CORAZÓN ES UN OJO.

Estás en la casa de la mirada, los espejos han escondido todos sus espectros,
no hay nadie ni hay nada que ver, las cosas han abandonado sus cuerpos,
no son cosas, no son ideas: son disparos verdes, rojos, amarillos, azules,
enjambres que giran y giran, espirales de legiones desencarnadas,
torbellino de las formas que todavía no alcanzan su forma,
tu mirada es la hélice que impulsa y revuelve las muchedumbres incorpóreas,
tu mirada es la idea fija que taladra el tiempo, la estatua inmóvil en la plaza del insomnio,
tu mirada teje y desteje los hilos de la trama del espacio,
tu mirada frota una idea contra otra y enciende una lámpara en la iglesia de tu cráneo,
pasaje de la enunciación a la anunciación, de la concepción a la asunción,
el ojo es una mano, la mano tiene cinco ojos, la mirada tiene dos manos,
estamos en la casa de la mirada y no hay nada que ver, hay que poblar otra vez la casa del ojo,
hay que poblar el mundo con ojos, hay que ser fieles a la vista, hay que CREAR PARA VER.

La idea fija taladra cada minuto, el pensamiento teje y desteje la trama,

You follow the murmur of your blood through the unknown territory your eyes invent,

and you climb a stairway of glass and water, up to a terrace.

Made of the same intangible material as echoes and clanging,

the terrace, suspended in air, is a rectangle of light, a magnetic ring

that wraps around itself, rises, walks, and plants itself in the circus of the eye,

a lunar geyser, a stalk of steam, a foliage of sparks, a great tree that lights up, goes out, lights up:

you are in the interior of the reflections, you are in the house of glances,

you have closed your eyes, and you enter and leave from yourself to yourself on a bridge of pulse-beats:

THE HEART IS AN EYE.

You are in the house of glances, the mirrors have hidden all their ghosts,

there's nobody there and there's nothing to see, things have abandoned their bodies,

they are not things, they're not ideas: they're shots of green and red and yellow and blue,

swarms turning and turning, spirals of fleshless legions,

a whirlwind of forms that still have yet to find their form,

your glance is the propeller that spins and drives the ghostly mobs,

your glance is the fixed idea that drills through time, the motionless statue in the plaza of insomnia,

your glance weaves and unweaves the threads of the fabric of space,

your glance rubs one idea against another and lights a lamp in the church of your skull,

a passage from enunciation to the annunciation, from conception to the assumption,

your eye is a hand, your hand has five eyes, your glance has two hands,

we are in the house of glances and there's nothing to see, we must repopulate the house of the eye,

we must populate the world with eyes, we must be loyal to sight, we must

CREATE IN ORDER TO SEE.

The fixed idea drills through each minute, thought weaves and unweaves the fabric,

vas y vienes entre el infinito de afuera y tu propio infinito,

eres un hilo de la trama y un latido del minuto, el ojo que taladra y el ojo tejedor,

al entrar en ti mismo no sales del mundo, hay ríos y volcanes en tu cuerpo, planetas y hormigas,

en tu sangre navegan imperios, turbinas, bibliotecas, jardines,

también hay animales, plantas, seres de otros mundos, las galaxias circulan en tus neuronas,

al entrar en ti mismo entras en este mundo y en los otros mundos,

entras en lo que vio el astrónomo en su telescopio, el matemático en sus ecuaciones:

el desorden y la simetría, el accidente y las rimas, las duplicaciones y las mutaciones,

el mal de San Vito del átomo y sus partículas, las células reincidentes, las inscripciones estelares.

Afuera es adentro, caminamos por donde nunca hemos estado,

el lugar del encuentro entre esto y aquello está aquí mismo y ahora,

somos la intersección, la X, el aspa maravillosa que nos multiplica y nos interroga,

el aspa que al girar dibuja el cero, ideograma del mundo y de cada uno de nosotros.

Como el cuerpo astral de Bruno y Cornelio Agripa, como los *grandes transparentes* de André Breton,

vehículos de materia sutil, cables entre éste y aquel lado,

los hombres somos la bisagra entre el aquí y el allá, el signo doble y uno, V y Λ,

pirámides superpuestas unidas en un ángulo para formar la X de la Cruz,

cielo y tierra, aire y agua, llanura y monte, lago y volcán, hombre y mujer,

el mapa del cielo se refleja en el espejo de la música,

donde el ojo se anula nacen mundos:

LA PINTURA TIENE UN PIE EN LA ARQUITECTURA Y OTRO EN EL SUEÑO.

La tierra es un hombre, dijiste, pero el hombre no es la tierra,

el hombre no es este mundo ni los otros mundos que hay en este mundo y en los otros,

el hombre es el momento en que la tierra duda de ser tierra y el mundo de ser mundo,

you come and go between the infinity outside and your own infinity,

you are a thread of the fabric and a pulse-beat of the minute, the eye that drills and the weaver eye,

entering yourself you're not leaving the world, there are rivers and volcanoes inside your body, planets and ants,

empires, turbines, libraries, gardens sail through your blood,

there are animals, plants, beings from other worlds, galaxies wheel through your neurons,

entering yourself you enter this world and the other worlds,

you enter what the astronomer saw in his telescope, the mathematician in his equations:

disorder and symmetry, accidents and rhymes, duplications and mutations,

the St. Vitus dance of the atom and its particles, the cells reproducing, the stellar inscriptions.

Outside is within, we are walking where we've never been,

the meeting-place of this and that, that is right here and now,

we are the crossroads, the X, the marvelous windmill that multiplies us and questions us,

the windmill that turning draws a zero, ideogram of the world and of each one of us.

Like the astral body of Bruno and Cornelius Agrippa, like the *grandes transparentes* of André Breton,

vehicles of subtle matter, cables between this and that side,

we are the hinge between here and there, the double sign and one,

V and Λ,

superimposed pyramids that join to form the X of the Cross,

sky and earth, air and water, plain and mountain, lake and volcano, man and woman,

the map of the sky is reflected in the mirror of music,

where the eye is erased worlds are born:

PAINTING HAS ONE FOOT IN ARCHITECTURE AND THE OTHER IN DREAMS.

The earth is a man, you said, but man is not the earth,

man is not this world nor the other worlds there are in this world and in the others,

man is the moment in which the earth doubts that it is earth, the world that it is the world,

el hombre es la boca que empaña el espejo de las semejanzas y las analogías,

el animal que sabe decir *no* y así inventa nuevas semejanzas y dice *sí*,

el equilibrista vendado que baila sobre la cuerda floja de una sonrisa,

el espejo universal que refleja otro mundo al repetir a éste, el que transfigura lo que copia,

el hombre no es el que es, célula o dios, sino el que está siempre más allá.

Nuestras pasiones no son los ayuntamientos de las substancias ciegas

pero los combates y los abrazos de los elementos riman con nuestros deseos y apetitos,

pintar es buscar la rima secreta, dibujar el eco, pintar el eslabón:

El Vértigo de Eros es el vahído de la rosa al mecerse sobre el osario,

la aparición de la aleta del pez al caer la noche en el mar es el centelleo de la idea,

tú has pintado al amor tras una cortina de agua llameante

PARA

CUBRIR LA TIERRA CON UN NUEVO ROCIO.

En el espejo de la música las constelaciones se miran antes de disiparse,

el espejo se abisma en sí mismo anegado de claridad hasta anularse en un reflejo,

los espacios fluyen y se despeñan bajo la mirada del tiempo petrificado,

las presencias son llamas, las llamas son tigres, los tigres se han vuelto olas,

cascada de transfiguraciones, cascada de repeticiones, trampas del tiempo:

hay que darle su ración de lumbre a la naturaleza hambrienta,

hay que agitar la sonaja de las rimas para engañar al tiempo y despertar al alma,

hay que plantar ojos en la plaza, hay que regar los parques con risa solar y lunar,

hay que aprender la tonada de Adán, el solo de la flauta del fémur,

hay que construir sobre este espacio inestable la casa de la mirada,

la casa de aire y de agua donde la música duerme, el fuego vela y pinta el poeta.

man is the mouth that fogs the mirror of likenesses and analogies,

the animal that knows how to say *no* and thus invents new likenesses and says *yes*,

the blindfolded equilibrist who dances on the tightrope of a smile,

the universal mirror that repeating this world reflects another, that transforms what it copies,

man is not what he is, cells or god, but that which is always further off.

Our passions are not the unions of blind matter,

the battles and embraces of the elements rhyme with our desires and appetites,

to paint is to search for the secret rhyme, to sketch the echo, to paint the link:

The Vertigo of Eros is the dizziness of the rose rocking over the ossuary,

the vision of a fish's fin as night falls in the sea is the sparkle of an idea,

you have painted love behind a curtain of flaming water

TO COVER

THE EARTH WITH A NEW MIST.

In the mirror of music the constellations look at themselves before scattering,

the mirror sinks into itself, drowned in clarity until it is erased in a reflection,

spaces flow and hurl down under the glance of petrified time,

presences are flames, flames are tigers, the tigers have turned to waves,

a waterfall of transfigurations, a waterfall of repetitions, traps of time: we must give hungry nature its ration of light,

we must shake the rattle of rhyme to deceive time and wake the soul,

we must plant eyes in the plaza, we must water the parks with solar and lunar laughter,

we must learn the song of Adam, the solo for a flute made from a femur,

we must construct the house of glances over this dubious place,

the house of air and water where music sleeps, fire keeps watch, and the poet paints.

ÁRBOL ADENTRO

Creció en mi frente un árbol,
Creció hacia dentro.
Sus raíces son venas,
nervios sus ramas,
sus confusos follajes pensamientos.
Tus miradas lo encienden
y sus frutos de sombra
son naranjas de sangre,
son granadas de lumbre.
                Amanece
en la noche del cuerpo.
Allá adentro, en mi frente,
el árbol habla.
           Acércate, ¿lo oyes?

PRIMERO DE ENERO

Las puertas del año se abren,
como las del lenguaje,
hacia lo desconocido.
Anoche me dijiste:
              mañana
habrá que trazar unos signos,
dibujar un paisaje, tejer una trama
sobre la doble página
del papel y del día.
Mañana habrá que inventar,
de nuevo,
la realidad de este mundo.

Ya tarde abrí los ojos.
Por el segundo de un segundo

A TREE WITHIN

A tree grew inside my head.
A tree grew in.
Its roots are veins,
its branches nerves,
thoughts its tangled foliage.
Your glance sets it on fire,
and its fruits of shade
are blood oranges
and pomegranates of flame.
                Day breaks
in the body's night.
There, within, inside my head,
the tree speaks.
         Come closer—can you hear it?

JANUARY FIRST

The doors of the year open,
like the doors of language,
onto the unknown.
Last night you said:
                tomorrow
we must draw signs,
sketch a landscape, hatch a plot
on the unfolded page
of paper and the day.
Tomorrow we must invent,
anew,
the reality of this world.

When I opened my eyes it was late.
For a second of a second

595

sentí lo que el azteca,
acechando
desde el peñón del promontorio,
por las rendijas de los horizontes,
el incierto regreso del tiempo.

No, el año había regresado.
Llenaba todo el cuarto
y casi lo palpaban mis miradas.
El tiempo, sin nuestra ayuda,
había puesto,
en un orden idéntico al de ayer,
casas en la calle vacía,
nieve sobre las casas,
silencio sobre la nieve.

Tú estabas a mi lado,
aún dormida.
El día te había inventado
pero tú no aceptabas todavía
tu invención en este día.
Quizá tampoco la mía.
Tú estabas en otro día.

Estabas a mi lado
y yo te veía, como la nieve,
dormida entre las apariencias.
El tiempo, sin nuestra ayuda,
inventa casas, calles, árboles,
mujeres dormidas.

Cuando abras los ojos
caminaremos, de nuevo,
entre las horas y sus invenciones
y al demorarnos en las apariencias
daremos fe del tiempo y sus conjugaciones
Abriremos las puertas de este día,
entraremos en lo desconocido.

I felt like the Aztec
on the rock-strewn peak,
watching
the cracks of horizons
for the uncertain return of time.

No, the year came back.
It filled the room,
and my glances could almost touch it.
Time, without our help,
had arranged
in the same order as yesterday,
the houses on the empty street,
the snow on the houses,
the silence on the snow.

You were beside me,
still sleeping.
The day had invented you,
but you hadn't yet accepted
your day's invention,
nor mine.
You were still in another day.

You were beside me,
and I saw you, like the snow,
asleep among the appearances.
Time, without our help,
invents houses, streets, trees,
sleeping women.

When you open your eyes
we'll walk, anew,
among the hours and their inventions,
and lingering among the appearances
we'll testify to time and its conjugations.
We'll open the doors of this day,
and go into the unknown.

ANTES DEL COMIENZO

Ruidos confusos, claridad incierta.
Otro día comienza.
Es un cuarto en penumbra
y dos cuerpos tendidos.
En mi frente me pierdo
por un llano sin nadie.
Ya las horas afilan sus navajas.
Pero a mi lado tú respiras;
entrañable y remota
fluyes y no te mueves.
Inaccesible si te pienso,
con los ojos te palpo,
te miro con las manos.
Los sueños nos separan
y la sangre nos junta:
somos un río de latidos.
Bajo tus párpados madura
la semilla del sol.
                El mundo
no es real todavía,
el tiempo duda:
                    sólo es cierto
el calor de tu piel.
En tu respiración escucho
la marea del ser,
la sílaba olvidada del Comienzo.

LA GUERRA DE LA DRÍADA

o

Vuelve a ser eucalipto

El enorme perro abrió los ojos,
pegó un salto y arqueando el negro lomo,
bien plantado en sus cuatro patas,
aulló con un aullido inacabable:
¿qué veía con seis ojos inyectados,
sus tres hocicos contra quién gruñían?

BEFORE THE BEGINNING

A confusion of sounds, an uncertain clarity.
Another day begins.
It is a room, half-lit,
and two bodies stretched out.
In my head I am lost
on a plain with no one.
The hours sharpen their blades.
But at my side, you are breathing;
buried deep, and remote,
you flow without moving.
Unreachable as I think of you,
touching you with my eyes,
watching you with my hands.
Dreams divide
and blood unites us:
we are a river of pulsebeats.
Under your eyelids the seed
of the sun ripens.
    The world
is still not real;
time wonders:
     all that is certain
is the heat of your skin.
In your breath I hear
the tide of being,
the forgotten syllable of the Beginning.

THE DRYAD WAR
or
Go Back to Being a Eucalyptus

The huge dog opened its eyes,
leapt up and, arching its black spine,
its four paws firmly planted,
howled an interminable howl:
what did it see with its six injected eyes?
at whom did its three snouts snarl?

veía una nube preñada de centellas,
veía un par de ojos, veía un gato montés,
el gato cayó sobre el perro,
el perro revolcó al gato,
el gato le sacó un ojo al perro,
el perro se volvió un ladrido de humo,
el humo subió al cielo,
el cielo se volvió tempestad,
la tempestad bajó armada de rayos,
el rayo incendió al gato montés,
las cenizas del gato se esparcieron
entre las cuatro esquinas del universo,
el cuarto se convirtió en Sahara,
sopló el simún y me abrasé en su vaho,
convoqué a los genios del agua,
el trueno rodó por la azotea,
se quebraron los cántaros de arriba,
llovió sin parar durante cuarenta relámpagos,
el agua llegó al cielo raso,
en el vértice de la cresta tu cama se bandeaba,
con las sábanas armaste un velamen,
de pie en la proa de tu esquife inestable
tirado por cuatro caballos de espuma y un águila,
una llama ondeante tu cabellera eléctrica,
levaste el ancla, capeaste el temporal
y te hiciste a la mar,
                              tu artillería
disparaba desde estribor,
desmantelaba mis premisas,
hacía añicos mis consiguientes,
tus espejos ustorios
incendiaban mis convicciones,
me replegué hacia la cocina,
rompí el cerco en el sótano,
escapé por una alcantarilla,
en el subsuelo hallé madrigueras,
el insomnio encendió su bujía,
su luz díscola iluminó mi noche,
inspiraciones, conspiraciones, inmolaciones,
con rabia verde, una llamita iracunda

it saw a cloud pregnant with flashes,
it saw a pair of eyes, and a wild cat,
the cat fell upon the dog,
the dog knocked down the cat,
the cat ripped an eye from the dog,
the dog turned into a woof of smoke,
the smoke rose to the sky,
the sky turned into a storm,
the storm came down armed with lightning,
the lightning incinerated the wild cat,
the ashes of the cat scattered
to the four corners of the universe,
the room became the Sahara,
the sirocco blew and withered me with heat,
I invoked the spirits of water,
thunder rolled on the rooftops,
the pitchers of the sky cracked open,
it rained without stopping for forty lightning bolts,
the water reached the ceiling,
your bed bobbed at the top of a wave,
with the sheets you rigged a set of sails,
standing on the prow of your tipsy skiff
drawn by an eagle and four horses of foam,
your electric hair a rippling flame,
you raised anchor, lay to the storm,
and set out to sea,
     your cannons,
fired from starboard,
dismantled my premises,
shredded my guidelines,
your incendiary mirrors
cremated my convictions,
I retreated to the kitchen,
broke a grate in the cellar,
escaped through a drainpipe,
underground I found a burrow,
insomnia lit its candle,
its flickering filled my night,
inspirations, conspirations, immolations,
with green rage, a furious little flame

y el soplete de ¡me la pagarás!
forjé un puñal de misericordia,
me bañé en la sangre del dragón,
salté el foso, escalé las murallas,
aceché en el pasillo, abrí la puerta,
tú te mirabas en el espejo y sonreías,
al verme desapareciste en un destello,
corrí tras esa claridad desvanecida,
interrogué a la luna del armario,
estrujé las sombras de la cortina,
plantado en el centro de la ausencia
fui estatua en una plaza vacía,
fui palabra encerrada en un paréntesis,
fui aguja de un reloj parado,
me quedé con un puñado de ecos,
baile de sílabas fantasmas
en la cueva del cráneo,
reapareciste en un resplandor súbito,
llevabas en la mano derecha un sol diminuto,
en la izquierda un cometa de cauda granate,
los astros giraban y cantaban,
al volar dibujaban figuras,
se unían, separaban, unían,
eran dos y eran uno y eran ninguno,
el doble pájaro de lumbre
anidó en mis oídos,
quemó mis pensamientos, disipó mis memorias,
cantó en la jaula del cerebro
el solo del faro en la noche oceánica
y el himno nupcial de las ballenas,
el puñal floreció,
el perro de tres cabezas lamía tus pies,
el espejo era un arroyo detenido,
el gato pescaba imágenes en el arroyo,
tu reías en mitad de la pieza,
eras una columna de luz líquida,
Vuelve a ser eucalipto, dijiste,
el viento mecía mi follaje,
yo callaba y el viento hablaba,
murmullo de palabras que eran hojas,

and a blowpipe of "you will pay for this!"
I forged a dagger of final justice,
I bathed in dragon's blood,
I leapt from the hole, scaled the walls,
ducked down a corridor and opened the door,
you were watching in the mirror, laughing,
seeing me you disappeared with a flash,
I ran through that vanishing brilliance,
interrogating the moon in the closet,
punching the shadows in the curtains,
planted in the middle of nothing,
I was a statue in an empty square,
I was a word enclosed in parentheses,
I was a hand on a stopped clock,
I was left with a fistful of echoes,
a dance of phantom syllables
in the cave of my skull,
you reappeared in sudden splendor,
carrying a tiny sun in your right hand,
and in your left a comet with a garnet train,
the stars whirled and sang,
drawing figures as they flew by,
they joined and split and joined,
they were two and were one and were none,
the double bird of fire
nestled in my ear,
burning my thoughts, scattering my memories,
singing in the jail-cell of my brain
the solo for lighthouse in the oceanic night
and the wedding hymn of the whales,
the dagger flowered,
the three-headed dog licked your feet,
the mirror was a motionless stream,
the cat fished for images in the stream,
you laughed in the middle of the room,
you were a column of liquid light,
Go back to being a eucalyptus, you said,
the wind shook my branches,
I was silent and the wind spoke
a whisper of words that were leaves,

verdes chisporroteos, lenguas de agua,
tendida al pie del eucalipto
tú eras la fuente que reía,
vaivén de los ramajes sigilosos,
eras tú, era la brisa que volvía.

CANCIÓN DESENTONADA

non visto color de buen verdigay
nin trobo discor ni fago deslay
Juan Alfonso de Baena

El día es corto,
          larga la hora.
Sin moverme recorro sus pasillos,
subo por sus calvarios mínimos,
desciendo por peldaños hechos de aire,
me pierdo en galerías transparentes
—pero no me encuentro,
                    pero no te veo.
El día es corto,
          larga la hora.
Veo a mi mano obstinada que escribe
palabras circulares en la página,
veo a mi sombra en la página, veo
mi caída en el centro vacío de esta hora
—pero no te encuentro,
                    pero no me veo.

El día es corto,
          larga la hora.
El tiempo se arrastra, se esconde, se espía,
el tiempo se entierra, terrones de aire,
el tiempo rebrota, columna de aire,
me hiere en la frente, me rasga los párpados
—pero no me encuentro,
                    pero no te veo.

crackles of green, tongues of water,
stretched out at the foot of the eucalyptus
you were the laughing fountain,
a swaying of secret branches,
you were you, the breeze that came back.

A SONG OUT OF TUNE

> non visto color de buen verdigay
> nin trobo discor ni fago deslay
> Juan Alfonso de Baena

The day is short,
           the hour long.
Motionless I retrace its steps,
climbing its minor calvaries,
I descend on stairs made of air,
and am lost in transparent galleries
—but I don't find me,
           and I don't see you.

The day is short,
           the hour long.
I see my stubborn hand that writes
its circular words on the page,
I see my shadow on the page, I see
myself falling through the hour's blank center
—but I don't find you,
           and I don't see me.

The day is short,
           the hour long.
Time drags on, hides, and peeks,
time is buried, clods of air,
time sprouts up, a column of air,
it bashes my forehead, scrapes my lids
—but I don't find me,
           and I don't see you.

El día es corto,
             larga la hora.
Ando por baldíos, corredores, ecos,
te tocan mis manos y te desvaneces,
me miro en tus ojos y me desvanezco,
traza, borra, inventa reflejos la hora
—pero no te encuentro,
                         pero no me veo.

El día es corto,
             larga la hora.
Hay una semilla dormida en el tiempo,
estalla en el aire con ruido de sílabas,
es una palabra, dice sin decirlos
los nombres del tiempo, el tuyo y el mío,
—pero no me encuentro,
                         pero no te veo.

Los nombres son frutos, maduran y caen;
la hora es inmensa y en sí misma cae.

REGRESO

Bajo mis ojos te extendías,
país de dunas—ocres, claras.
El viento en busca de agua se detuvo,
país de fuentes y latidos.
Vasta como la noche,
cabías en la cuenca de mi mano.

Después, el despeñarse inmóvil
adentro afuera de nosotros mismos.
Comí tinieblas con los ojos,
bebí el agua del tiempo, bebí noche.
Palpé entonces el cuerpo de una música
oída con las yemas de mis dedos.

Juntos, barcas obscuras
a la sombra amarradas,

The day is short,
                    the hour long.
I walk through lots and corridors and echoes,
my hands touch you and you suddenly vanish,
I look in your eyes and suddenly vanish,
the hour traces, erases, invents its reflections
—but I don't find you,
                         and I don't see me.

The day is short,
                    the hour long.
There is a seed asleep in time,
.that explodes in the air with a burst of syllables,
it is a word, and it speaks without speaking
the names of time, yours and mine,
—but I don't find me,
                         and I don't see you.

Names are fruit that ripen and fall;
the hour's immense, inside itself it falls.

RETURN

You spread out beneath my eyes,
a land of dunes—ocher, bright.
The wind in search of water stopped,
a land of heartbeats and fountains.
Vast as the night you fit
in the hollow of my hand.

Later, the motionless hurling down,
within and without ourselves.
With my eyes I ate darkness,
drank the water of time. I drank night.
Then I touched the body of a music
heard with the tips of my fingers.

Dark boats, together,
moored in the shadows,

nuestros cuerpos tendidos.
Las almas, desatadas,
lámparas navegantes
sobre el agua nocturna.

Abriste al fin los ojos.
Te mirabas mirada por mis ojos
y desde mi mirada te mirabas:
como el fruto en la yerba,
como la piedra en el estanque,
caías en ti misma.

Dentro de mí subía una marea
y con puño impalpable golpeaba
la puerta de tus párpados:
mi muerte, que quería conocerte,
mi muerte, que quería conocerse.
Me entrerré en tu mirada.

*   *   *

Fluyen por las llanuras de la noche
nuestros cuerpos: son tiempo que se acaba,
presencia disipada en un abrazo;
pero son infinitos y al tocarlos
nos bañamos en ríos de latidos,
volvemos al perpetuo recomienzo.

PILARES

And whilst our souls negotiate there,
We like sepulchral statues lay . . .
John Donne

La plaza es diminuta.
Cuatro muros leprosos,
una fuente sin agua,
dos bancas de cemento
y fresnos malheridos.

our bodies reclined.
Our souls, unlashed,
lamps afloat
in the water of night.

In the end you opened your eyes.
You saw yourself seen by my eyes,
and from my eyes you saw yourself:
falling like a fruit on the grass,
like a stone in the pond,
you fell into yourself.

A tide rose within me,
with a weightless fist I beat
at the door of your lids:
my death wanted to meet you,
my death wanted to meet itself.
I was buried in your eyes.

* * *

Our bodies flow through the plains
of night: they are time wearing itself out,
a presence that dissolves in a caress;
yet they are infinite, to touch them
is to bathe in rivers of heartbeats
and return to the perpetual beginning anew.

PILLARS

> And whilst our souls negotiate there,
> We like sepulchral statues lay . . .
>> John Donne

The plaza is tiny.
Four leprous walls,
a fountain with no water,
two cement benches,
some injured ash trees.

El estruendo, remoto,
de ríos ciudadanos.
Indecisa y enorme,
rueda la noche y borra
graves arquitecturas.
Ya encendieron las lámparas.
En los golfos de sombra,
en esquinas y quicios,
brotan columnas vivas
e inmóviles: parejas.
Enlazadas y quietas,
entretejen murmullos:
pilares de latidos.

En el otro hemisferio
la noche es femenina,
abundante y acuática.
Hay islas que llamean
en las aguas del cielo.
Las hojas del banano
vuelven verde la sombra.
En mitad del espacio
ya somos, enlazados,
un árbol que respira.
Nuestros cuerpos se cubren
de una yedra de sílabas.

Follajes de rumores,
insomnio de los grillos
en la yerba dormida,
las estrellas se bañan
en un charco de ranas,
el verano acumula
allá arriba sus cántaros,
con manos invisibles
el aire abre una puerta.
Tu frente es la terraza
que prefiere la luna.

The distant commotion
of civic rivers.
Huge and uncertain,
night turns and covers
the solemn architecture.
They have lit the lights.
In the gulfs of shadow,
on corners, in doorways,
columns sprout, alive
and immobile: the couples.
Entwined and hushed,
weaving whispers,
pillars of heartbeats.

In the other hemisphere
night is feminine,
abundant and aquatic.
There are islands that blaze
in the waters of the sky.
The leaves of banana trees
turn shadows green.
In the middle of space,
we are still entwined,
a tree that breathes.
Our bodies are covered
with vines of syllables.

Foliage of murmurs,
crickets insomniac
in the sleeping grass,
the stars are swimming
in a pool of frogs,
summer collects
its pitchers in the sky,
with invisible hands
the air opens a door.
Your forehead's the terrace
the moon prefers.

El instante es inmenso,
el mundo ya es pequeño.
Yo me pierdo en tus ojos
y al perderme te miro
en mis ojos perdida.
Se quemaron los nombres,
nuestros cuerpos se han ido.
Estamos en el centro
imantado de ¿dónde?

Inmóviles parejas
en un parque de México
o en un jardín asiático:
bajo estrellas distintas
diarias eucaristías.
Por la escala del tacto
bajamos ascendemos
al arriba de abajo,
reino de las raíces,
república de alas.

Los cuerpos anudados
son *el libro del alma:*
con los ojos cerrados,
con mi tacto y mi lengua,
deletreo en tu cuerpo
la escritura del mundo.
Un saber ya sin nombres:
el sabor de esta tierra.

Breve luz suficiente
que ilumina y nos ciega
como el súbito brote
de la espiga y el semen.
Entre el fin y el comienzo
un instante sin tiempo
frágil arco de sangre,
puente sobre el vacío.
Al trabarse los cuerpos
un relámpago esculpen.

The moment's enormous,
the world is now small.
I am lost in your eyes,
and lost, I see you
lost in my eyes.
Our names have burned down,
our bodies have gone.
We are in the magnetic
center of—what?

Motionless couples
in a Mexican park,
or in a garden in Asia:
daily Eucharists
under their various stars.
On the ladder of touch
we climb and descend
from top to bottom,
kingdom of roots,
republic of wings.

Knotted bodies
are *the book of the soul:*
with eyes closed,
with my touch and my tongue,
I write out on your body
the scripture of the world.
A knowledge still nameless:
the taste of this earth.

Brief light yet sufficient
to light and blind us
like the sudden burst
of seedpod and semen.
Between the end and the beginning,
a moment without time,
a delicate arch of blood,
a bridge over the void.
Locked, two bodies
sculpt a bolt of lightning.

COMO QUIEN OYE LLOVER

Óyeme como quien oye llover,
ni atenta ni distraída,
pasos leves, llovizna,
agua que es aire, aire que es tiempo,
el día no acaba de irse,
la noche no llega todavía,
figuraciones de la niebla
al doblar la esquina,
figuraciones del tiempo
en el recodo de esta pausa,
óyeme como quien oye llover,
sin oírme, oyendo lo que digo
con los ojos abiertos hacia adentro,
dormida con los cinco sentidos despiertos,
llueve, pasos leves, rumor de sílabas,
aire y agua, palabras que no pesan:
lo que fuimos y somos,
los días y los años, este instante,
tiempo sin peso, pesadumbre enorme,
óyeme como quien oye llover,
relumbra el asfalto húmedo,
el vaho se levanta y camina,
la noche se abre y me mira,
eres tú y tu talle de vaho,
tú y tu cara de noche,
tú y tu pelo, lento relámpago,
cruzas la calle y entras en mi frente,
pasos de agua sobre mis párpados,
óyeme como quien oye llover,
el asfalto relumbra, tú cruzas la calle,
es la niebla errante en la noche,
es la noche dormida en tu cama,
es el oleaje de tu respiración,
tus dedos de agua mojan mi frente,
tus dedos de llama queman mis ojos,
tus dedos de aire abren los párpados del tiempo,
manar de apariciones y resurrecciones,
óyeme como quien oye llover,

AS ONE LISTENS TO THE RAIN

Listen to me as one listens to the rain,
not attentive, not distracted,
light footsteps, thin drizzle,
water that is air, air that is time,
the day is still leaving,
the night has yet to arrive,
figurations of mist
at the turn of the corner,
figurations of time
at the bend in this pause,
listen to me as one listens to the rain,
without listening, hear what I say
with eyes open inward, asleep
with all five senses awake,
it's raining, light footsteps, a murmur of syllables,
air and water, words with no weight:
what we were and are,
the days and years, this moment,
weightless time and heavy sorrow,
listen to me as one listens to the rain,
wet asphalt is shining,
steam rises and walks away,
night unfolds and looks at me,
you are you and your body of steam,
you and your face of night,
you and your hair, unhurried lightning,
you cross the street and enter my forehead,
footsteps of water across my eyes,
listen to me as one listens to the rain,
the asphalt's shining, you cross the street,
it is the mist, wandering in the night,
it is the night, asleep in your bed,
it is the surge of waves in your breath,
your fingers of water dampen my forehead,
your fingers of flame burn my eyes,
your fingers of air open eyelids of time,
a spring of visions and resurrections,
listen to me as one listens to the rain,

pasan los años, regresan los instantes,
¿oyes tus pasos en el cuarto vecino?
no aquí ni allá: los oyes
en otro tiempo que es ahora mismo,
oye los pasos del tiempo
inventor de lugares sin peso ni sitio,
oye la lluvia correr por la terraza,
la noche ya es más noche en la arboleda,
en los follajes ha anidado el rayo,
vago jardín a la deriva
—entra, tu sombra cubre esta página.

NOCHE, DÍA, NOCHE

1

Chorro de luz: un pájaro
cantando en la terraza.
En los valles y montes
de tu cuerpo amanece.

2

Fuego dormido en la noche,
agua que ríe despierta.

3

Bajo la mata de tu pelo
tu frente:
                glorieta,
claridad entre ramas.
Pienso en jardines:
¡ser viento que remueve tus memorias,
ser sol que se abre paso en tu espesura!

4

A los pies de la palma,
alta como un salvaje
ondeando verde contra el sol guerrero,
reposas.

the years go by, the moments return,
do you hear your footsteps in the next room?
not here, not there: you hear them
in another time that is now,
listen to the footsteps of time,
inventor of places with no weight, nowhere,
listen to the rain running over the terrace,
the night is now more night in the grove,
lightning has nestled among the leaves,
a restless garden adrift—go in,
your shadow covers this page.

NIGHT, DAY, NIGHT

1

Stream of light: a bird
singing on the terrace.
In the valleys and mountains
of your body it dawns.

2

Fire asleep in the night,
water that wakes laughing.

3

Under the leafy canopy of your hair,
your forehead:
                    a bower,
a clarity among the branches.
I think about gardens:
to be the wind that shakes your memories,
to be the sun that clears through your thicket!

4

At the foot of the palm tree,
tall as a savage,
rippling green against the warrior sun,
you rest.

Un remanso
—agua en sombra—tu cuerpo.
Quietud. Palpita apenas
el vasto mediodía.
Entre tus piernas, terco, fluye el tiempo.

5

Una veta de sol, oro animado,
estrías, cruces, espirales,
verdes constelaciones:
el triangular insecto
entre las yerbas avanzaba
tres o cuatro milímetros por hora.
Por un instante lo tuviste
sobre la palma de tu mano
(donde el destino traza su arabesco secreto):
es una joya viva, una criatura
tal vez caída de Titania,
—y lo dejaste, reverente,
regresar al Gran Todo.

6

El día, flor extrema,
hora a hora se incendia.
Otra flor, negra, brota.
Imperceptiblemente
atraviesas la sombra
y entras, dama de noche.
Apenas oleaje,
aroma apenas, blanca,
te tiendes en mi cama.
Vuelves a ser mujer.

7

Llanuras de la sábana
y noche de los cuerpos,
marea del deseo
y gruta de los sueños.

Your body
a backwater in the shadows.
Stillness. Vast noon
barely throbs.
Between your legs time, stubborn, flows.

5

A vein of sun, living gold,
grooves, crosses, spirals,
green constellations:
the triangular insect
moves through the grass
at three or four millimeters an hour.
For an instant you held it
in the palm of your hand
(where fate traces its arabesque secrets):
it is a living jewel, a creature
fallen, perhaps, from Titania,
—and reverently you let it go,
back to the Great All.

6

The day, ultimate flower,
hour by hour it burns.
Another flower, black, sprouts.
Imperceptibly you cross
the shadows and enter,
lady of night.
Barely a wave,
barely aroma, white,
you stretch out on my bed.
And become a woman again.

7

Plain of sheets
and night of bodies,
tide of desire
and grotto of dreams.

8

Duerme bajo tus párpados
un impalpable pueblo:
ávidos torbellinos,
hijos del tacto, encarnan,
beben sangre, son formas
cambiantes del deseo
y son siempre la misma:
los rostros sucesivos
de la vida que es muerte,
de la muerte que es vida.

CARTA DE CREENCIA
Cantata

1

Entre la noche y el día
hay un territorio indeciso.
No es luz ni sombra:
　　　　　　　　es tiempo.
Hora, pausa precaria,
página que se obscurece,
página en la que escribo,
despacio, estas palabras.
　　　　　　　　La tarde
es una brasa que se consume.
El día gira y se deshoja.
Lima los confines de las cosas
un río obscuro.
　　　　　　　　Terco y suave
las arrastra, no sé adonde.
La realidad se aleja.
　　　　　　　　Yo escribo:
hablo conmigo
　　　　　　—hablo contigo.

Quisiera hablarte
como hablan ahora,
casi borrados por las sombras,
el arbolito y el aire;

8

An intangible village
sleeps under your eyelids:
avid whirlwinds,
children of touch become flesh,
drink blood, are the changing
forms of desire
and are always the same:
face after face
of the life that is death,
of the death that is life.

LETTER OF TESTIMONY
Cantata

1

There is an uncertain territory
between night and day.
It is neither light nor shadow:
                              it is time.
An hour, a precarious pause,
a darkening page,
a page where I write,
slowly, these words.
                    The afternoon
is an ember burning itself out.
The day turns, dropping its leaves.
A dark river files
at the edges of things.
                    Tranquil, persistent
it drags them along, I don't know where.
Reality drifts off.
                    I write:
I talk to myself
                    —I talk to you.

I wanted to talk to you
as the air and this small tree
talk to each other,
nearly erased by the shadows;

como al agua corriente;
soliloquio sonámbulo;
como el charco callado,
reflector de instantáneos simulacros;
como el fuego:
lenguas de llama, baile de chispas,
cuentos de humo.
                    Hablarte
con palabras visibles y palpables,
con peso, sabor y olor
como las cosas.
                    Mientras lo digo
las cosas, imperceptiblemente,
se desprenden de sí mismas
y se fugan hacia otras formas,
hacia otros nombres.
                    Me quedan
estas palabras: con ellas te hablo.

Las palabras son puentes.
También son trampas, jaulas, pozos.
Yo te hablo: tú no me oyes.
No hablo contigo:
                    hablo con una palabra.
Esa palabra eres tú,
                    esa palabra
te lleva de tí misma a tí misma.
La hicimos tú, yo, el destino.
La mujer que eres
es la mujer a la que hablo:
estas palabras son tu espejo,
eres tú misma y el eco de tu nombre.
Yo también,
          al hablarte,
me vuelvo un murmullo,
aire y palabras, un soplo,
un fantasma que nace de estas letras.

Las palabras son puentes:
la sombra de las colinas de Meknès

like running water,
a sleepwalking soliloquy
like a still puddle,
that reflector of instantaneous shams;
like fire:
with tongues of flame, a dance of sparks,
tales of smoke.
                    To talk to you
with visible and palpable words,
words with weight, flavor and smell,
like things.
                    While I speak,
things imperceptibly
shake loose from themselves,
escaping toward other forms,
other names.
                    They leave me these words:
with them I talk to you.

Words are bridges.
And they are traps, jails, wells.
I talk to you: you do not hear me.
I don't talk with you:
                        I talk with a word.
That word is you,
                    that word
carries you from yourself to yourself.
You, I, and fate created it.
The woman you are
is the woman to whom I speak:
these words are your mirror,
you are yourself and the echo of your name.
I too,
        talking to you,
turn into a whisper,
air and words, a puff,
a ghost that rises from these letters.

Words are bridges:
the shadow of the hills of Meknès

sobre un campo de girasoles estáticos
es un golfo violeta.
Son las tres de la tarde,
tienes nueve años y te has adormecido
entre los brazos frescos de la rubia mimosa.
Enamorado de la geometría
un gavilán dibuja un círculo.
Tiembla en el horizonte
la mole cobriza de los cerros.
Entre peñascos vertiginosos
los cubos blancos de un poblado.
Una columna de humo sube del llano
y poco a poco se disipa, aire en el aire,
como el canto del muecín
que perfora el silencio, asciende y florece
en otro silencio.
        Sol inmóvil,
inmenso espacio de alas abiertas;
sobre llanuras de reflejos
la sed levanta alminares transparentes.
Tú no estás dormida ni despierta:
tú flotas en un tiempo sin horas.
Un soplo apenas suscita
remotos países de menta y manantiales.
Déjate llevar por estas palabras
hacia tí misma.

2

Las palabras son inciertas
y dicen cosas inciertas.
Pero digan esto o aquello,
                  nos dicen.
Amor es una palabra equívoca,
como todas.
        No es palabra,
dijo al Fundador:
           es visión,
comienzo y corona
de la escala de la contemplación
—y el florentino:

over a field of static sunflowers
is a violet bay.
It is three in the afternoon,
you are nine years old and asleep
in the cool arms of a pale mimosa.
In love with geometry
a hawk draws a circle.
The soft copper of the mountains
trembles on the horizon.
The white cubes of a village
in the dizzying cliffs.
A column of smoke rises from the plain
and slowly scatters, air into the air,
that drills through the silence,
ascends and flowers
in another silence.
                 Motionless sun,
the enormous space of spread wings;
over the flat stretches of reflections
thirst raises transparent minarets.
You are neither asleep nor awake:
you float in a time without hours.
A breeze barely stirs
the distant lands of mint and fountains.
Let yourself be carried by these words
toward yourself.

2

Words are uncertain
and speak uncertain things.
But speaking this or that,
                     they speak us.
Love is an equivocal word,
like all words.
           It is not a word,
said the Founder:
               it is a vision,
base and crown
of the ladder of contemplation
—and for the Florentine:

                                    es un accidente
—y el otro:
                            no es la virtud
pero nace de aquello que es la perfección
—y los otros:
                            una fiebre, una dolencia,
un combate, un frenesí, un estupor,
una quimera.
                        El deseo lo inventa,
lo avivan los ayunos y las laceraciones,
los celos lo espolean,
la costumbre lo mata.
                                Un don,
una condena.
                        Furia, beatitud.
Es un nudo: vida y muerte.
                                    Una llaga
que es rosa de resurrección.
Es una palabra:
                        al decirla, nos dice.

El amor comienza en el cuerpo
¿dónde termina?
                            Si es fantasma,
encarna en un cuerpo;
                                si es cuerpo,
al tocarlo se disipa.
                            Fatal espejo:
la imagen deseada se desvanece,
tú te ahogas en tus propios reflejos.
Festín de espectros.

Aparición:
                            el instante tiene cuerpo y ojos,
me mira.
                        Al fin la vida tiene cara y nombre.
Amar:
                    hacer de un alma un cuerpo,
hacer de un cuerpo un alma,
hacer un tú de una presencia.

it is an accident
—and for the other:
it is no virtue
but it is born of that which is perfection
—and for the others:
a fever, an aching,
a struggle, a fury, a stupor,
a fancy.
Desire invents it,
mortifications and deprivations give it life,
jealousy spurs it on,
custom kills it.
A gift,
a sentence.
Rage, holiness.
It is a knot: life and death.
A wound
that is the rose of resurrection.
It is a word:
speaking it, we speak ourselves.

Love begins in the body
—where does it end?
If it is a ghost,
it is made flesh in a body:
if it is a body,
it vanishes at a touch.
Fatal mirror:
the desired image disappears,
you drown in your own reflections.
A shades' banquet.

Apparition:
the moment has eyes and a body,
it watches me.
In the end life has a face and a name.
To love:
to create a body from a soul,
to create a soul from a body,
to create a you from a presence.

                              Amar:
abrir la puerta prohibida,
                         pasaje
que nos lleva al otro lado del tiempo.
Instante:
               reverso de la muerte:
nuestra frágil eternidad.

Amar es perderse en el tiempo,
ser espejo entre espejos.
                         Es idolatría:
endiosar una criatura
y a lo que es temporal llamar eterno.
Todas las formas de carne
son hijas del tiempo,
                         simulacros.
El tiempo es el mal,
               el instante
es la caída;
               amar es despeñarse:
caer interminablemente,
                         nuestra pareja
es nuestro abismo.
                         El abrazo:
jeroglífico de la destrucción.
Lascivia: máscara de la muerte.

Amar: una variación,
                    apenas un momento
en la historia de la célula primigenia
y sus divisiones incontables.
                         Eje
de la rotación de las generaciones.
Invención, transfiguración:
la muchacha convertida en fuente,
la cabellera en constelación,
en isla la mujer dormida.
                         La sangre:
música en el ramaje de las venas,
                         el tacto:
luz en la noche de los cuerpos.

To love:
to open the forbidden door,
                              the passageway
that takes us to the other side of time.
The moment:
                the opposite of death,
our fragile eternity.

To love is to lose oneself in time,
to be a mirror among mirrors.
                              It is idolatry:
to deify a creature
and to call eternal that which is worldly.
All of the forms of flesh
are daughters of time,
                              travesties.
Time is evil,
                the moment
is the Fall;
                to love is to hurl down:
interminably falling,
                              the coupled we
is our abyss.
                The caress:
hieroglyph of destruction.
Lust: the mask of death.

To love: a permutation,
                              barely an instant
in the history of primigenial cells
and their innumerable divisions.
                                        Axis
of the rotation of the generations.
Invention, transfiguration:
the girl turns into a fountain,
her hair becomes a constellation,
a woman asleep an island.
                              Blood:
music in the branches of the veins,
                                        touch:
light in the night of the bodies.

                                        Transgresión
de la fatalidad natural,
                    bisagra
que enlaza destino y libertad,
                                pregunta
grabada en la frente del deseo:
¿accidente o predestinación?

Memoria, cicatríz:
—¿de dónde fuímos arrancados?,
                                    cicatriz,
memoria, sed de presencia,
                            querencia
de la mitad perdida.
                    El Uno
es el prisionero de sí mismo,
                                es,
solamente es,
                no tiene memoria,
no tiene cicatriz:
                amar es dos,
siempre dos,
                abrazo y pelea,
dos es querer ser uno mismo
y ser el otro, la otra,
                        dos no reposa,
no está completo nunca,
                        gira
en torno de su sombra,
                        busca
lo que perdimos al nacer,
la cicatriz se abre:
                        fuente de visiones,
dos: arco sobre el vacío,
puente de vértigos,
                        dos:
espejo de las mutaciones.

                    3

Amor, isla sin horas,
isla rodeada de tiempo,

                              Transgression
of nature's fatality,
                    hinge
that links freedom and fate,
                              question
engraved on the forehead of desire:
accident or predestination?

Memory, a scar:
—from where were we ripped out?
                              a scar,
memory, the thirst for presence,
                              an attachment
to the lost half.
                    The One
is the prisoner of itself,
                         it is,
it only is,
          it has no memory,
it has no scars:
                    to love is two,
always two,
               embrace and struggle,
two is the longing to be one,
and to be the other, male or female,
                              two knows no rest,
it is never complete,
                    it whirls
around its own shadow,
                         searching
for what we lost at birth,
the scar opens:
                    fountain of visions,
two: arch over the void,
bridge of vertigoes,
                    two:
mirror of mutations.

                         3

Love, timeless island,
island surrounded by time,

claridad
sitiada de noche.
Caer
es regresar,
caer es subir.
Amar es tener ojos en las yemas,
palpar el nudo en que se anudan
quietud y movimiento.
El arte de amar
¿es arte de morir?
Amar
es morir y revivir y remorir:
es la vivacidad.
Te quiero
porque yo soy mortal
y tú lo eres.
El placer hiere,
la herida florece.
En el jardín de las caricias
corté la flor de sangre
para adornar tu pelo.
La flor se volvió palabra.
La palabra arde en mi memoria.
Amor:
reconciliación con el Gran Todo
y con los otros,
los diminutos todos
innumerables.
Volver al día del comienzo.
Al día de hoy.

La tarde se ha ido a pique.
Lámparas y reflectores
perforan la noche.
Yo escribo:
hablo contigo:
hablo conmigo.
Con palabras de agua, llama, aire y tierra
inventamos el jardín de las miradas.

                                        clarity
besieged by night.
                        To fall
is to return,
                    to fall is to rise.
To live is to have eyes in one's fingertips,
to touch the knot tied
by stillness and motion.
                            The art of love
—is it the art of dying?
                        To love
is to die and live again and die again:
it is liveliness.
                    I love you
because I am mortal
and you are.
                    Pleasure wounds,
the wound flowers.
In the garden of caresses
I clipped the flower of blood
to adorn your hair.
The flower became a word.
The word burns in my memory.
Love:
        reconciliation with the Great All
and with the others,
                        the small and endless
all.
    To return to the day of origin.
The day that is today.

The afternoon founders.
Lamps and headlights
drill through the night.
                        I write:
I talk to you:
                I talk to me.
With words of water, fire, air, and earth
we invent the garden of glances.

Miranda y Ferdinand se miran,
interminablemente, en los ojos
—hasta petrificarse.
                              Una manera de morir
como las otras.
                    En la altura
las constelaciones escriben siempre
la misma palabra;
                              nosotros,
aquí abajo, escribimos
nuestros nombres mortales.
                              La pareja
es pareja porque no tiene Edén.
Somos los expulsados del Jardín,
estamos condenados a inventarlo
y cultivar sus flores delirantes,
joyas vivas que cortamos
para adornar un cuello.
                              Estamos condenados
a dejar el Jardín:
                              delante de nosotros
está el mundo.

                    Coda
Tal vez amar es aprender
a caminar por este mundo.
Aprender a quedarnos quietos
como el tilo y la encina de la fábula.
Aprender a mirar.
Tu mirada es sembradora.
Plantó un árbol.
                    Yo hablo
porque tú meces los follajes.

Miranda and Ferdinand gaze forever
into each other's eyes
until they turn to stone.
                        A way of dying
like others.
                    High above
the constellations always write
the same word;
                    we,
here below, write
our mortal names.
                        The couple
is a couple because it has no Eden.
We are exiles from the Garden,
we are condemned to invent it,
to nurture our delirious flowers,
living jewels we clip
to adorn a throat.
                        We are condemned
to leave the Garden behind:
                                before us
is the world.

                    Coda
Perhaps to love is to learn
to walk through this world.
To learn to be silent
like the oak and the linden of the fable.
To learn to see.
Your glance scatters seeds.
It planted a tree.
                    I talk
because you shake its leaves.

Author's Notes

These notes, written in the margins, are expendable. They are neither commentaries nor explications. In general, the poems do not need interpretation; or rather, the interpretation of a poem should be made by its reader, not its author. Yet it seems to me useful to include these notes. Useful and, in certain cases, interesting. I have always believed in Goethe's maxim: all poems are occasional, the products of circumstance. Every poem is a response to an exterior or interior stimulus. The circumstance is that which surrounds us and which, whether as obstacle or spur, is the origin of the poem, the accident that provokes its appearance. But the circumstances are neither explanations nor substitutes for the poems, they are autonomous realities. Poems are born from a circumstance and yet, as soon as they are born, they free themselves and take on a life of their own. In poetry the mystery of human freedom unfolds: accidents, circumstances, are transformed into a work. For this reason, notes are expendable.

Some poets have preferred to insert their poems into a narrative: in those works the prose sustains the poetry as naturally as the earth sustains a tree. The true circumstance is thus transformed into a literary context in which the poem is set. These circumstances may be allegorical, like those employed by Dante in the *Vita Nuova,* or episodic, like the series of incidents and landscapes of Basho's *Narrow Roads* and other travel books. They are quite different books, yet both respond to an idea that seems to me true: every book of poems is essentially a diary . . . My intentions are less ambitious: to bring the texts closer to the reader.

PIEDRA DE SOL / SUNSTONE

The well-known Aztec calendar measured the synodical period of the planet Venus—for the ancient Mexicans one of the manifestations of the god Quetzalcoatl, the Plumed Serpent. The calendar begins, as the poem does, at Day 4 Olin (movement) and ends 584 days later at Day 4 Ehecatl (wind), the conjunction of the planet and the sun: the end of a cycle and the beginning of another. *Sunstone* is composed of 584 lines of eleven syllables each.

HOMENAJE Y PROFANACIONES / HOMAGE AND DESECRATIONS

These notes were written for a friend's critical study of the poem, which, in the end, was never written:

Homage and desecrations in the sense of Picasso's painting of *Las Meninas*: transfiguration and disfiguration.

Quevedo's sonnet is a moment in the tradition of Western erotic poetry, and it is impregnated with Petrarchism and Neoplatonism: the eternalness of love. It is a sonnet written from and about the belief in a soul separate from its body, a soul that survives. *Homage and desecrations* is a poem written from other beliefs.

Homage and desecrations is a sonnet of sonnets. The 14 lines of a sonnet join and are divided in various ways: 8/6; 4/4/6; 4/4/3/3; 4/4/4/2; etc. The sequence has the tripartite form, which is the most common: 4/4/6. The first "quatrain" is "Aspiration," the second "Respiration," and the "sestet" (two tercets) is "Tomb." In turn, the tripartite division is reproduced in each of the two "quatrains" and the "sestet."

The sonnet is a form that unfolds according to a strict logic: the first quatrain is the exposition, the second the conflict, and the sestet the resolution. Affirmation, negation, solution. *Homage and desecrations* follows this scheme: "Aspiration" = inhalation = affirmation = homage; "respiration" = exhalation = negation = desecration; "Tomb" = neither dates (biographical, historical) nor non-dates (biological or spiritual immortality) but rather the moment = death is not negated, death itself exalts life = homage and desecration.

Homage and desecrations is a sonnet "amplified" eight and a half times. $14 \times 8.5 = 119$ lines, divided into two "quatrains" and two "tercets": "Aspiration" (34 lines), "Respiration (34 lines), "Tomb 1" (25 lines) and "Tomb 2" (25 lines). The poem has 118 lines instead of 119: "Tomb" should have 51 lines, an odd number that would have precluded a division into two equal parts.

"Aspiration": first "quatrain". 34 lines = 4 lines $\times$ 8.5. It is divided into three parts: 1, 2, and 3. "Aspiration" is also a sonnet of sonnets. Part 1 (10 lines) is the first "quatrain"; Part 2 (10 lines) is the second; and Part 3 the "sestet." In turn, Part 3 is a sonnet by itself: 14 lines.

"Respiration": second "quatrain." It repeats the number of lines, the tripartite division and the structure of "Aspiration." It is another sonnet of sonnets ending in a sonnet.

"Tomb" is divided into two parts, the two "tercets." In turn, each "tercet" is divided into three parts. Parts 1 and 2 are equally sonnets of sonnets. Each part is composed of 25 lines. Part 1: 5/10/10. Part 2 repeats the structure in reverse order: 10/10/5.

"Aspiration" recapitulates and exalts the Petrarchian themes of Quevedo: memory, love and the immortality of the soul. Affirmation.

"Respiration 1" initiates the negation that adopts, at the beginning, the form of questions; in Part 2 the negation becomes absolute: neither the body nor nature have memory; in Part 3 the negation becomes a burlesque. Negation.

"Tomb 1": the first stanza has 5 lines without punctuation that repeat the negative themes of Quevedo with the same words. It is an elaboration of "Respiration 3." In the second stanza (10 lines, like the first and second parts of the two "quatrains") the negation is transformed into erotic affirmation.

In the third stanza (10 lines) eroticism triumphs over history and death ("Italica celebrated den of rats"). Reintegration with the natural world ("Daphne's column has become a tree"). Affirmation.

"Tomb 2": the first stanza (10 lines) continues the theme of the third part of "Tomb 1": between history and its dates (history as producer of ruins) and the anonymous immortality of nature (which kills individuals so that the species may survive) is man and woman: eroticism splits from history and biology (it is individualized and sacralized sex). In the second stanza of "Tomb 2" (10 lines) the Platonic and Christian themes of Quevedo are transformed into the erotic and the profane: God is an instantaneous God created by the union of two bodies and destroyed by their separation. The third stanza (5 lines) repeats the themes of the poem, pointing toward a state beyond negation and affirmation. Eroticism is not eternity, but neither is it the time of clocks or the time of nature. Not immortality, but rather vivacity.

SALAMANDRA / SALAMANDER

COSANTE
Cosante: A short composition of rhyming couplets that alternate with a refrain of one or two lines. The word comes from a mistranscription of a French term: *cosante = cosaute = coursault,* a French court dance of the 15th century. It is a traditional form that has frequently been used in Spanish in this century (Darío, Jiménez, Lorca, Alberti).

USTICA
Ustica is a volcanic desert island in the Sicilian sea. It was a Saracen graveyard.

DISCOR
Discor: A courtly song of the 15th century, in which various meters are combined. The word comes from the Provençal *descart* (discord) and, according to Tomás Navarro Tomás (*Métrica castellana*) "refers as much to the mixing of various meters as to the confusion of emotions." I would say: contradictory emotions, as in this poem.

SOLO A DOS VOCES / SOLO FOR TWO VOICES

Virgin móndigas: The *mundum* was the basket of bread and cakes offered to Ceres in April; from this word was derived the Spanish *monda,* a gift of various kinds of bread and beeswax offered to Our Lady of the Meadow at Easter, or, elsewhere, to Our Lady of the Rock on St. John's Day. The maidens who carried the offering were called *móndigas* (Latin *mundicas*).
the body of Ceres: Ceres / Demeter was "three times plowed"—or possessed on a field that had been plowed three times—by Jason. One of her epithets was *Melaina:* the black. In her wanderings, searching for Persephone and fleeing from Poseidon, the goddess transformed herself into a mare. The god immediately changed into a stallion, and their union was realized in that animal

form. In Arcady there was a sanctuary in which Demeter was venerated in the form of a black stone. In others she was represented in human form, as a woman wrapped in a black shawl and with the head of a mare.

jars, slender-throated: in the 16th century, those with long necks which made drinking difficult.

the child of the stone: In Spain, outside the villages, there was often a large stone with a hollow where foundling children were placed; they were known as "children of the stone."

The world is no longer the fable of "cakes and fancy bread" of the virgin *móndigas.* One must go in a direction opposite to that of the clock, the calendar and the dictionary, in search of the black stone. Not to return—the circular time of myth—but to find the point of intersection: convergence, the present tense of poetry.

Day after day we can only say *today is the winter solstice in the world.* Division is our condition.

LADERA ESTE / EAST SLOPE

With the exception of "A tale of two gardens," composed aboard ship between Bombay and Las Palmas in November 1968, all of the poems of *East slope, Toward the beginning, Blanco,* and *Topoems* were written in India, Afghanistan, and Sri Lanka (then Ceylon).

[The title is an homage to the Sung Dynasty poet Su Shih (1037–1101), whose pen name was Su Tung-p'o, "East Slope."]

THE BALCONY

Chinese poet: Li Yu (937–978), the last Emperor of the Southern Tang Dynasty. The lines quoted are from a poem written in exile.

pilgrim's steps: the first verse of Góngora's dedication to the *Soledades.*

THE TOMB OF AMIR KHUSRU

The sanctuary of Nizam Uddin is in Delhi: a mosque, a water-tank, and various tombs. The most important are those of the saint and of the poet. Nizam Uddin was a Sufi theologian and mystic of the 14th century. His debate with Sultan Ghiryasun-in Tughluq is well-known (see the chronicles of Ibn Bahtuta). Amir Khusru, friend and disciple of Nizam Uddin, was a poet and musician. Although of Afghan origin, he is considered the founder of Urdu poetry. On his tomb is an inscription in Persian, with this harsh praise: "the sweet-tongued parrot."

THE RELIGIOUS FIG

The tree in question is the pipal (*Ficus religiosus*), first cousin to the banyan (*Ficus benghalensis*). Both "commonly start life from seed deposited by birds, squirrels, monkeys or fruit-eating bats, high upon a palm or other native tree. The roots grow downward, attached to the trunk of the supporting plant, but they are not parasitic. . . . The name *strangler* has become attached to fig trees which grow in this way, since their descending and encircling roots be-

come at length largely or entirely confluent, forming a pseudo-trunk hollow at the center through which the dead or dying host tree passes. . . . Roots of fig trees often enter cracks and crevices, thus causing serious injury to buildings and walls on which they are growing." (*Encyclopedia Britannica*) The properties of these trees, as well as their longevity—they last for hundreds of years, and some, it is said, are contemporaries of the Buddha or of his immediate disciples—are even more disturbing than their scientific name: the religious fig. For Buddhists, the pipal is sacred, and it appears in their sculpture, paintings, poems and religious tales. In its shade Gautama perceived the truth and became the Buddha, the Enlightened One; for this reason it is called the Tree of Enlightenment (*bo*, or *boddhi*). The pipal is also sacred to Hindus. It is associated with the Krishna cult; on its branches the god hung the clothes of the cowgirls who bathed in the Jamuna, a favorite theme of erotic poems and paintings. The pipal and the banyan are central elements of the Indian landscape: every hamlet has one, center for meeting and play, sanctuary of Hanuman, the monkey god, trysting-place for lovers, and witness to the visions of mystics. These short religious poems are from the Punjab:

> The pipal's song
> lights me up within.
> *
> The pipal sings, the banyan sings,
> and the green mulberry sings too.
> Pause, traveler, and listen to them,
> put some peace in your heart.
> *
> Under the banyan tree
> something passed by:
> I saw God.
> *
> Give me, pipal, give me
> the path to the heavens.
> *
> Pipal, serene tree,
> untie the knot of my soul.

THE MAUSOLEUM OF HUMAYUN

Son of Babur, conqueror of India, the emperor Humayun was the father of the great Akbar. The family descends from Timur or Tamerlan, Marlowe's Tamburlaine. Near the mausoleum there is, or used to be, one of those centers for the study of what economists and sociologists call "underdevelopment," bustling with Indian functionaries and foreign "experts."

FOR THE PAINTER SWAMINATHAN

Kali: the great goddess, in her manifestation as destroyer-creator. She is black, and among her ornaments are a collar or garland of skulls.

IN THE LODI GARDENS

The mausoleums of the Lodi Dynasty (1451–1526) in Delhi.

THE DAY IN UDAIPUR

The palaces of Udaipur (Rajasthan) belong to the final phase of Indo-Saracen art, and are from the 17th and 18th centuries.

lingam: phallic symbol of the god Shiva.

yoni: sexual symbol of the great goddess.

In a rented costume: In the bazaar of Udaipur there is a shop where grooms—most of them boys from the peasant castes—rent the sumptuous costumes that tradition requires for the wedding ceremony.

in Kali's court: Small goats are sacrificed in the Kali temples. The meat of the decapitated animals is sold to the devout, and the rest given to beggars.

Over the pale god: Black Kali dances on the prone (dead or asleep) body of the ascetic Shiva, who is covered with ashes. In her frenzy she decapitates herself. (Cf. the interpretation of the myth in Heinrich Zimmer's *Myth and Symbols in Indian Art and Civilization.*)

WHITE HUNTRESS

Dak bungalow: former post houses, now inns for travelers in remote places.

Holland & Holland: hunting rifle.

GOLDEN LOTUSES (1, 2, 3)

Cf. *Chin P'ing Mei,* the Ming Dynasty novel.

GOLDEN LOTUSES (2)

Parsi: Fleeing the Arab invasion of Persia, the Parsis arrived on the west coast of India in the 7th and 8th centuries. They worship fire.

PERPETUA ENCARNADA

The globe amaranth is an herbaceous plant whose flowers remain intact for months. In the poem: poetry.

banyan: the Bengal fig (*Ficus benghalenesis*). On the "moeurs" of this tree, see, above, the note on the religious fig. Banyans rise to a height of three or four meters and, owing to the profusion of their aerial roots, their diameter is enormous. A banyan seems more like many trees than one. It was named by European travelers after the merchants (*banyans*) who had erected a pagoda in its shade.

ON THE ROADS OF MYSORE

Tipu Sultan: "The Tiger of Mysore," and the principal Mughal prince to fight, at the end of the 18th century, against the British in South India. Among his military and political advisers were various French officials. He founded the Jacobin Club of Mysore and was its first (and only) president.

Tiger of Alica: Antonio Losada, Mexican guerrilla of the 19th century.

OOTACAMUND

There is an extensive anthropological literature on the Todas: their rites associated with the milking of sacred buffaloes, their kinship system, their oral poetry, and their supposed practice of child-sacrifice. Their origin is unknown. Some see them as descendants of a colony of Sumerian-Babylonian merchants who were unable to return to Mesopotamia on account of the Aryan invasions of the 2nd millennium B.C. Advocates of this hypothesis, now doubted by many anthropologists, cite in their defense the prayers recited by the priests as they milk the sacred buffaloes, which contain, more or less distorted, the names of various Sumerian-Babylonian gods, among them the goddess Ishtar. The priests admit that these names are meaningless to them.

neem: (*Azadirachta indica*), an abundant shade tree. Its roots and bark are medicinal, its twigs are used for cleaning teeth. Like the pipal and the banyan, the neem appears in the folk poetry, but it is associated with erotic rather than spiritual life, as in, for example, this song from Uttar Pradesh:

> Father, never cut this neem:
> the neem is a shelter for sparrows.
> Father, never scold your daughters:
> daughters are like sparrows.
> If the sparrows fly away
> the neem will be sad.

COCHIN

The origin of the Christian community of Cochin goes back to the 7th century. The Cochin Christians are Nestorians. With the arrival of the Portuguese, they established ties with the Roman Church.

THE APOTHEOSIS OF DUPLEIX

Until recently the statue of Count Dupleix was found in a plaza of Pondicherry, the former French colony. After independence, the people began to annoint it with oil, as if it were an image of Hanuman, the monkey god, or some other popular god. The municipals authorities decided to take the statue down.

MADURAI

Minakshi: one of the forms of the great goddess, venerated among the Tamils of South India.

HAPPINESS IN HERAT

Herat was the center of the so-called "Timurian Renaissance" that restored Islamic civilization in Persia and India. Shah Rakh, son and successor of Timur, was governor of Herat when Clavijo, the Spanish ambassador, visited Samarkand. (On the atmosphere of Herat, see the memoirs of Babur.)

memories of a poet-saint: the Sufi mystic and theologian Hazrat Khwaja

Abdullah Ansar. A free spirit, enemy of the orthodoxy and also of superstitions. But now, in the garden which surrounds his tomb, there is an almost withered tree where devotees drive iron nails to ward off the evil eye and to cure toothaches.

the wind of the hundred days: blows in the summer.

the turquoise cupola: on the mausoleum of Gahar Shad, Shah Rakh's wife. It is in a park frequented every Friday by the women of Herat.

Boddhisattva: a future Buddha, before attaining Nirvana. For Hinayana Buddhism, the ideal of perfection is the Arhat, the sage who has conquered, through solitary meditation following the Buddha's example, beatitude; for the followers of Mahayana Buddhism, the ideal is the Boddhisattva who, moved by an infinite wisdom (*prajna*) and an equally infinite compassion (*karuna*), has renounced Nirvana in order to help other beings on the path to illumination (*boddhi*). But the Boddhisattvas are neither gods nor saints, in the Christian and Moslem sense of the word: they are non-entities; their essence is the void (*sunyata*).

the thirty-two marks: according to the Mahayana Sutras, certain signs and marks appear on the bodies of Boddhisattvas, usually 32 in number. Nevertheless, the same texts insist on the illusory nature of these marks: what distinguishes a Boddhisattva from other beings is the absence of marks.

diamond body: the essence of the Buddha is incorruptible like a diamond. Tantric Buddhism is the "path of the lightning-bolt and the diamond" (*Vajrayana*).

THE TANGHI-GARU PASS

On the old road from Kabul to Peshawar.

SHARJ TEPE

The French Archeological Mission has discovered on Sharj Tepe, a hill on the road between Pul-I-Khumari and Kunduz, a cemetery of White Huns, the nomads who, in the 4th and 5th centuries, destroyed the Greco-Iranian-Buddhist civilization of Bactriana and Gandhara and which, in the north of India, contributed to the collapse of the Gupta empire.

VRINDABAN

One of the sacred cities of Hinduism, on the outskirts of Mathura, celebrated since antiquity by the followers of Krishna. According to legend, Krishna spent his childhood and youth in the forest of Vrindaban—now a barren plain—producing wonders, seducing the cowgirls, and falling in love with Radha.

saddhu: a wandering ascetic.

blue tree: Krishna is blue and black, like the Mexican god Mixcoatl.

cleft stone: certain stones are symbols of the Great Goddess, particularly those whose form suggests a vulva (*yoni*).

Gone gone: the expression "Gone gone to the Other Shore" occurs frequently in the Prajnaparamita Sutra. It means: the sage has crossed over from this bank, the phenomenal world, to the other, Perfect Wisdom.

HIMACHAL PRADESH (1, 2, 3)
A state in the western Himalayas. Some believe that the Vedic hymns were composed there.

INTERRUPTIONS FROM THE WEST (1)
Poem written while I was reading Robert Conquest's book on Stalin's purges.

INTERRUPTIONS FROM THE WEST (2)
[*Juárez:* Benito Juárez (1806–1872), a pure-blooded Zapotec, President of Mexico (with some interruptions) from 1858 to 1872, during which time he defeated Maximillian's French-led forces. In reputation, Mexico's Lincoln: promoter of civil rights and government reform.
Porfirio: Porfirio Díaz (1830–1915), President of Mexico from 1876 to 1880 and from 1884 to 1911, who reversed many of Juárez' reforms. He was overthrown by the Mexican Revolution. His motto was *Pan o Palo* (Bread or the Club), and his best-known remark: "Poor Mexico, so far from God and so close to the United States."
Zouaves: certain infantry regiments of the French Army who fought in exotic "Oriental" uniforms in Africa, the Crimean War, etc. They served Maximillian when he was Emperor of Mexico from 1864 to 1867.
the Silver Band: los plateados, a band of outlaws in the 1860's and 1870's who fought against the French. They were made famous by Ignacio Altamirano's novel, *El zarco* (The Wall-Eyed).
Zapata and Villa: Emiliano Zapata (1880–1919) and Pancho Villa (1877–1923). The well-known leaders of the Mexican Revolution: Zapata in the south, Villa in the north. For a brief period in 1914 both shared the presidency. Both were assassinated.
Soto y Gama: Antonio Díaz Soto y Gama (1880–1967). Adviser to Zapata, who took over the leadership of the movement after Zapata's death.
the brothers Flores Magón: Enrique, Jesús, and Ricardo Flores Magón: revolutionary anarchists who ran two prominent anti-Díaz newspapers: *El Demócrata* and *La Regeneración.* Ricardo, the best-known of the three, was exiled to the United States. In 1918 he was sentenced to 20 years in Ft. Leavenworth for writing seditious literature; he died four years later in prison.]

INTERRUPTIONS FROM THE WEST (3)
The Organizational Committee of the Cultural Program of the Mexico Olympiad asked me to write a poem celebrating the "spirit of the Olympics." I declined the invitation, but the turn of events led me to write this small poem in memory of the massacre of Tlatelolco. [In October 1968 an unknown number—probably in the hundreds—of student demonstrators were massacred in Mexico City by the government shortly before the Olympic Games. In protest, Paz resigned his post as Ambassador to India.]

HIMACHAL PRADESH (3)
Poem written in May 1968, the time of the student demonstrations in Paris.

READING JOHN CAGE

The italicized quotations are from Cage's book, *A Year from Monday*.

Nirvana is Samsara / Samsara is not Nirvana: Mahayana Buddhist literature, particularly the Tantric, often has the formula "Samsara is Nirvana, Nirvana is Samsara." It is a phrase which condenses one of the central ideas of the Madhyamika school: the ultimate identicalness of the two realities: phenomenal (Samsara: the cycle of desire ignorant of itself and of its reincarnations) and transcendental (Nirvana: a state of beatitude indefinable except by negation: it is neither this nor that). Samsara and Nirvana are equivalent because both are aspects of the void (*sunyata*), and the true sage transcends their apparent duality. But the poem says something slightly different . . .

CONCERT IN THE GARDEN

Vina and mridangam: musical instruments of South India (Carnatic school).

LETTER TO LEÓN FELIPE

This poem contains a reference to Che Guevara which should be explained. As I was writing the poem I learned of the death of Guevara in Bolivia. Like most Latin Americans, I was moved and unsettled by the news, although our ideas were quite different and I had never approved of his military and political methods. But Guevara died not only for an ideology which I do not share, but for the independence and the union of our countries. I see him not primarily as a theorist and practitioner of a Marxism which was, ultimately, simplistic and not very Marxist, but rather as an heir to Bolívar and all those who, since our frustrated Independence, have fought for the union of our peoples. Divided, we have been crushed and humiliated; united, we could rebuild (build) ourselves . . .

Jamuna: tributary of the Ganges.

fix vertigoes: Rimbaud, "Alchemy of the Word."

The quotation from Bataille comes from *L'Expérience intérieure*.

SUNYATA

Sunyata is a term that designates the central concept of Madhyamika Buddhism: the absolute void. A radical relativism: all is relative and impermanent, not excluding the affirmation of the relativeness and impermanence of the world. The proposition that denies reality also dissolves, and thus the negation of the world by criticism is in itself a recuperation: Samsara is Nirvana because all is *sunyata*. (Cf. Stcherbatsky, *Buddhist Logic*, and the commentary by Chandrakirti on Nagarjuna, *Prasanapada*, in the excellent French translation by Jacques May.)

HACIA EL COMIENZO / TOWARD THE BEGINNING

WIND FROM ALL COMPASS POINTS

[To correspond to Paz's revision of the text, p. 261 lines 30–35 have been added to the Blackburn translation.]

The first stanza refers to the bazaar in Kabul and the river that crosses the

city; the second to a neighborhood in Paris; the others, to various places in northern India, western Pakistan, and Afghanistan.

A great flock of crows: Rubén Darío, "Song of hope #10," in *Songs of life and hope.*

Santo Domingo: the poem was written during the American intervention in the Dominican Republic.

If we had the munitions: Mexican history schoolbooks attribute this statement to General Anaya when he surrendered the Plaza de Churrubusco to General Scott, the head of the U.S. troops that invaded Mexico in 1847.

Datia: the palace-castle in the walled city of the same name, in Madhya Pradesh. Built on a black craggy promontory, it towers over the city and the plain. According to Fergusson, it is the finest example of palace architecture of the 17th century. It was built by Raja Bir Singh Deo, a military man pledged to the Emperor Jahangir. Seen from the plains, it looks like a giant iceberg of stone; half of the structure is hidden by the rock, which has been excavated to form rooms and galleries. (Cf. Percy Brown, *Indian Architecture. Islamic Period*). Datia was never inhabited, except by bats, snakes, and scorpions: its owner was assassinated before he could move in, and since then no one else has dared try. The perfect geometry of its courtyards, rooms, and galleries evokes not so much the castles of Sade, but the feverish and circular rigor of his thought. A solipsism of stone responding (corresponding) to verbal solipsism. Love is inseparable from eroticism but it crosses through it unharmed.

Salang Pass: a pass in the mountains of the Hindu Kush, between Kabul and Kunduz.

Usbek: the Usbek nation, of Turkish origin, has now been divided by the U.S.S.R. and Afghanistan. The Afghani branch is nomadic.

Bactria: the passage refers to this ancient province, one of the great centers of non-Mediterranean Hellenism, victim of the Kushans, the White Huns, and other invasions of nomads from Central Asia.

At the top of the world: the great god Shiva (*Mahadeva*) and Parvati, his consort, live on Mount Kailasa, in the Himalayas.

In a fig leaf: an allusion to the children's book, *Almendrita* (Little Almond).

WITH EYES CLOSED

blind stone: a precious stone that has no transparency.

frank stone: one easy to carve.

MAITHUNA

Maithuna: the erotic couples that cover the walls of certain Buddhist and Hindu temples; sexual union; the path of illumination, in Tantric Buddhism and Hinduism, through the conjunction of *karuna* (passion) and *prajna* (wisdom). *Karuna* is the masculine side of reality and *prajna* the feminine. Their union is *sunyata*, the void . . . empty of its emptiness.

The seventh section of the poem is an imitation of Li Po.

SUNDAY ON THE ISLAND OF ELEPHANTA

The sculpture in the 7th-century Shivaite caves of Elephanta, near Bombay, is among the most beautiful in Indian art. The reliefs represent scenes from

the legends of Shiva and Parvati. The religious fervor of the Portuguese muti-
lated, but did not destroy, their beauty.

A TALE OF TWO GARDENS

[*Mixcoac:* Paz's childhood village, now part of Mexico City.]
[*Ajusco:* volcano in the Valley of Mexico.]
Almendrita: "Little Almond," character in the children's book of that name.
Yakshi: female deity of trees and plants.
Prajnaparamita: prajna is wisdom and *paramita* is perfection: Perfect Wisdom;
the other bank; a female deity of Mahayana Buddhism, like our Sophia;
woman and, in Tantric Buddhism (*Vajrayana*), her vulva; the plenitude in the
void.
Nagarjuna: Buddhist philosopher of the 2nd century.
Dharmakirti: Buddhist poet and logician of the 7th century.

BLANCO

Patience, patience: cf. Livingstone's diary.
water and ember: the "burnt water" of the Aztecs. [See note to "Return,"
below.]
the tall beasts: the sonnet by Quevedo, *"Traigo todas las Indias en la
mano . . ."* ("I carry all of the Indies in my hand . . .").

TOPOEMAS / TOPOEMS

Topoem = *topos* + poem. A spatial poetry, in contrast to temporal, discursive
poetry. A recourse from discourse.
The six topoems are an implicit (and now explicit) homage to ancient and
recent masters of poetry: José Juan Tablada [the Mexican poet who introduced
both the haiku and the *calligramme* into Spanish]; Matsuo Basho and his dis-
ciples and successors (and R. H. Blyth, for his 4 volumes of *Haiku,* and Donald
Keene who opened the doors of Japanese poetry for me); the Chinese poets
and calligraphers (and Arthur Waley for his many translations); Apollinaire,
Arp, and Cummings; and Haroldo de Campos and the young Brazilian poets
of *Noigandres e Invenção.*

TRAVELER'S PALM

(*Ravenala madagascariensis*). "A tree whose leaves are arranged in a peculiar
fanlike shape. The sheathing leaf-bases form receptacles in which considerable
quantities of water are stored, and hence the name." (*Guide* to the Royal
Botanical Gardens of Paradeniya, Kandy).

PARABOLA OF MOVEMENT

Cf. chapter 56 of Julio Cortázar's *Hopscotch.*

NAGARJUNA

The "I negate" falls, separates into two and thus negates the ego, negates
itself. It is the method of reduction to the absurd: *prasanga,* the art of extract-

ing the "necessary consequence" of our imprudent affirmations and negations. The result is not nothing, as nothing is also the negation of being, but rather suspension, *sunya*, a total zero, "the emptiness empty of its emptiness."

IDEOGRAM OF FREEDOM
A semantic constellation, in the literal and figurative sense: "*sino* (fate) is the semi-occult duplicate of *signo* (sign): celestial sign, constellation (*signum*) . . . The graphic distinction between *sino* and *signo* was not established until quite late." (Joan Corominas: *Critical-Etymological Dictionary of the Spanish Language*)

REVERSIBLE MONUMENT
The form of this topoem alludes to the stepped pyramids of Mesoamerica and to certain temples in India and Southeast Asia.

CIPHER
Originally the word *cifra* meant, in Spanish, zero, and not merely any digit. The English *cipher* still retains the original meaning. *Cifra / cipher* comes from the Arabic *sifr* (zero, void), which is none other than "the Sanskrit word *sunya*, derived from the root *svi*, to swell. Our ancestors, with a fine instinct for the dialectical nature of reality, frequently used the same verbal root to denote opposite aspects of a situation." (Edward Conze, *Buddhism*). Cipher (empty-full) → Calm.

VUELTA / RETURN

3 NOTATIONS / ROTATIONS
These three texts accompanied three movable designs by Toshiro Katayama, published in 1974 by the Carpenter Center for Visual Arts, Harvard University. It is a game that continues the experience of *Discos visuales* (Visual disks), published in 1968 in collaboration with Vicente Rojo.

RETURN
the pain of dying: Masaoka Shiki (1867–1902). [Translated by Paz in *Versiones y diversiones.*]
whores / pillars: "Crepúsculos de la ciudad II" [an untranslated early Paz poem].
atl tlachinolli: a Nahuatl expression meaning "(something) burnt / water." The hieroglyph is often found on Aztec monuments. Alfonso Caso states that "water" also means blood, and that "(something) burnt" also refers directly to fire. The opposition of water and fire is a metaphor for cosmic war, which is modeled, in turn, on the wars between men. The hieroglyph *atl tlachinolli* appears time and again on Aztec monuments, particularly on the bas-reliefs of the *teocalli* of the sacred war. Cities and civilizations are founded on an image: the union of opposites, water and fire, was the metaphor for the foundation of the city of Mexico. The image appears in other civilizations— Novalis' "wet flame," for example—but nowhere else has it so totally inspired

a society as in the case of the Aztecs. Although the meaning of *atl tlachinolli* was religious and military, the vision that the metaphor unfolds before our eyes goes beyond the imperialist idea to which it has been reduced. It is an image of the cosmos and man as a vast contradictory unity. Tragic vision: the cosmos is movement, and the axis of blood of that movement is man. After wandering for some centuries, the Mexica founded México Tenochtitlan precisely in the place indicated in the auguries of their god Huitzilopochtli: the rock in the lake; on the rock, a nopal cactus, the plant whose fruit symbolizes human hearts; on the nopal, an eagle, the solar bird that devours the red fruit; a snake; white water; trees and grass that were also white . . . "*Atl tlachinolli*: the clear and lovely fountain that day gushed a reddish color, almost like blood, and split into two streams, and in the second stream the water was so blue it was cause for wonder . . ." (Codex Ramírez: *Account of the origin of the Indians who inhabit this New Spain, according to their stories*, 16th Century).

IN THE MIDDLE OF THIS PHRASE . . .
unused light: Fray Luis de León, "A Francisco de Salinas."

THE PETRIFYING PETRIFIED
the one-eyed dog: Xolotl, the double of Quetzalcoatl; the god who, in penance, pulled out an eye and descended to the underworld in the form of a dog.
navel of the moon: Mexico is a word composed of *metzli* (moon), *xictli* (navel), and *co* (place): the place of the navel of the moon; that is, in the navel of the Lake of the Moon, as the lake of Mexico was called.
Chanfalla: Cervantes, *El retablo de las maravillas*.

THE SKIN OF THE WORLD, THE SOUND OF THE WORLD
The poem refers to various paintings and collages by Robert Motherwell: the elegies to the Spanish Republic, the homages to Mallarmé, and the series *Je t'aime* and *Chi ama crede*.

FACING TIME
The italicized lines are titles of photographs by the Mexican photographer Manuel Álvarez Bravo.

CIRCULATORY POEM
The poem was written for the exhibition "The Art of Surrealism" organized by the Museum of Modern Art of New York for Mexico City in 1973. The poem was painted on the wall of the spiral steps that led to the show.
Guillaume: Apollinaire's "Lettre-Océan" was the first *calligramme* he published (1914). Dedicated to his brother, Albert Kostrowitzky, who lived in Mexico from 1913 on, it was written on a "postcard from the Mexican Republic." In "Lettre-Océan" occurs the phrase that intrigued André Breton ("you will never understand the Mayas") and various Mexican expressions, like *hijo de la chingada* ["motherfucker," more or less] spelled, curiously, in Italian. *Cravan:* Arthur Cravan, English poet and boxer. Fleeing the war, he went to Barcelona in 1916 (in Madrid the champion Jack Johnson k.o.'d him in the

first round) and then, in 1917, to New York, where he was arrested when he attempted to undress at a conference on modern art. (Marcel Duchamp: "Quelle belle conférence!") At the entrance of the U.S. into the war, Cravan fled to Mexico. It seems that he was a professor of physical culture and, in 1919, gave some lectures on Egyptian art at, of all places, the Military College. The same year he attempted to sail the Gulf of Mexico in a small boat, and like the god Quetzalcoatl, disappeared into its waters forever. He was 33.

Artaud Breton . . . : Surrealist poets and artists who lived in Mexico. [Antonin Artaud, André Breton, Benjamin Péret, Luis Buñuel, Leonora Carrington, Remedios Varo, Wolfgang Paalen, Alice Rahon Paalen, Gunther Gerzo, Frida Kahlo, Alberto Gironella, César Moro.]

BLACK AND WHITE STONE

I was not a friend of Joseph Sima's, but in 1969 and 1970 I had the fortune of seeing him a few times, always briefly, at the gallery Le Point Cardinal in Paris. His presence and his conversation created an impression on me that was no less vivid than his painting. Two days before writing the poem and dreaming the dream that are the object of this note, I had received a letter from Claude Esteban, asking me for a text—perhaps, he hinted, a poem—in homage to Sima. I barely remember my dream, except for the image of an almost spherical stone—a planet? giant gourd? light bulb? fruit?—floating in the air, slowly changing color (but what were the colors that alternately lit up and grew dark?) spinning around itself and over a landscape of fine sand covered with eyes—the eyes of Marie José who slept at my side. The undulating yellow landscape had turned into eyes that watched the stone breathe, dilating and contracting, suspended in the air. Then I was woken by a voice that said "*Sima siembra*" ("Sima seeds"). I got up and wrote, almost embarrassedly, the poem that Esteban had requested. Three days later I read in *Le Monde* that Sima had died. As the newspaper arrived in Mexico three days after publication in Paris, I had dreamed the dream and written the poem just when Sima died.

OBJECTS & APPARITIONS

Joseph Cornell collected a remarkable amount of memorabilia connected with the Swedish singer Jenny Lind (1820–1887), Jenny Colon (1808–1842), the lover of Gérard de Nerval, Fanny Cerrito (1817–1909), Marie Taglioni (1804–1884), Carlota Grissi (1819–1899), and other stars of the 19th century.

INKS AND TRANSFERS

[The poem incorporates the titles of graphic works by Tomlinson: "Not Guilty," "The Willendorf Grotto," "The Underwater Bird," "Cloudhead," "Origin of the Milky Way," "Ptyx-Utile" (a drawing of a corkscrew), "The Thaw," "Petrifaction of Manna," and "The Milk of Silence."]

SAN ILDEFONSO NOCTURNE

The National Preparatory School occupies the old college of San Ildefonso, built by the Jesuits in the middle of the 17th century and expropriated by the

Liberal Government in the 19th. It is one of the most beautiful buildings in Mexico City but, as the historian Manuel Toussaint has remarked, it has been "poorly adapted to its present function and has suffered serious damage."
Sky of soot: Ramón López Velarde, "Día 13."
C'est la mort: Gérard de Nerval, "Artémis."

PASADO EN CLARO / A DRAFT OF SHADOWS

[The Spanish title means "clean copy" (as in the preparation of a manuscript) but with the added resonance of *pasado* (past / passed) and *claro* (clear or bright, in all their uses). The English title is a collaborative invention.]
I gathered wood . . . : *The Iliad,* Book XXIV, the funeral of Hector.
I wandered on the floating grove . . . : Garcilaso de la Vega, *Égloga I.*
I saw . . . *the shades: The Odyssey,* Book XI, the shade of Achilles.
I swam in the grotto . . . : Gérard de Nerval, "El desdichado."
fendendo . . . : *Purgatorio,* Canto XIX.
Do not move this stone . . . : *Palatine Anthology,* Book VII, Anonymous.
Carlos Garrote: Benito Pérez Galdós, *Episodios Nacionales* (second series).
Isis and Lucius the ass: Apuleius, *The Metamorphosis,* Book XI.
Nemo and the squid: Jules Verne, *20,000 Leagues Under the Sea.* [Captain Nemo battles an octopus in Spanish, a squid in English. In writing his book, Verne capitalized on the recent and sensational discovery of a giant squid— which the French, for some reason, insisted on calling a "poulpe." The Spanish translation followed the French, but the English, not untypically, corrected it for scientific accuracy.]
Oh madness of discourse: Shakespeare, *Troilus and Cressida.*
color ferrigno: Inferno, Canto XVIII.

ÁRBOL ADENTRO / A TREE WITHIN

BETWEEN WHAT I SEE AND WHAT I SAY
The poem was written for a memorial to Roman Jakobson (1896–1982) at the Massachusetts Institute of Technology.

BASHO-AN
In about 1670 Matsuo Basho traveled on foot through the mountains and valleys surrounding Kyoto, composing poems. He stayed for a short while in a tiny hut next to the Kompukuji temple. In memory of the poet they have named the hut Basho-An. In 1760 another poet and painter, Yosa Buson, visited the same places and discovered the ruins of Basho's cabin. He moved nearby and, with the help of three disciples, rebuilt the hut. Buson died in 1783. His tomb was erected there, as were the tombs of other of his poet-disciples. In 1984 my wife and I visited Basho-An, a place as solitary now as it was 300 years ago.

QUARTET
Each does but hate his neighbor . . . . : Alexander Pope, "Epistle III, to Allen Lord Bathurst."

PROOF

Dharmakirti, the strict Buddhist logician of the 7th century, was also the author of a number of erotic poems that were collected in *Vidyakara's Treasury*. The combination is less strange than it might seem: in India nearly all the important philosophers were also poets. The philosopher Dharmakirti reduced all reasoning to absurdity; in this poem, the poet Dharmakirti, before the body of a woman, reduces the dialectic to absurdity. The body the poet exalts is another proof—living logic—of universal negation.

ON THE WING (2)

Hypatia: In the "Response to Sor Filotea de la Cruz" there is a long passage in which Sor Juana, defending herself against those who disapproved of her dedication to secular literature and the sciences, enumerates many "learned women who were celebrated and venerated in Antiquity as such." Some are Christians, like "the Egyptian Catherine," others not. Among the "great crowd" of these others, she cites a fellow countrywoman of Saint Catherine: "one Hypasia who taught astrology and studied for a long time in Alexandria." In my book on Sor Juana I note that her case bears certain similarities to that of Hypatia (Hypasia): "both were of noble birth, brilliant and beautiful, and both were persecuted by intolerant prelates, although those of Alexandria were more barbaric and cruel."

The daughter of the mathematician Theon, the young Hypatia taught philosophy in the academy of Alexandria and wrote various treatises on mathematics and astronomy, all now lost. The patriarch of the city, St. Cyril, was a seditious theologian whose voice, says Gibbon, "inflamed the passions of the multitudes: his commands were blindly obeyed by these numerous and fanatical *parabolani*, who were accustomed in their daily functions to scenes of death." As it frequently happens in the history of ideological persecutions, the other Christian sects, particularly the Nestorians, were the first victims of Cyril and his bands of fanatical monks. Of course the Jews and pagans were also objects of his hatred. He succeeded in expelling the Jews from the city, having leveled and sacked the synagogues; the pagans, more numerous, resisted for a longer time, but in the end were annihilated. In one of those riots, in March of 415, a band of Christian monks, led by one Peter the Reader, attacked Hypatia's carriage, killed the driver, and set the horses free. The monks grabbed the young woman, tore off her clothes, and carried her to the church, where she was quartered. An atrocious detail: the murderers used sharpened oyster shells to rip apart her body. This crime precipitated the end of Alexandrian culture. The effect of Hypatia's death was widespread: it is evident in the letters of her disciple, Synesius of Cyrene, and in a poem by Palladas (*Palatine Anthology*, IX, 400). In modern times, Gibbon has an eloquent and emotional passage about her, Kingsley wrote a sentimental novel based on her life, Lecomte de Lisle exalted her memory in two poems, and Charles Peguy celebrated her in some enthusiastic pages.

In a note to the section of my *Sor Juana Inés de la Cruz or the Traps of Faith* that deals with Hypatia, I published an adaptation of Palladas' poem. That version became the starting-point for a new text, a four-line poem that

is more than a translation and less than an original composition. The Greek poem reads, in a literal prose translation, "When I look at you and listen to your words, I worship you as I contemplate the Virgin in her house of stars. You are, august Hypatia, the pride of words and the immaculate star of wisdom."

BY THE STREAM

Hsieh Ling-yün (385–433) lived in the era known in the official chronologies as the Six Dynasties (220–589). It was a rich and unfortunate time: civil wars, foreign occupations, brilliant and cruel generals, tyrannies, popular revolts, palace murders, intrigues, philosophical and moral debates, apogee of the mystical doctrine of nihilism (the Taoist non-action: *wuwei*), ascetics, libertines and great poets like T'ao Ch'ien (T'ao Yuan-ming, 365–427). Landscape poetry (poems of "mountains and rivers") was born at that time. Its originator was Hsieh Ling-yün, at times a potentate and at others a hermit, a revolutionary politician and a notable calligrapher, a devout Buddhist and a notorious sybarite, a painter by affection and a poet by fate. He epitomizes those terrible years in which, as a popular poem said:

> man, that poor insect,
> barely breathes for fear of death,
> and dies on the side of the road
> and nobody gathers his bones . . .

and in which, at the same time, sensual pleasure was exalted in countless erotic poems. A poetry of the negation of the world and a poetry of sensations and sentiments, the two-fold expression of an aristocracy that was intelligent, refined, and impotent, condemned to submission to the military powers. The women of that social group, according to Burton Watson (*The Columbia Book of Chinese Poetry*, Vol. I) were freer and more educated than in any previous period in Chinese history. This poem by Hsieh Ling-yün is a dialogue between two lovers and, a new transgression of Confucian morality, both of them are married. The original is composed of eight lines of five characters each, divided into two quatrains.

BROTHERHOOD

In the *Palatine Anthology* there are two poems attributed to Ptolemy (VII, 314, and IX, 577). W. R. Paton declares that it is impossible to determine the identity of this Ptolemy, but Pierre Waltz and Guy Saury claim that it is probable that the second epigram was actually written by the great astronomer Claudius Ptolemy. In his poem there is an affirmation of the divinity and immortality of the soul that is clearly Platonic, yet at the same time belongs to an astronomer familiar with the things of the sky. He says: "I know that I am mortal, but when I observe the circular motion of the multitudes of stars I no longer touch the earth with my feet; I sit next to Zeus himself and drink until I am sated with the liquor of the gods—ambrosia." It is beautiful that for Ptolemy contemplation consists of *drinking with one's eyes* immortality.

ALTHOUGH IT IS NIGHT

The title comes from the well-known poem by St. John of the Cross. When I wrote these four sonnets I too was surrounded by night, not the spiritual night of a negative theology, but the dense and noisy night of our century. A public night, the same for all. In those days the first volume of *The Gulag Archipelago* had just appeared; reading it was a moving and disturbing experience. Of course everyone had known that in the Soviet Union there were concentration camps not all that different from Hitler's, and that the number of victims of that institution—our century's most notable contribution to the history of human evil—rose into the millions. Solzhenitsyn's testimony moved me because that abstract knowledge was made tangible. His voice is that of the victim. It is hardly necessary to add that through that voice also speaks a religious and political man whose ideas and beliefs I do not share. Solzhenitsyn provokes in me—as do, at the other extreme, Trotsky and Guevara—contradictory reactions. I have published two articles on him where I express my simultaneous admiration and reservations. Perhaps I wouldn't have written those articles had not many intellectuals throughout Latin America responded to the book with grotesque slanders and attacks. These came not only from the old and new Stalinists, but also from some "progressive liberals" and many of the "Catholic left." Among the latter were of course various Jesuits and former Jesuits. Those of my generation heard and saw the soldiers of the Society praising and defending Franco; thirty years later they were doing the same for the heirs of Stalin.

TO TALK

The phrase "to talk is divine" comes from a poem by the Portuguese poet Alberto Lacerda dedicated to Jorge Guillén.

LITTLE VARIATION

After the death of his friend Enkidu, the hero Gilgamesh decides to search for him in the other world. He meets Utnapishtim, who, like the Biblical Noah, was saved from the flood. The hero talks with the immortal ancestor, but fails in his attempt. If he could not even conquer sleep for sixty nights, how could he conquer death? Gilgamesh returns to die:

> The king lay down never to rise again,
> the lord of Kullaba would never rise again,
> the conqueror of evil would never rise again,
> the man of strength would never rise again,
> the wise and beautiful would never rise again,
> he who penetrated the mountain would never rise again.
> Stretched out on the bed of fate, he would never rise again,
> asleep on the multicolored bed, he would never rise again.

It seems to me that the "multicolored bed" could only be the earth.

CENTRAL PARK

This poem opened the catalog to the retrospective of Pierre Alechinsky held at the Guggenheim Museum in New York in February 1987. It was proceeded by the following *Argument:*

> Some say that, given the exterior world exists, one must deny it; others say that, given the world does not exist, one must invent it; and still others, that only the inner world exists. Pierre Alechinsky turns his head and, saying nothing, paints a rectangle in which he encloses Central Park in New York, in the late afternoon, seen from the window of his closed eye. The rectangle surrounds the four sides of the park, and is divided into irregular spaces, themselves rectangles, like the boxes in a theater, the cells in a convent or the cages in a zoo. Inside each box swarm bizarre creatures that are somehow vaguely familiar: Are they *they* or *us*? Do we look at them, or are they looking at us? Inside the rectangle, Central Park has been transformed into a green, black and golden Cobra: Is it an anamorphosis of Alice, the Queen of Diamonds in our sleepwalking deck? The painting is not a vision but a spell.

THE HOUSE OF GLANCES

The lines in capital letters are the words of the Chilean painter Roberto Matta.

Editor's note

The following poems have been omitted from this edition: "José Juan Tablada" from *Días hábiles;* "Totalidad y fragmento," "Acróstico," and "Jorge Guillén en forma de pájaro" from *Vuelta;* and "Refutación de los espejos" from *Árbol adentro.*

Paz in English

POETRY

Lloyd Mallan, "A Little Anthology of Young Mexican Poets," in *New Directions 9*, 1947) (first translation of Paz's poetry in English).

Sun Stone, trans. Muriel Rukeyser. London & N.Y.: New Directions, 1962.

Sun-Stone, trans. Peter Miller. Toronto: Contact Press, 1963.

Selected Poems, trans. Muriel Rukeyser. Bloomington: Indiana University Press, 1963.

Piedra de Sol: The Sun Stone, trans. Donald Gardner. York, England: Cosmos Publications, 1969.

¿Aguila o sol? Eagle or Sun?, trans. Eliot Weinberger. N.Y.: October House, 1970.

Configurations, various translators. N.Y.: New Directions, and London: Cape, 1971.

Renga: A Chain of Poems, trans. Charles Tomlinson. N.Y.: George Braziller, 1972 (collaborative poem written with Tomlinson, Jacques Roubaud, & Edoardo Sanguineti).

Early Poems: 1935–1955, various translators. N.Y.: New Directions, 1973, and Bloomington: Indiana University Press, 1974.

3 Notations / Rotations. Cambridge, Mass.: Carpenter Center for the Visual Arts, Harvard University, 1974 (limited edition with graphic designs by Toshihiro Katayama).

Blanco, trans. Eliot Weinberger. N.Y.: The Press, 1974 (limited edition with "illuminations" by Adja Yunkers).

Eagle or Sun?, trans. Eliot Weinberger, N.Y.: New Directions, 1976 (new version).

A Draft of Shadows and Other Poems, ed. & trans. Eliot Weinberger. N.Y.: New Directions, 1979 (additional translations by Mark Strand & Elizabeth Bishop).

Selected Poems, ed. Charles Tomlinson. Middlesex, England: Penguin Books, 1979 (various translators).

Airborn / Hijos del Aire, trans. Charles Tomlinson. London: Anvil Press, 1981 (collaborative poem written with Tomlinson).

The Monkey Grammarian, trans. Helen Lane. N.Y.: Seaver Books, 1981.

Obsidian Butterfly, trans. Eliot Weinberger. Barcelona: Ediciones Poligrafa, 1983 (limited edition, with artwork by Brian Nissen).

Selected Poems, ed. Eliot Weinberger. N.Y.: New Directions, 1984 (various translators).

The Four Poplars, trans. Eliot Weinberger. N.Y.: The Red Ozier Press, 1985 (limited edition with woodblock by Antonio Frasconi).

Homage and Desecrations, trans. Eliot Weinberger. N.Y.: The Red Ozier Press, 1987 (limited edition with artwork by Richard Mock).

PROSE

The Labyrinth of Solitude, trans. Lysander Kemp. N.Y.: Grove Press, 1961.

Marcel Duchamp, or the Castle of Purity, trans. Donald Gardner. London: Cape Goliard, and N.Y.: Grossman, 1970.

Claude Lévi-Strauss: An Introduction, trans. J. S. Bernstein & Maxine Bernstein. Ithaca: Cornell University Press, 1970.

The Other Mexico: Critique of the Pyramid, trans. Lysander Kemp. N.Y.: Grove Press, 1972.

Alternating Current, trans. Helen Lane. N.Y.: Viking Press, 1973.

The Bow and the Lyre, trans. Ruth L. C. Simms. Austin: University of Texas Press, 1973.

Children of the Mire: Poetry from Romanticism to the Avant-Garde, trans. Rachel Phillips. Cambridge, Mass.: Harvard University Press, 1974.

Conjunctions and Disjunctions, trans. Helen Lane. N.Y.: Viking Press, 1974.

The Siren and the Seashell, and Other Essays on Poets and Poetry, trans. Lysander Kemp & Margaret Seyers Peden. Austin: University of Texas Press, 1976.

Marcel Duchamp: Appearance Stripped Bare, trans. Rachel Phillips & Donald Gardner. N.Y.: Viking Press, 1978.

The Labyrinth of Solitude, trans. Lysander Kemp, Yara Milos, & Rachel Phillips Belash. N.Y.: Grove Press, 1985 (expanded edition containing other works).

One Earth, Four or Five Worlds: Reflections on Contemporary History, trans. Helen Lane. N.Y.: Harcourt Brace Jovanovich, 1985.

On Poets and Others, trans. Michael Schmidt. N.Y.: Seaver Books, 1986.

Convergences: Selected Essays on Art and Literature, trans. Helen Lane. N.Y.: Harcourt Brace Jovanovich, 1987.

ANTHOLOGIES, CRITICAL STUDIES, INTERVIEWS

An Anthology of Mexican Poetry, ed. Octavio Paz, trans. Samuel Beckett. Bloomington: Indiana University Press, 1958.

New Poetry of Mexico, selected by Paz, Ali Chumacero, José Emilio Pacheco, & Homero Aridjis, bilingual edition edited by Mark Strand. N.Y.: E. P. Dutton, 1970 (various translators).

Rachel Phillips, *The Poetic Modes of Octavio Paz.* London: Oxford University Press, 1972.

Rita Guibert, *Seven Voices,* trans. Frances Partridge. N.Y.: Alfred Knopf, 1973 (contains most extensive interview with Paz available in English).

The Perpetual Present: The Poetry and Prose of Octavio Paz, ed. Ivar Ivask. Norman: University of Oklahoma Press, 1973.

Jason Wilson, *Octavio Paz: A Study of His Poetics.* Cambridge, England: Cambridge University Press, 1979.

Octavio Paz: Homage to the Poet, ed. Kosrof Chantikian. San Francisco: Kosmos Editions, 1980 (contains a complete translation by Harry Haskell of the play *Rappaccini's Daughter*).

John M. Fein, *Toward Octavio Paz: A Reading of His Major Poems, 1957–1976*. Lexington: The University Press of Kentucky, 1986.

Index of Titles

ENGLISH TITLES

663

SPANISH TITLES